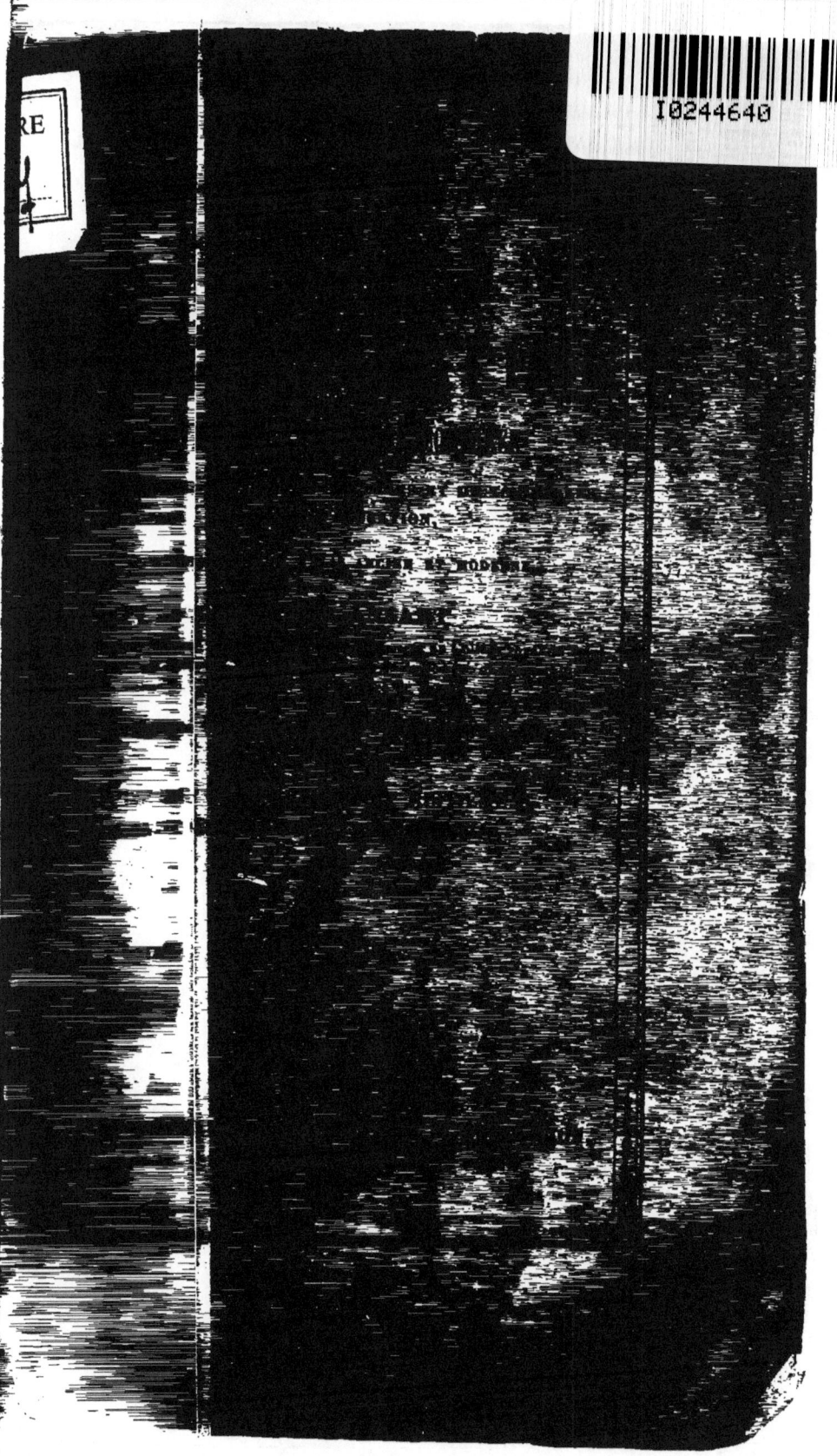

G

PRÉCIS
DE
GÉOGRAPHIE
ANCIENNE ET MODERNE
COMPARÉE.

DEUXIÈME PARTIE.

GÉOGRAPHIE MODERNE.

CONSEIL ROYAL DE L'INSTRUCTION PUBLIQUE.

Extrait des procès-verbaux du Conseil royal de l'Instruction publique.

(Séance du 10 novembre 1823.)

LE CONSEIL ROYAL ARRÊTE CE QUI SUIT :

Le *Précis de Géographie ancienne et moderne comparée*, par M. ANSART, sera mis au nombre des livres classiques.

Le Grand Maître,
Signé † DENIS, *Évêque d'Hermopolis.*
Le Conseiller Secrétaire général.
Signé PETITOT.

Les deux exemplaires voulus par la loi ayant été déposés à la Direction de l'Imprimerie, je poursuivrai, suivant la rigueur des lois, tout contrefacteur ou débitant d'édition contrefaite.

Sera réputé contrefait tout exemplaire qui ne sera pas revêtu des griffes de M. ANSART et de Madame Veuve MAIRE-NYON.

PARIS. — IMPRIMERIE DE FAIN ET THUNOT,
Rue Racine, 28, près de l'Odéon.

PRÉCIS
DE GÉOGRAPHIE
ANCIENNE ET MODERNE COMPARÉE,

RÉDIGÉ POUR L'USAGE DES COLLÉGES ET DE TOUTES LES MAISONS D'ÉDUCATION.

Ouvrage renfermant tous les détails qui peuvent faciliter l'étude de l'Histoire et l'intelligence des auteurs classiques ;

ACCOMPAGNÉ D'UN ATLAS ANCIEN ET MODERNE,

PAR FÉLIX ANSART,

Docteur ès lettres et Bachelier ès sciences, Inspecteur de l'Académie de Caen, Membre de la Commission centrale de la Société de Géographie et de la Société de l'Histoire de France.

Adopté par le Conseil royal de l'Instruction publique

DEUXIÈME PARTIE.
GÉOGRAPHIE MODERNE.
VINGTIÈME ÉDITION.

PARIS,
A LA LIBRAIRIE CLASSIQUE
DE MADAME VEUVE MAIRE-NYON,
QUAI CONTI, N° 13.

1846.

TABLEAU

DES CARTES CONTENUES DANS L'ATLAS.

Première partie.	Seconde partie.
CARTES ANCIENNES.	CARTES MODERNES.
1. Monde ancien.	1. Mappemonde.
2. Égypte ancienne.	2. Europe.
3. Palestine.	3. Asie.
4. Empire des Perses.	4. Afrique.
5. Grèce ancienne.	5. Amérique septentrionale.
6. Empire d'Alexandre.	6. Amérique méridionale.
7. Italie ancienne.	7. Océanie.
8. Gaule.	8. France par prov. et par dép.
9. Empire Romain.	9. Europe centrale.

Prix de chaque partie, 1 vol. in-fol., sur papier vélin, cartonné avec soin.   5 fr. 50 c.
Les deux parties réunies.   10 fr.

On trouve aussi à la Librairie classique de Madame Veuve Maire-Nyon les ouvrages suivants du même auteur, savoir :

Précis de Géographie moderne comparée, 1 vol. in-12, cartonné; prix .   1 fr. 80 c.

Précis de Géographie ancienne comparée, 1 vol. in-12, cartonné; prix :   1 fr. 80 c.

Essai de Géographie historique ancienne, à l'usage des Sixièmes, Cinquièmes et Quatrièmes ; prix :   5 fr. 50 c.

Précis de la Géographie historique du Moyen âge, à l'usage des Troisièmes, 1 vol. in-8 ; prix :   2 fr. 75 c.

Précis de la Géographie historique des temps modernes, à l'usage des élèves de Seconde et de Rhétorique, 1 vol. in-8 ; prix :   2 fr. 75 c.

Atlas historique du Moyen âge, composé de 12 cartes, à l'usage des Troisièmes, cartonné ; prix :   10 fr.

Atlas historique Moderne, composé de 12 cartes, à l'usage des classes de Seconde et de Rhétorique, cartonné ; prix : 10 fr.

Atlas historique universel, composé de 18 cartes et de 73 tableaux de texte, relié ; prix :   32 fr.

Petite Histoire de France, à l'usage des Écoles primaires, 1 vol. in-18, cartonné ; prix :   75 c.

PETIT ABRÉGÉ
DE GÉOGRAPHIE.

DÉFINITIONS.

Qu'est-ce que la Géographie?

La *Géographie* est une science qui a pour objet la description de la Terre.

Quelle est la forme de la Terre?

La *Terre* a à peu près la forme d'une sphère ou d'une boule.

La Terre est-elle immobile comme elle le paraît?

Les anciens le croyaient ainsi; mais un astronome moderne, nommé Copernic, a découvert que le mouvement du soleil et des autres astres autour de la Terre n'était qu'apparent, et qu'en réalité c'est la Terre qui exécute un double mouvement: le premier sur elle-même dans l'espace d'un peu moins de vingt-quatre heures, ou d'un jour; le second autour du soleil, dans l'espace de 365 jours et près de six heures, ou d'une année.

*Qu'appelle-t-on l'*Axe *de la Terre?*

On appelle l'*Axe* de la Terre une ligne imaginaire autour de laquelle la Terre fait sa révolution journalière

Qu'est-ce que les Pôles *de la Terre, et par quels noms les distingue-t-on?*

Les *Pôles* de la Terre sont les deux points où l'axe de la Terre perce la surface du globe terrestre; on les distingue par les noms de *Pôle Arctique* et de *Pôle Antarctique*.

Que signifient ces noms Arctique et Antarctique?

Le pôle *Arctique* se nomme ainsi parce qu'il est constamment tourné vers la partie du ciel où se trouve la constellation appelée en grec *Arctos*, c'est-à-dire l'Ourse; le pôle *Antarctique* est le pôle opposé à l'Ourse.

Quels sont les quatre Points cardinaux, *et où se placent-ils ordinairement sur les cartes géographiques?*

Les quatre *Points Cardinaux* sont: le *Nord*, appelé aussi *Septentrion*, qui se place ordinairement au haut de la carte; le *Midi* ou *Sud*, qui se place au bas; l'*Orient*, *Est* ou *Levant*, qui se place à la droite de la personne qui regarde la carte; et l'*Occident*, *Ouest* ou *Couchant* qui se place à sa gauche.

Ne fait-on point encore usage d'autres Points Cardinaux?

Outre les quatre points cardinaux que nous venons de nommer, on emploie souvent encore les quatre suivants, qu'on peut appeler *Points Cardinaux Intermédiaires*, et qui tirent leurs noms de ceux des deux points entre lesquels chacun d'eux est placé. Ces quatre points sont : le *Nord-Est* entre le nord et l'est; le *Nord-Ouest*, entre le nord et l'ouest; le *Sud-Est*, entre le sud et l'est; le *Sud-Ouest*, entre le sud et l'ouest.

A quoi servent les Points Cardinaux?

Les Points Cardinaux servent à indiquer la position des lieux entre eux : ainsi, pour exprimer que l'Afrique, par exemple, est située, sur la carte, au-dessous de l'Europe, on dit qu'elle est au *Sud* de l'Europe; pour dire que l'Asie est, sur la carte, à la droite de l'Europe, on dit qu'elle est à l'*Est* de l'Europe.

*Qu'est-ce que l'*Équateur*, et comment l'appelle-t-on encore?*

L'*Équateur* est une ligne circulaire qui fait le tour de la Terre à égale distance des deux pôles[*], et la coupe en deux parties égales appelées *Hémisphères* ou moitiés de sphère. Celle de ces moitiés qui se trouve du côté du pôle arctique prend le nom d'*Hémisphère Boréal*, et celle qui est du côté du pôle antarctique, celui d'*Hémisphère Austral*. On appelle encore l'Équateur *Ligne Équinoxiale*, parce que, lorsque le soleil semble décrire cette ligne sur la terre par son mouvement diurne, ce qui arrive vers le 20 mars et le 23 septembre, c'est le moment des *Équinoxes*, c'est-à-dire le moment où les jours sont égaux aux nuits par toute la terre.

Qu'est-ce que le Méridien, *et pourquoi l'appelle-t-on ainsi?*

Le *Méridien* est une ligne circulaire qui fait le tour de la Terre, en passant par les deux pôles, et qui la partage en deux hémisphères : l'un vers l'Orient, appelé *Hémisphère Oriental*, et l'autre vers l'Occident, appelé *Hémisphère Occidental*. On appelle cette ligne *Méridien*, parce que, lorsque le soleil arrive au-dessus dans sa révolution journalière, il est *midi* pour tous les peuples qui se trouvent justement au-dessous, dans la partie du monde éclairée par le soleil; il est alors minuit pour tous ceux qui se trouvent sous la même ligne, dans la partie non éclairée.

Qu'appelle-t-on Degrés de Latitude, *et à quoi servent-ils?*

On appelle *Degrés de Latitude* ces lignes que l'on voit, sur les

---

[*] Il n'est pas nécessaire, je crois, d'avertir nos jeunes élèves que les lignes dont nous parlons ici ne sont pas réellement tracées sur la terre, mais qu'elles sont seulement supposées par les astronomes et les géographes, pour expliquer les phénomènes célestes.

cartes, tracées dans le même sens que l'équateur. Ils servent à marquer à quelle distance les divers lieux du globe se trouvent de l'équateur.

Comment se comptent les Degrés de Latitude ?

Pour compter les Degrés de Latitude, on les distingue en degrés de *Latitude Septentrionale*, qui se comptent depuis 0 jusqu'à 90, à partir de l'équateur jusqu'au pôle arctique, et degrés de *Latitude Méridionale*, qui se comptent de même depuis 0 jusqu'à 90, entre l'équateur et le pôle antarctique.

Qu'appelle-t-on Degrés de Longitude, et à quoi servent-ils ?

On appelle *Degrés de Longitude* ces lignes que l'on voit, sur les cartes, tracées dans le même sens que le méridien, et passant, comme lui, par les pôles du monde. Ils servent à marquer à quelle distance les divers lieux du globe se trouvent du méridien convenu*.

Comment se comptent les Degrés de Longitude ?

Pour compter les Degrés de Longitude, on les distingue en degrés de *Longitude Orientale*, qui se comptent depuis 0 jusqu'à 180, à l'orient du méridien convenu, et degrés de *Longitude Occidentale*, qui se comptent aussi depuis 0 jusqu'à 180, à l'occident de ce même méridien.

Qu'est-ce que les Tropiques ?

Les *Tropiques* sont deux petits cercles parallèles à l'équateur, comme ceux qui marquent les degrés de latitude ; ils sont éloignés de l'équateur de 23 degrés 27 minutes. L'un, situé dans l'hémisphère boréal, s'appelle *Tropique du Cancer* ; l'autre, situé dans l'hémisphère austral, se nomme *Tropique du Capricorne*.

Pourquoi ces cercles sont-ils appelés Tropiques ?

Ces cercles sont appelés *Tropiques* d'un mot qui signifie *tourner*, parce que le soleil, y étant arrivé, ne les dépasse pas, mais semble s'y arrêter pour retourner ensuite vers l'équateur. Lorsqu'il se trouve au Tropique du Cancer, ce qui arrive vers le 23 juin, c'est alors pour nous le *Solstice d'Été* et le plus long jour de l'an-

---

* Nous employons l'expression de *Méridien convenu*, parce que le Méridien n'est point, comme l'équateur, une ligne fixe et invariable, mais seulement de convention. En effet, toute ligne qui coupe la terre en deux parties égales, en passant par les pôles, est un méridien ; or, tous les degrés de longitude remplissant ces conditions sont autant de méridiens : il a donc fallu convenir de choisir l'un d'eux pour point de départ. C'est ce qu'ont fait les divers peuples du monde, mais sans s'accorder entre eux pour ce choix. Les Français, après avoir adopté longtemps, pour premier méridien, celui qui passe par l'île de Fer, l'une des Canaries, l'ont abandonné pour se servir de celui qui passe par l'Observatoire royal de Paris. Les Anglais emploient celui de l'observatoire de *Greenwich* (prononcez *Grinitch*), près de Londres.

née; lorsqu'il se trouve au Tropique du Capricorne, vers le 22 décembre, c'est le *Solstice d'Hiver*, et nous avons le jour le plus court de l'année.

Qu'est-ce que les CERCLES POLAIRES?

Les *Cercles Polaires* sont deux petits cercles placés dans chaque hémisphère, à la même distance des pôles que les tropiques le sont de l'équateur. On les distingue par les noms de *Cercle Polaire Arctique* et de *Cercle Polaire Antarctique*, qu'ils tirent de leur position.

Qu'est-ce qu'un CONTINENT?

Un *Continent* est un espace considérable de terre non interrompu par des mers.

Qu'est-ce qu'une ILE?

Une *Ile* est une portion de terre moins considérable qu'un continent, et entourée d'eau de toutes parts.

Quels noms donne-t-on à une réunion d'îles?

Lorsque plusieurs îles se trouvent placées fort près les unes des autres, elles se désignent sous le nom de *Groupe*, et lorsqu'elles couvrent un espace de mer assez considérable, sous celui d'*Archipel*.

Qu'est-ce qu'une PRESQU'ILE *ou* PÉNINSULE?

Une *Presqu'île* ou *Péninsule* est une portion de terre environnée d'eau de tous côtés, à l'exception d'un seul par lequel elle tient au continent.

Qu'est-ce qu'un ISTHME?

Un *Isthme* est la langue de terre qui joint une presqu'île au continent.

Qu'appelle-t-on BANCS DE SABLE *et* BAS-FONDS?

On appelle *Bancs de sable* et *Bas-fonds*, ou mieux encore *Hauts-fonds*, des endroits où la mer offre peu de profondeur.

Qu'appelle-t-on ÉCUEILS *ou* VIGIES?

On appelle *Écueils* ou *Vigies* des rochers à fleur d'eau, contre lesquels les vaisseaux courent risque d'échouer; s'ils s'élèvent au-dessus de l'eau, et que la mer se brise dessus avec violence, ils prennent le nom de *Récifs* ou *Brisants*.

Qu'est-ce qu'un CAP *ou* PROMONTOIRE?

Un *Cap* ou *Promontoire* est une pointe de terre élevée qui s'avance dans la mer.

Qu'est-ce qu'une MONTAGNE *ou un* MONT?

Une *Montagne* ou un *Mont* est une masse considérable de terre ou de rochers qui s'élève sur la surface du globe. Lorsqu'il s'en trouve un grand nombre les unes à la suite des autres, elles prennent le nom de *Chaînes*; lorsqu'une montagne est isolée, et qu'elle s'élève en forme de cône, on lui donne le nom de *Pic*: ainsi l'on dit le *Pic de Ténériffe*, dans l'île de ce nom.

Qu'est-ce qu'un VOLCAN?

Un *Volcan* est une montagne qui lance du feu; l'ouverture par laquelle sortent les matières enflammées s'appelle *Cratère*.

Qu'est-ce qu'un DÉFILÉ?

Un *Défilé*, appelé aussi *Pas* ou *Col*, est un passage étroit entre deux montagnes escarpées, ou entre une montagne escarpée et la mer.

Qu'est-ce qu'un DÉSERT, *et quels autres noms lui donne-t-on encore?*

Un *Désert* est une vaste étendue de terres stériles et inhabitées: si ces terres forment des plaines fort élevées, comme dans le centre de l'Asie, on les appelle *Steppes*; et, lorsqu'elles se composent de plaines basses et humides, comme le long des grands fleuves de l'Amérique, on les nomme *Savanes*.

Qu'est-ce qu'une CÔTE *ou une* PLAGE?

Une *Côte* ou une *Plage* est la partie de la terre qui est baignée par la mer: lorsque les côtes se composent de rochers élevés, elles prennent le nom de *Falaises*; et celui de *Dunes*, lorsqu'elles ne sont formées que par des collines de sable.

Qu'appelle-t-on MER *ou* OCÉAN?

On donne le nom de *Mer* ou *Océan* à l'immense étendue d'eau salée qui couvre près des trois quarts du globe.

Qu'est-ce qu'un GOLFE *ou une* BAIE?

Un *Golfe* ou une *Baie* est une étendue d'eau qui s'avance dans les terres. Une *Baie* est ordinairement moins grande qu'un golfe; elle prend le nom d'*Anse*, lorsqu'elle est peu considérable.

Qu'est-ce qu'un PORT?

Un *Port* est ordinairement une petite baie que le travail des hommes a rendue propre à offrir un asile sûr aux vaisseaux: un port s'appelle *Havre*, quand il a peu d'étendue, et *Crique*, lorsqu'il ne peut recevoir que de très-petits bâtiments.

Qu'est-ce qu'une RADE?

Une *Rade* est un endroit, le long des côtes, où les vaisseaux peuvent jeter l'ancre de manière à s'y trouver à l'abri des vents.

Qu'est-ce qu'un DÉTROIT, *et quels autres noms prend-il encore?*

Un *Détroit* est une portion de mer resserrée entre deux terres, et qui fait communiquer ensemble deux mers ou deux parties de mer. Il prend, dans certains cas particuliers, les noms de *Pas*, *Passe*, *Canal*, *Phare*, *Pertuis* et *Bosphore* : ainsi l'on dit le *Pas-de-Calais*, le *Canal Saint-Georges*, le *Phare de Messine*, le *Pertuis d'Antioche*, le *Bosphore de Thrace*. Enfin on appelle *Manche* un détroit formé par un bras de mer qui, par sa forme allongée et rétrécie à l'une de ses extrémités, imite la partie de nos vêtements dont on lui a donné le nom; tel est celui qui sépare la France de l'Angleterre.

Qu'est-ce qu'un Lac?

Un *Lac* est une grande étendue d'eau, ordinairement douce, qui ne communique avec la mer que par des rivières qui la traversent ou en découlent; quelques lacs n'ont même aucune communication apparente avec la mer. Lorsqu'un lac est très-petit, on l'appelle *Étang*.

Qu'est-ce qu'une Rivière?

Une *Rivière* est une eau qui coule sans cesse, jusqu'à ce qu'elle se réunisse à une autre rivière ou à la mer; si elle est très-considérable, et qu'elle se rende directement à la mer, on l'appelle *Fleuve*; lorsqu'elle est peu considérable, on lui donne le nom de *Ruisseau*.

Qu'est-ce que la Source *et l'*Embouchure *d'une rivière?*

La *Source* d'une rivière est l'endroit où elle sort de terre; son *Embouchure* est l'endroit où elle entre dans la mer.

Qu'est-ce que le Confluent *de deux rivières?*

On appelle *Confluent* l'endroit où deux rivières se réunissent.

Qu'entend-on par la Rive Droite *et la* Rive Gauche *d'une rivière?*

La *Rive Droite* d'une rivière est le bord situé à la droite d'une personne qui, placée au milieu de cette rivière, en suivrait le cours; la *Rive Gauche* est le bord qui se trouverait à sa gauche.

Qu'entend-on par ces expressions, le Haut *et le* Bas *d'une rivière?*

Quand on se sert de ces expressions, le *Haut*, le *Bas* d'une rivière, le *Haut* signifie toujours l'endroit le plus rapproché de sa source, et le *Bas* l'endroit le plus voisin de son embouchure.

Qu'est-ce qu'un Canal?

Un *Canal* est une sorte de rivière factice qui sert ordinairement à faire communiquer deux rivières entre elles, ou une rivière avec l'Océan, ou même deux mers entre elles. C'est ainsi que le canal royal du Languedoc fait communiquer la Méditerranée avec la Garonne, et par suite avec l'Océan.

GRANDES DIVISIONS DU GLOBE.

En combien de parties divise-t-on le Monde?

Le monde est aujourd'hui divisé par les géographes en cinq parties, savoir : l'*Europe*, l'*Asie*, l'*Afrique* renfermées dans l'*Ancien Continent*, ainsi appelé parce qu'il fut le seul connu jusque vers la fin du quinzième siècle; l'*Amérique*, qui occupe le *Nouveau Continent*, découvert en 1492; enfin l'*Océanie*, qui se compose d'un nombre considérable d'îles répandues dans le Grand-Océan, et dont la principale, nommée *Australie* ou *Nouvelle-Hollande*, est assez étendue pour mériter le nom de continent : elle fut découverte par les Hollandais au commencement du dix-septième siècle.

DIVISIONS NATURELLES DU GLOBE. — La surface du globe terrestre est de plus de 509 millions de kilomètres carrés. Cette immense étendue se divise naturellement en deux parties distinctes, savoir : les *Mers*, qui en couvrent environ les trois quarts ou près de 379 millions de kilomètres carrés; et les *Terres*, qui occupent une superficie de près de 131 millions de kilomètres carrés.

RACES D'HOMMES* —La terre est occupée par environ 800 millions d'habitants appartenant à trois races principales, savoir : I. La BLANCHE ou CAUCASIENNE, qui a peuplé presque toute l'Europe, le S. de l'Asie, le N. de l'Afrique, et qui a envoyé des colonies dans toutes les parties de l'Univers. On y distingue trois rameaux ou variétés, savoir : 1° le rameau *Araméen*, qui comprend les peuples entre l'Euphrate et la Méditerranée, avec les Arabes, les Égyptiens, et même les Abyssins ; 2° le rameau *Indien, Germain et Pélasgique*, auquel appartiennent à la fois les habitants des deux Indes et la plupart des peuples de l'Europe ; 3° le rameau *Scythe* et *Tartare*, composé des peuples qui avoisinent la mer Caspienne, et dont les Turcs, les Hongrois et les Finlandais font aussi partie.

II. La race JAUNE ou MONGOLE, divisée en six rameaux, savoir : 1° le rameau *Mantchou*, dans l'Asie centrale ; 2° le *Sinique*, dans la Chine et le Japon; 3° l'*Hyperboréen*, qui a peuplé les extrémités septentrionales de l'Europe, de l'Asie et de l'Amérique, et remarquable par la petite taille et les traits rabougris des nations qui le composent, Lapons, Samoyèdes, Ostiaks, Eskimaux, etc. ; 4° le *Malais*, dans la presqu'île de Malakka et dans la partie de

---

* Voir, dans mon *Atlas à l'usage des collèges*, la carte de la MAPPEMONDE, sur laquelle les races sont distinguées par le coloriage.

l'Océanie distinguée par le nom de *Malaisie* ; 5° l'*Océanien*, peu différent du précédent, qui couvre la plus grande partie de la Micronésie et de la Polynésie ; 6° l'*Américain* ou *Cuivré*, auquel appartient la population primitive de l'Amérique.

III. La race Nègre ou Mélanienne, subdivisée en rameaux *Éthiopien*, au centre de l'Afrique ; *Cafre*, sur toute la côte S. E., et *Hottentot*, dans la partie méridionale. Un quatrième rameau, désigné par le nom d'*Océanien*, et qui semble renfermer les êtres les plus abrutis de l'espèce humaine, a peuplé la Nouvelle-Hollande et presque toute la Mélanésie.

Religions. — On compte sur la terre 4 religions principales, savoir :

Le *Christianisme*, fondé sur l'Ancien et le Nouveau Testament, et qui enseigne une religion révélée aux hommes par le *Christ*, fils de Dieu. Il s'est divisé en trois branches principales, savoir :

1° La religion *Catholique Romaine*, qui reconnaît pour chef le *Pape* comme successeur visible de J.-C. Elle domine dans le centre et dans le S. de l'Europe et de l'Amérique ; — 2° La religion *Grecque*, qui ne reconnaît pas la suprématie du Pape, et qui domine en Russie, dans une partie de la Turquie et en Grèce ; — 3° La religion *Protestante* ou *Réformée*, divisée en plusieurs branches et qui s'est séparée de l'Église Catholique vers la fin du 16e siècle. Elle domine dans le N. de l'Europe et de l'Amérique. — Les divers cultes chrétiens embrassent 295 millions d'individus.

Le *Judaïsme*, ou la religion Juive fondée sur l'Ancien Testament, mais qui n'a point reconnu J.-C. comme le Sauveur promis au monde Il compte environ 4 millions de sectateurs dispersés dans toutes les contrées de l'univers.

Le *Mahométisme* ou *Islamisme*, mélange de pratiques chrétiennes, juives et superstitieuses, prêché au septième siècle en Arabie, par Mahomet, regardé par ses sectateurs comme le dernier et le plus grand prophète. Sa doctrine, renfermée dans le *Koran* (mot qui signifie *Lecture*), est professée dans l'E. de l'Europe, le S. O. de l'Asie et le N. de l'Afrique par 100 millions d'individus.

Le *Paganisme* ou *Polythéisme*, qui reconnaît plusieurs dieux. Il se divise en un grand nombre de cultes divers, parmi lesquels on distingue : Le *Brahmisme* ou *Brahmanisme*, suivi dans l'Hindoustan ; le *Bouddhisme*, espèce de Brahmisme réformé, répandu dans l'Inde au delà du Gange et admis dans la Chine sous le nom de religion de *Fô* ; le *Chamanisme*, ayant pour chef le *Dalaï-Lama*, et dominant dans l'Asie centrale et dans une portion de la Sibérie ; enfin le *Fétichisme* ou culte des créatures animées ou inanimées, qui domine chez tous les peuples sauvages, particulièrement dans l'intérieur de l'Afrique et de l'Amérique et dans l'Océanie. Ces différents cultes comptent peut-être 590 millions de sectateurs.

PRINCIPALES MERS DU GLOBE *.

Comment divise-t-on les Mers?

Les *Mers* se divisent naturellement en mers *Extérieures*, qui entourent les continents, et mers *Intérieures*, situées dans l'intérieur des terres.

Combien y a-t-il de mers Extérieures?

Les mers Extérieures sont au nombre de cinq, savoir: *l'Océan Atlantique, le Grand Océan, la mer des Indes, l'Océan Glacial Arctique* et *l'Océan Glacial Antarctique*.

I. *Où est situé l'*Océan Atlantique, *et quels noms prennent ses diverses parties?*

L'Océan Atlantique est situé entre l'Europe et l'Afrique, à l'E., et l'Amérique à l'O. On lui donne les noms d'Océan Atlantique *Équinoxial*, entre les tropiques; *Boréal*, entre le Tropique du Cancer et le cercle polaire arctique; *Austral*, entre le tropique du Capricorne et le cercle polaire antarctique.

Quelles mers forme l'Océan Atlantique?

L'Océan Atlantique forme cinq mers principales, savoir:

La *mer du Nord*, entre la Grande-Bretagne, à l'O.; la Norvége et le Danemark, à l'E.; les Pays-Bas et l'Allemagne, au S. On lui donne même, sur les côtes de ce dernier pays, le nom de *mer d'Allemagne*.

La *mer d'Écosse*, au nord de l'Écosse;

La *mer d'Irlande*, entre l'Irlande, à l'O., et l'Angleterre, à l'E.;

La *mer des Eskimaux*, entre le Groenland, au N. E., et le Labrador, au S. O. Cette mer forme elle-même celle de *Baffin*, au N. E. de l'Amérique du Nord; et cette dernière communique avec la *mer Polaire*, dont on a reconnu l'existence au N. de l'Amérique, et qui est sans doute formée par l'Océan Glacial Arctique;

La *mer des Antilles* ou *des Caraïbes*, à l'E. de l'isthme qui réunit les deux Amériques.

II. *Où est situé le* Grand Océan, *et quels noms prennent ses différentes parties?*

Le Grand Océan, appelé aussi *Océan Pacifique*, placé entre l'Amérique, à l'E., et l'Asie, à l'O., s'étend encore au S. de ces

---

* Consulter, pour les mers, la carte de la Mappemonde, et celles des différentes Parties du Monde dont elles baignent les côtes.

deux parties du monde. Il reçoit, comme l'Atlantique, les noms de Grand Océan *Équinoxial*, *Boréal* et *Austral*, sous les différentes latitudes.

Quelles mers forme le Grand Océan?

Le Grand Océan forme sept mers principales, savoir :

La *mer de Behring*, au N., entre la presqu'île du Kamtchatka à l'O., et l'Amérique, à l'E.;

La *mer d'Okhotsk*, entre la Sibérie, à l'O., et la presqu'île du Kamtchatka, au N. E.;

La *mer du Japon*, entre la Mantchourie, à l'O., et les îles du Japon, à l'E.;

La *mer Jaune*, entre la Chine, à l'O., et la Corée, à l'E.;

La *mer Orientale* ou *mer Bleue*, au S. de la précédente;

La *mer de la Chine*, entre cet empire, au N., celui d'Annam, à l'O., et les Philippines, à l'E.;

La *mer Vermeille* ou *de Cortes*, nommée aussi *golfe de Californie*, entre la Vieille-Californie, à l'O., et le Nouveau-Mexique, à l'E.

III. *Où est située la* MER DES INDES?

La mer des Indes est renfermée entre l'Asie, au N., l'Afrique, à l'O., et les grandes îles de l'Océanie, à l'E.; elle pourrait être regardée comme faisant partie du Grand Océan Austral, qui s'étend au S.

IV. *Où est situé l'*OCÉAN GLACIAL ARCTIQUE, *et quel nom lui donnaient les anciens?*

L'Océan Glacial Arctique, situé au N. de l'Europe, de l'Asie et de l'Amérique, occupe toute la partie septentrionale du globe. Les anciens, qui ne le connaissaient que d'une manière fort vague, l'appelaient *Océan Hyperborée* et aussi *mer Paresseuse*, parce qu'ils croyaient que les eaux en étaient toujours glacées.

Quelles mers forme l'Océan Glacial Arctique?

L'Océan Glacial Arctique forme la *mer Blanche*, entre la Laponie, à l'O., la partie N. E. de la Russie d'Europe, à l'E. et au S., et la *mer Polaire*, au N. de l'Amérique.

V. *Où est situé l'*OCÉAN GLACIAL ANTARCTIQUE?

L'Océan Glacial Antarctique, situé au S. du Grand Océan Austral occupe la partie la plus méridionale du globe. Il était entièrement inconnu aux anciens, et ne forme aucune mer particulière.

Combien y a-t-il de mers INTÉRIEURES?

Les principales mers Intérieures sont au nombre de quatre, savoir : la *mer Baltique*, la *mer Méditerranée*, la *mer Rouge* et la *mer Caspienne*. Elles étaient toutes plus ou moins connues des anciens.

I. *Où est située la* MER BALTIQUE?

La mer Baltique (ancien Océan Sarmatique), formée par la mer du Nord, avec laquelle elle communique par le *Skager-Rack*, le *Cattégat*, le *Sund*, le *Grand* et le *Petit Belt*, est située en Europe, entre la Suède, au N. et à l'O., la Russie, à l'E., et la Prusse, au S.

II. *Où est située la* MER MÉDITERRANÉE?

La mer Méditerranée, qui tire son nom de sa position au milieu des terres, est formée par l'Océan Atlantique, avec lequel elle communique par le détroit de Gibraltar. Elle est située entre l'Europe, au N. et à l'O., l'Afrique, au S., et l'Asie, à l'E. C'était la seule qui fût bien connue des anciens.

En combien de mers principales se divise la mer MÉDITERRANÉE?

La mer Méditerranée se divise en six mers principales, savoir: la mer *Méditerranée* proprement dite, la mer *Adriatique*, l'*Archipel*, la mer de *Marmara*, la mer *Noire* et la mer d'*Azof*.

Quels noms prend encore la mer MÉDITERRANÉE *proprement dite?*

La mer Méditerranée proprement dite prend encore les noms de mer de *Sicile* (anciennement mer Inférieure ou de Toscane), entre l'île de Sardaigne, à l'O., l'Italie, à l'E., et la Sicile, au S.; de mer *Ionienne*, entre l'Italie avec la Sicile, à l'O., et la Grèce, à l'E.; enfin de mer de *Candie*, ou de *Crète*, au N. de l'île de ce nom.

Quels noms lui donnaient encore les anciens?

Les anciens lui donnaient encore les noms de mer de *Sardaigne*, à l'O. de l'île du même nom; de mer de *Libye* ou d'*Afrique*, le long de la côte de Barbarie; et de *Grande-Mer*, sur la côte de la Syrie; nom qui lui avait été donné par les Phéniciens et les Hébreux, par opposition avec le lac *Asphaltite* ou la mer *Morte*, situé à l'E. de leur pays.

Où est située la mer ADRIATIQUE?

La mer Adriatique, communiquant avec la Méditerranée par le canal d'Otrante, est placée entre l'Italie, au N., à l'O. et au S. O.; le royaume d'Illyrie et la Turquie d'Europe, à l'E.; on l'appelle quelquefois aussi *Golfe de Venise*. — Les Romains lui donnaient le nom de *mer Supérieure*, par opposition à la mer *Inférieure*, située à l'O. de leur pays.

*Où est placé l'*ARCHIPEL, *et d'où lui venait son nom ancien?*

L'Archipel (ancienne mer Égée), situé entre la Turquie d'Europe, au N., ce même pays et la Grèce, à l'O., la mer de Candie, au S., et l'Anatolie, à l'E., tirait son nom ancien d'Égée, roi d'Athènes, qui s'y précipita, croyant que son fils Thésée avait péri dans son expédition contre le Minotaure.

Quels noms particuliers les Grecs lui donnaient-ils encore ?

Les Grecs lui donnaient encore les noms particuliers de mer de *Myrtos*, entre la Grèce et les Cyclades ; de mer *Icarienne*, autour de l'île de *Nicaria* ; elle est célèbre dans les poètes par la chute d'Icare ; enfin, de mer de *Scarpanto*, nom qu'elle conserve encore aujourd'hui autour de l'île qui le lui donne.

Où est placée la mer de MARMARA ?

La mer de Marmara (ancienne Propontide) est placée entre la Roumélie, au N. et à l'O., et l'Anatolie, au S. et à l'E. ; elle communique au S. O. avec l'Archipel par le canal des Dardanelles.

Où est placée la mer NOIRE ?

La mer Noire (ancien Pont-Euxin) est placée entre la Turquie d'Europe, à l'O., l'Anatolie, au S., et la Russie d'Europe, à l'E. et au N. ; elle communique, au S. O., avec la mer de Marmara, par le canal de Constantinople. On n'est pas plus d'accord sur l'origine de son nom ancien que sur celle de son nom moderne. De fréquentes tempêtes en rendent la navigation fort dangereuse.

*Où est située la mer d'*AZOF ?

La mer d'Azof ou de Zabache (ancien Palus-Méotide) est entourée de toutes parts par les provinces méridionales de la Russie d'Europe. Elle prend sur les côtes de la Crimée (ancienne Chersonèse Taurique), au S. O., le nom de mer *Putride* ; elle communique, au S., avec la mer Noire par le détroit d'Iénikalé ou d Kaffa.

Où est située la mer ROUGE ?

La mer Rouge, formée par la mer des Indes, avec laquelle elle communique, au S. E., par le détroit de Bab-el-Mandeb et le golfe d'Aden, est renfermée entre l'Égypte, la Nubie et l'Abyssinie, à l'O. et au S. O., et l'Arabie à l'E. et au N.

Où est placée la mer CASPIENNE ?

La mer Caspienne, qui n'a aucune communication apparente avec les autres mers du globe, est placée entre la Russie, au N. et à l'O., la Perse, au S., et la Tartarie à l'E. Les anciens l'ont prise longtemps pour un golfe de l'Océan Hyperborée, et la croyaient beaucoup plus étendue de l'O. à l'E. que du N. au S. La partie S. E. qui baignait la côte du pays nommé autrefois *Hyrcanie* prenait quelquefois le nom de mer *d'Hyrcanie*.

EUROPE.*

Quelles sont les bornes de l'Europe?

L'Europe, située au N. O. de l'ancien continent, est bornée au N. par l'Océan Glacial Arctique; à l'O., par l'Atlantique; au S., par la Méditerranée; au S. E., par l'Archipel, le détroit des Dardanelles, la mer de Marmara, le detroit de Constantinople, la mer Noire et le Caucase; à l'E., par la mer Caspienne, le fleuve Oural, les monts Ourals ou Poyas, et le petit fleuve Kara.

Quelle est l'étendue de l'Europe, et combien a-t-elle d'habitants?

L'Europe est la plus petite des cinq parties du monde; sa longueur, du S. O. au N. E., n'excède pas 5,600 kilomètres, et sa largeur 4,000; mais elle est, proportionnellement à son étendue, la plus peuplée, et renferme près de 243 millions d'habitants.

Quelles sont les grandes divisions de l'Europe?

L'Europe se divise en seize parties principales, dont quatre au Nord, sept au milieu et cinq au Sud.

Les quatre au Nord sont : 1° les *Iles Britanniques*; 2° le *Danemark*; 3° la *Suède* avec la *Norvége*; 4° la *Russie d'Europe* avec la *Pologne*.

Les sept au milieu sont : 1° la *France*; 2° la *Confédération Suisse*; 3° les *Pays-Bas*; 4° la *Belgique*; 5° les *Etats de la Confédération Germanique*; 6° la *Prusse*; 7° l'*Autriche*.

Les cinq au Sud sont : 1° l'*Espagne*; 2° le *Portugal*; 3° l'*Italie*; 4° la *Turquie d'Europe*; 5° la *Grèce*.

ÉTENDUE ET CLIMAT DE L'EUROPE. — L'Europe n'a en étendue

---

* Consulter dans mon *Atlas* les cartes de l'EUROPE et de la FRANCE.

que le quart de l'Asie et de l'Amérique, et le tiers de l'Afrique, mais elle ne renferme pas, comme les autres parties du monde, de vastes déserts : aussi est-elle, proportionnellement à son étendue, la plus peuplée et la mieux cultivée. Elle jouit aussi, presque généralement, d'une température douce, qui favorise le développement de toutes les facultés de l'homme et la production de toutes les richesses agricoles.

PRODUCTIONS. — L'Europe produit en abondance le blé, le vin, le lin, et toutes les choses nécessaires à la vie. Les animaux utiles y sont en grand nombre, et les animaux nuisibles assez rares. On y trouve peu de mines d'or et d'argent, mais beaucoup de fer, de plomb, d'étain, de houille, de sel, etc.

Quels sont les principaux GOLFES *de l'Europe ?*

Les principaux Golfes de l'Europe sont :

En Écosse, ceux de *Murray* et de *Forth* ou d'*Édinbourg*, à l'E. ; de la *Clyde* et du *Solway*, à l'O. — En Angleterre, le *Wash*, à l'E. ; et le golfe ou canal de *Bristol*, au S.-O., à l'embouchure de la Severn. — Dans les Pays-Bas, le *Zuider-Zée*, ancien lac *Flevo*, réuni à la mer, en 1282, par une inondation qui couvrit plus de 500 kilom. carrés. — Dans la Prusse, le golfe de *Dantzig*, au N. E. — Entre la Suède et la Finlande, celui de *Botnie*. — En Russie, ceux de *Finlande* et de *Riga* ou de *Livonie*, à l'O. — En France, ceux de *Gascogne* (ancien Océan Aquitanique), au S. O., et de *Lyon* ou plus exactement du *Lion* (ancien golfe de Gaule), au S. — Dans les États du roi de Sardaigne, celui de *Gênes* (ancienne mer de Ligurie), au S. E. — Dans le royaume Lombard-Vénitien, celui de *Venise* (ancienne mer Adriatique), au S. E. — Dans l'Illyrie, celui de *Trieste*, au N. O. — Dans le royaume de Naples, celui de *Tarente*, au S. E. — Dans la Grèce, celui de *Patras* et de *Lépante* (autrefois de Corinthe), à l'O. — Dans la Turquie, celui de *Salonique* (autrefois Thermaïque), au S.

Quels sont les principaux DÉTROITS *de l'Europe ?*

Les principaux Détroits de l'Europe sont :

Le *Canal du Nord* et le *Canal Saint-Georges* (ancienne mer d'Hibernie), entre l'Irlande et la Grande-Bretagne ; ils sont réunis entre eux par la *mer d'Irlande* (ancienne mer Verginienne). — La *Manche* (ancien Océan Britannique) et le *Pas-de-Calais* (détroit de Gaule), entre les Îles Britanniques et la France. — Le canal du *Jutland* ou *Skager-Rack*, entre la Norvège et le Jutland ; le *Cattégat*, entre le Jutland et la Suède ; le *Sund*, entre la Suède et l'île de Séeland ; le *Grand-Belt*, entre les îles de Fionie et de Séeland ; le *Petit-Belt*, entre l'île de Fionie et le Jutland. — Le Détroit de *Gibraltar* anciennement de Gadès, entre l'Espagne et l'empire de Maroc ; les anciens l'appelaient aussi détroit d'*Hercule*, parce qu'ils croyaient qu'il avait été creusé par ce héros pour faire communiquer la Méditerranée avec l'Océan. —

Les *Bouches de Bonifacio*, entre les îles de Corse et de Sardaigne. — Le *Phare de Messine* (ancien détroit de Sicile), entre la Sicile et la Calabre. — Le canal d'*Otrante*, entre la province de ce nom et l'Albanie. — Ceux de *Talanta* et de *Négrepont* (ancien Euripe), entre l'île de ce nom et la Livadie ; de *Gallipoli* ou des *Dardanelles* (ancien Hellespont), qui joint l'Archipel à la mer de Marmara ; il tirait son nom ancien d'Hellé, fille d'Athamas, roi de Thèbes, qui s'y noya. Vis-à-vis d'Abydos, ce détroit n'a pas plus d'un kilomètre de largeur ; ce fut en cet endroit que Xerxès construisit un pont pour faire passer son armée en Europe. — Le canal de *Constantinople* (ancien Bosphore de Thrace), qui joint la mer de Marmara à la mer Noire. — Le détroit d'*Iénikalé* ou de *Kaffa* (ancien Bosphore Cimmérien), qui joint la mer Noire à celle d'Azof ou de Zabache.

Quels sont les principaux LACS *de l'Europe ?*

Les principaux Lacs de l'Europe sont :

En Suède, les lacs *Vener*, *Vetter* et *Moelar*. — En Russie, les lacs *Onéga*, *Ladoga*, *Peipous* et *Ilmen*. — En Hongrie, le lac *Balaton*. — Entre le grand-duché de Bade, le Wurtemberg et la Suisse, celui de *Constance*. — En Suisse, ceux de *Zurich*, de *Lucerne*, de *Neufchâtel* et de *Genève*, appelé aussi lac *Léman*. Dans le royaume Lombard-Vénitien, les lacs *Majeur*, de *Côme*, d'*Iseo* et de *Garda* ; ce dernier, le plus grand de l'Italie, est sujet à des tempêtes qui sont souvent fatales aux barques qui le traversent. — Dans les États de l'Église, le lac de *Pérouse* (ancien lac de Trasimène), à quelque distance de la ville dont il porte le nom, fameux par la seconde victoire d'Annibal sur les Romains en Italie ; celui de *Bolsena*, près de la ville de ce nom.

Quelles sont les PRESQU'ÎLES *principales de l'Europe ?*

On compte en Europe six Presqu'îles, trois grandes et trois petites.

Les grandes sont :

La *Suède* avec la *Norvége* et la *Laponie*, qui forment, au N. de l'Europe, une vaste péninsule renfermée entre la mer Blanche, au N. E., l'Océan Glacial Arctique, au N., l'Océan Atlantique Septentrional et la mer du Nord, à l'O., le Skager-Rack, le Cattégat, le Sund, la mer Baltique, au S., cette même mer et le golfe de Botnie, à l'E. — L'*Espagne*, que l'on appelle même souvent la *Péninsule*, au S. O. de l'Europe, entre l'Océan Atlantique, à l'O. et au S. O., le détroit de Gibraltar, au S., et la Méditerranée à l'E. et au S. E. — L'*Italie*, entre le canal de Corse et la mer de Sicile, à l'O., la mer Ionienne, au S., et le canal d'Otrante avec la mer Adriatique, à l'E.

Les petites Presqu'îles sont :

Le *Jutland* (ancienne Chersonèse Cimbrique), entre la mer du Nord, à l'O., le Skager-Rack, au N. et le Cattégat, à l'E. — La

Grèce, entre la mer Ionienne, à l'O., celle de Candie, au S., et l'Archipel, à l'E. Cette presqu'île se divise en deux autres, dont la plus méridionale, la *Morée*, est jointe à l'autre par l'isthme de Corinthe, nommé aussi *Hexamili*, parce qu'il n'a que six milles (11 kilomètres) de largeur. — La *Crimée* (ancienne Chersonèse Taurique), au S. de la Russie, à laquelle elle est jointe par l'isthme de Pérécop. Elle est entourée par la mer Noire, à l'O. et au S., le détroit d'Iénikalé et la mer d'Azof, à l'E. et au N. E.

Quels sont les principaux CAPS *de l'Europe ?*

Les principaux sont les Caps :

Clear, au S. de l'Irlande. — *Land's-End* et *Lizard*, au S. O. de l'Angleterre. — *Nord*, dans l'île Mageroë ou Magroë, au N. de la Laponie ci-devant danoise. — *Lindes*, au S. de la Norvége. — *Skagen*, au N. du Jutland. — *De la Hague*, à l'O. de la France. — *Ortégal* et *Finistère*, à l'O. de l'Espagne, et *Trafalgar*, au S. du même pays ; ce dernier est célèbre par un combat naval entre les Français et les Anglais. — *Saint-Vincent*, au S. O. du Portugal, dans l'Algarve.

Quelles sont les principales CHAÎNES DE MONTAGNES *de l'Europe?*

Les principales sont :

Les *Dophrines* ou *Alpes Scandinaves* (probablement l'ancien mont Sevo), qui s'étendent du Skager-Rack à la mer Glaciale, entre la Norvége, à l'O., et la Suède avec la Laponie, à l'E. — Les monts *Ourals* ou *Poyas*, noms qui tous deux signifient *ceinture* (probablement les anciens monts Riphées), qui s'étendent entre les Russies d'Europe et d'Asie jusqu'à la mer Glaciale. — Les *Pyrénées*, qui s'étendent de l'Océan à la Méditerranée, entre la France, au N., et l'Espagne, au S. — Les *Alpes*, qui bornent l'Italie au N., et la séparent de la France, de la Suisse et de l'Allemagne. — L'*Apennin*, qui traverse l'Italie du N. au S., dans toute sa longueur. — Les monts *Carpathes* ou *Krapacks* (anciens monts Hercyniens), entre la Hongrie et la Galicie. — Les monts *Balkans* ou *Eminch Dagh* (ancien mont Hémus), qui partagent la Turquie en septentrionale et méridionale.

Combien y a-t-il de VOLCANS *en Europe?*

Ils sont au nombre de trois, savoir :

Le mont *Hécla*, au centre de l'Islande. — Le *Vésuve*, en Italie, près de Naples. — L'*Etna* ou mont *Gibel*, en Sicile.

Quels sont les principaux FLEUVES *de l'Europe Septentrionale ?*

Les principaux sont :

En Angleterre, la *Tamise*, qui coule à l'E., et se jette dans le Pas-de-Calais ; l'*Humber*, qui coule au N. E., et se jette dans la mer du Nord ; la *Severn*, qui coule vers le S. O. et se jette dans le Canal Saint-Georges. — En Irlande, le *Shannon*, qui coule vers le S. O., et se jette dans l'Océan Atlantique. — Entre la Suède et la Russie : la *Tornéa*, qui prend sa source à l'extrémité de la chaîne des Dophrines, et, coulant au S., se jette dans le golfe de Botnie. — Dans la Russie : la *Dwina*, qui coule au N., et se jette dans la mer Blanche, près d'Arkangelsk ; la *Néva*, qui passe à Saint-Pétersbourg, et joint le lac Ladoga au golfe de Finlande ; la *Duna*, qui coule à l'O., et se jette dans le golfe de Riga ; le *Niémen*, qui coule aussi à l'O., et se jette dans la Baltique ; le *Dniestr*, qui coule vers le S. E., et se jette dans la mer Noire ; le *Dniepr* (ancien Borysthène), qui coule au S., et se jette dans la mer Noire, après avoir reçu le *Boug* (Hypanis) ; le *Don* (ancien Tanaïs), qui coule aussi vers le S., et va, grossi de plus de cinq cents rivières, se jeter dans la mer d'Azof ; le *Volga*, le plus considérable des fleuves de l'Europe, qui prend sa source dans le lac de *Voronov*, sur les frontières de la Lithuanie, et va, après un cours de plus de 3,900 kilomètres, se jeter, au S., dans la mer Caspienne, au-dessous d'Astrakhan.

Quels sont les principaux FLEUVES *de l'Europe Centrale ?*

Les principaux sont :

Dans la France : La *Seine*, qui prend sa source dans la Côte-d'Or, et va se jeter au N. O. dans la Manche ; la *Loire*, qui prend sa source dans le département de l'Ardèche, coule d'abord au N., et ensuite à l'O., et va se jeter dans l'Océan Atlantique ; la *Garonne*, qui prend sa source dans les Pyrénées, et va se jeter au N.O., dans le golfe de Gascogne ; le *Rhône*, qui prend sa source dans la Suisse, traverse le lac de Genève, et coule vers l'O. jusqu'à Lyon, où, après avoir reçu la *Saône*, il tourne subitement vers le S., et va se jeter dans le golfe de Lyon. — Entre la France et l'Allemagne : Le *Rhin*, qui prend sa source dans la Suisse, au mont Saint-Gothard, traverse le lac de Constance, et coulant vers le N. jusque dans les Pays-Bas, où il tourne vers l'O., se divise en quatre branches, le *Wahal*, le *Leck*, l'*Yssel* et le *Rhin*, et se perd dans la mer du Nord. — Dans l'Allemagne : Le *Wéser*, qui prend sa source non loin de Cassel, coule vers le N., en traversant la Hesse, le Hanovre et le grand-duché d'Oldenbourg, et se jette dans la mer d'Allemagne ; l'*Elbe*, qui a sa source dans la Bohême, traverse la Saxe, la Prusse, sépare le Hanovre du Holstein, et va se jeter dans la mer d'Allemagne ; l'*Oder*, qui prend sa source aux monts Carpathes, traverse toute la Prusse, et se jette dans la mer Baltique ; le *Danube*, le plus grand fleuve de l'Europe après le Volga : il prend sa source au pied des montagnes de la Forêt-Noire, dans le grand-duché de Bade, traverse de l'O. à l'E. le Wurtemberg, la Bavière, l'Autriche, la Hongrie, au milieu de laquelle il tourne subitement vers le S. ; puis, reprenant son cours vers l'E., il traverse une partie de la Turquie d'Europe, et se jette, par plusieurs embouchures, dans la mer Noire. — Dans la Pologne : La *Vistule*, qui prend sa source près de celle de l'Oder, traverse le royaume de Pologne et la Prusse occidentale, et se jette dans le golfe de Dantzig.

Quels sont les principaux FLEUVES *de l'Europe Méridionale?*

Les principaux sont :

Dans l'Espagne : Le *Minho**, qui coule au S.O., et se jette dans l'Océan Atlantique ; le *Douro* ou *Duero*, qui, coulant à l'O., traverse une partie de l'Espagne et la partie septentrionale du Portugal, et se jette aussi dans l'Océan Atlantique ; le *Tage*, qui coule au S.O., traverse une partie de l'Espagne et du Portugal, et se jette aussi dans l'Océan Atlantique, au dessous de Lisbonne ; la *Guadiana*, qui coule vers le S.O., traverse une partie de l'Espagne et la partie S. du Portugal, et se jette dans le golfe de Cadix ; le *Guadalquivir*, qui, coulant vers le S.O., arrose la partie méridionale de l'Espagne, et se jette aussi dans le golfe de Cadix ; l'*Èbre*, qui coule du N.O. au S.E., et se jette dans la Méditerranée. —Dans l'Italie : Le *Pô*, qui prend sa source au mont Viso, dans le Piémont, traverse ce pays de l'O. à l'E., sépare le royaume Lombard-Vénitien des duchés de Parme et de Modène et des États de l'Église, et se jette dans le golfe de Venise ; l'*Adige*, qui sort des Alpes au N., et, coulant d'abord au S., et ensuite à l'E., traverse le royaume Lombard-Vénitien, et se jette dans le golfe de Venise ; l'*Arno*, qui prend sa source dans l'Apennin, traverse de l'E. à l'O. le grand-duché de Toscane, et se jette dans la Méditerranée ; le *Tibre*, qui sort aussi de l'Apennin, à l'E. de la Toscane ; et, traversant du N. au S. les États de l'Église, va se jeter, à l'O., dans la Méditerranée. — Dans la Turquie d'Europe : Le *Vardari*, qui la traverse en partie, du N.O. au S.E., et va se jeter dans le golfe de Salonique ; la *Maritza* (ancien Hèbre), qui la traverse aussi en partie, du N. au S., et se jette, grossie d'un assez grand nombre de rivières, dans l'Archipel.

* Prononcez *Minio*.

ILES BRITANNIQUES.

Quelle est la position des ILES BRITANNIQUES, *et comment les divise-t-on?*

Les Iles Britanniques, situées au N. O. de l'Europe, et séparées de la France par la Manche et le Pas-de-Calais, se composent de deux grandes îles et d'un assez grand nombre de petites. Les deux grandes, séparées l'une de l'autre par le canal du Nord, la mer d'Irlande et le canal Saint-Georges, sont : la *Grande-Bretagne*, à l'E., et l'*Irlande*, à l'O. La première, que les anciens appelaient *Albion*, à cause de la blancheur de ses côtes, renferme les deux royaumes d'*Angleterre*, au S., et d'*Ecosse*, au N.; l'*Irlande* forme le troisième royaume. Les petites îles sont répandues autour des deux grandes, et dans le canal qui les sépare.

Quels sont la population, la religion et le gouvernement des ILES BRITANNIQUES?

Les Iles Britanniques renferment plus de 29 millions d'habitants, dont la plus grande partie suit la religion appelée *Anglicane*, l'une des branches de la religion protestante. Le gouvernement est monarchique et représentatif.

ANGLETERRE PROPREMENT DITE *.

*Comment se divise le royaume d'*ANGLETERRE?

Le royaume d'Angleterre, séparé, au N., de l'Écosse, par la *Tweed*, qui se rend, à l'E., dans la mer du Nord, et par le golfe du Solway, à l'O., renferme plus de 18 millions et demi d'habitants et se divise en *Angleterre propre*, subdivisée en quarante comtés, à l'E., et *Principauté de Galles*, subdivisée en douze comtés, à l'O.

*Quelles sont les principales villes de l'*ANGLETERRE?

Les principales villes de l'Angleterre sont : — LONDRES

---

* Consulter, dans mon *Atlas à l'usage des colléges*, la carte de l'EUROPE.

(Londinium), capitale des Iles Britanniques, une des villes les plus grandes, les plus peuplées, les plus riches et les plus fameuses du monde, traversée par la Tamise, que les plus gros vaisseaux remontent jusque dans son port; 1870 mille habitants. — York (Eboracum), vers le N., sur l'*Ouse*, qui se jette dans l'Humber : archevêché; ville très-ancienne et regardée autrefois comme la seconde de l'Angleterre. — Bristol, port au S. O., près du golfe du même nom, dans lequel se jette la Severn; 150 mille habitants. — Liverpool, port très-commerçant sur la mer d'Irlande; 250 mille habitants. — Manchester (250 mille hab.) et Birmingham (147 mille hab.), villes très-manufacturières, la première pour les tissus de coton et la seconde pour les arts métallurgiques. — Oxford et Cambridge, fameuses universités. — Cantorbéry ou mieux Canterbury (Durovernum), au S. E. de Londres, capitale du comté de Kent; archevêché, primat du royaume. — Douvres (Dubris), port sur le Pas-de-Calais, le plus fréquenté par les passagers qui se rendent d'Angleterre en France. — Portsmouth et Plymouth, ports sur la Manche, fameux pour la marine de guerre.

A ces villes on peut ajouter encore *Newcastle*, au N. E., port très-commerçant, dans les environs duquel se trouvent les mines de houille les plus abondantes connues. — *Leeds*, à l'O. d'York, importante par ses fabriques et son commerce d'étoffes de laine; 125 mille hab. — *Bath*, au S. O., renommée pour ses eaux minérales. — *Greenwich*, près de Londres, avec un observatoire où les Anglais font passer leur premier méridien.

ÉCOSSE.

*Quelles sont les limites, la division et la population de l'*Écosse*?*

L'Écosse (ancienne Calédonie), située au N. de l'Angleterre, se divise en trente-trois comtés, et renferme plus de 2 millions et demi d'habitants. Ceux de la partie montagneuse ont conservé les mœurs et les goûts de leurs ancêtres, ainsi que leur langage, appelé la langue *Erse*, dans laquelle Ossian a composé ses poëmes. Les Romains leur donnaient le nom de *Pictes*, à cause de l'usage qu'ils avaient de se peindre le corps.

Quelles sont les principales villes de l'Écosse ?

Les principales villes de l'Écosse sont : EDINBOURG (Alata Castra), au S. E., près du golfe de Forth ou d'Edinbourg, formé par la mer du Nord; université : 187 mille habitants. — GLASGOW, à l'O., sur la *Clyde*, qui se jette au S. O. dans le golfe du même nom, formé par le canal du Nord; célèbre par son université et par ses belles imprimeries : 202 mille âmes.

IRLANDE.

*Quelles sont la position, la population et les divisions principales de l'*IRLANDE *?*

L'Irlande, renfermée dans l'île du même nom (ancienne Hibernie), a plus de 8 millions d'habitants dont les quatre cinquièmes sont catholiques, et possède un grand nombre de curiosités naturelles. Elle se divise en quatre provinces, savoir : l'*Ulster* ou *Ultonie*, au N.; le *Connaught* ou *Connacie*, à l'O.; le *Leinster* ou *Lagénie*, à l'E.; et le *Munster* ou *Momonie*, au S. Ces provinces se subdivisent en trente-deux comtés.

Quelles sont les villes principales de l'Irlande ?

Les principales villes de l'Irlande sont : DUBLIN (Eblana), capitale, à l'E., sur la mer d'Irlande; résidence du vice-roi; archevêché, université; la seconde ville des Iles Britanniques par sa population, qui dépasse 300 mille âmes. — ARMAGH, au N. E.; elle a un archevêque qui prend le titre de primat. — GALWAY, au S. O., port sur la baie du même nom. — WATERFORD, au S. E., sur le havre du même nom. — LIMERICK, dans une île formée par le Shannon. — CORK, au S. O., la seconde ville de l'Irlande, renfermant, dit-on, plus de 110 mille âmes.

Quelles sont les PETITES ILES *qui font partie des Iles Britanniques ?*

Les principales sont :

1° Dans la Manche, près des côtes de France, les ILES NORMANDES, savoir : AURIGNY ou *Alderney* (Riduna), en face du cap de la Hague; GUERNESEY (Sarnia), au S. O. de la précédente : capitale, *Saint-Pierre*; enfin JERSEY (Cæsarea), au S. E. de la précédente : capitale, *Saint-Hélier*.

2° Dans la Manche, sur la côte d'Angleterre, l'île de WIGHT (prononcez *Ouait*) (Vectis), qui en est séparée par un canal peu considérable : capitale *Newport*. L'infortuné roi Charles Ier y fut détenu dans le château de *Carisbrook*.

3° Les SORLINGUES ou SCILLY (Cassitérides), groupe de 45 petites îles situées vis-à-vis du cap Land's end, à la pointe S. O. de l'Angleterre, et dont la principale est *Sainte-Marie*.

4° Dans la mer d'Irlande, l'île d'ANGLESEY (Mona), au S. E., séparée, par le détroit de *Menay*, de la principauté de Galles, dont elle forme un des comtés : capitale, *Beaumaris*; et l'île de MAN (Monobia), au N. de la précédente. Elle a jadis formé un royaume : capitale, *Castletown*; ville principale, *Douglas*.

5° Les HÉBRIDES ou WESTERNES (Ebudes), à l'O. de l'Écosse et au N. de l'Irlande; elles sont fort nombreuses, et plusieurs ont assez d'étendue. Les plus remarquables, sont : *Lewis*, *Skye*, *Mull*, *Islay* et *Staffa*.

6° Les ORCADES ou ORKNEY (Orcades), groupe de 50 îles situées à la pointe N. E. de l'Écosse, dont elles sont séparées par le détroit de *Pentland* : la plus grande, nommée *Pomona*, a pour capitale *Kirkwall*.

7° Les SHETLAND, groupe de 86 îles situées au N. E. de l'Écosse. La principale est *Mainland* (probablement l'ancienne *Thulé*); capitale, *Lerwick*. Plusieurs sont inhabitées.

On pourrait y ajouter encore la petite île d'*Helgoland*, dans la mer du Nord, vis-à-vis les embouchures de l'Elbe et du Wéser.

CLIMAT, PRODUCTIONS, COMMERCE, MANUFACTURES, MARINE, POSSESSIONS LOINTAINES. — Quoique le climat des Iles Britanniques soit généralement humide et brumeux, cependant les terres y sont fertiles. On y trouve aussi de nombreuses mines de fer, d'étain, de plomb, de cuivre et de houille; mais ce qui constitue la véritable richesse et la puissance de l'empire Britannique, c'est son immense commerce alimenté par d'innombrables manufactures, facilité à l'intérieur par un grand nombre de canaux et de chemins de fer, mais surtout vivifié et protégé par une marine de trente mille vaisseaux, qui rend toutes les parties du monde tributaires de l'Angleterre. Elle possède d'ailleurs, sur les deux continents, dans toutes les mers, et jusque dans l'Océanie, de vastes territoires et un grand nombre d'îles, où sa domination s'étend sur près de 130 millions d'hommes.

DANEMARK.

Quels sont les bornes, la population, la religion et le gouvernement du DANEMARK?

Le Danemark (ancienne Chersonèse Cimbrique et îles Scandies) est borné au N. par le Cattégat et le Skager-Rack; à l'O., par la mer du Nord; au S., par l'Elbe, qui le sépare de l'Allemagne; à l'E., par la mer Baltique, le Sund et le Cattégat. Sa population est d'environ 2 millions d'habitants, dont la plus grande partie suit la religion luthérienne. Son gouvernement, qui avait été électif et aristocratique jusqu'en 1660, époque à laquelle il devint une monarchie héréditaire et absolue, est, depuis l'année 1834, monarchique constitutionnel.

De quoi se composent les états de Danemark?

Les états de Danemark se composent de plusieurs îles situées dans la mer Baltique, de la presqu'île de *Jutland*, des duchés de *Holstein* et de *Lauenbourg*, de l'*Islande*, avec les îles *Færoë*.

Quelles sont les principales îles situées dans la mer Baltique?

Les deux principales sont : l'île de SÉELAND, séparée, à l'E., de la Suède par le Sund, et qui renferme COPENHAGUE, capitale de tout le royaume, peuplée de 123 mille habitants, brûlée par les Anglais en 1807; et l'île de FUNEN ou FIONIE, à l'O. de Séeland, dont elle est séparée par le Grand-Belt : cap., *Odensée*. — Les autres îles, telles que *Langeland, Fémeren, Laland, Falster, Bornholm*, sont moins considérables.

Comment se divise le JUTLAND?

La presqu'île du JUTLAND, située à l'O. de l'île de Fionie, dont elle est séparée par le Petit-Belt, se divise en NORD-JUTLAND : villes principales: *Aalborg*, port à l'entrée du golfe ou détroit de *Liim* ou *Liim-Fiord*, formé par le Cattégat; *Aarhuus*, autre port sur le Cattégat; et SUD-JUTLAND, ou duché de *Schleswig* : cap., *Schleswig*, sur le golfe de *Schley* ou

Sli, formé par la Baltique; ville très-florissante; mais la plus considérable est *Flengsborg*, autre port sur un golfe de la Baltique.

Quelles sont les deux provinces du Danemark qui appartiennent à la Confédération Germanique?

Ces deux provinces sont: 1° le *duché* de Holstein, situé au S. du Jutland et renommé pour ses chevaux; villes principales: Gluckstadt, qui en est la capitale, port franc sur l'Elbe; *Kiel*, port sur la Baltique; et *Altona*, port très-commerçant, sur la rive droite de l'Elbe et la seconde ville du Danemark; — 2° le *duché* de Lauenbourg, au S. E. du Holstein; capitales: Lauenbourg, sur l'Elbe, et Ratzebourg, plus au N. E.

Qu'est-ce que l'Islande?

L'Islande, ou *Terre de Glaces*, plus voisine de l'Amérique, à laquelle elle appartient ainsi par sa position, que de l'Europe, au N. O. de laquelle elle est située, est une grande île volcanique, coupée, au N., par le cercle polaire, de 570 kilom. de long sur 550 de large, et couverte de montagnes dont la plus célèbre est le mont *Hécla*, volcan haut de 1,040 mètres. Elle a près de 50 mille habitants, qui vivent, pour la plupart, dans des fermes isolées; aussi *Reykiavig*, la ville principale de l'île, n'en renferme-t-elle que 600 environ.

Au S. E. de l'Islande se trouve le groupe des îles Færoë, au nombre de 24, renfermant environ 5 mille habitants.

Le Danemark possède en outre, en Asie, en Afrique et en Amérique, plusieurs établissements peu considérables.

On peut citer encore: dans l'île de Séeland, *Elseneur* ou *Helsingœr*, où se paye au Danemark le droit dû par tous les vaisseaux qui traversent le Sund, dont le passage est défendu par la forteresse de *Cronenbourg*. — Dans le Nord-Jutland, *Viborg*, regardée comme la plus ancienne ville du Danemark.

Climat, productions. — Les îles du Danemark sont la partie la plus tempérée et la plus agréable du royaume; c'est aussi la plus fertile en grains, etc. Le Jutland est généralement froid et couvert de marais et de bruyères. Le Holstein possède de riches pâturages où l'on élève des chevaux renommés. — L'Islande est un pays montagneux et très-froid, où il ne croit pas de blé, ni même de grands arbres. La pomme de terre y est la culture principale. On y voit en plusieurs endroits des espèces de volcans qui lancent à une hauteur prodigieuse des torrents d'eau bouillante.

SUÈDE ET NORVÉGE.

Quels sont les bornes, la population, la religion et le gouvernement de la monarchie SUÉDO-NORVÉGIENNE?

La monarchie Suédo-Norvégienne (ancienne Scandinavie), la plus septentrionale de l'Europe, est comprise dans une vaste presqu'île bornée, au N., par l'Océan Glacial Arctique; à l'O., par l'Océan Atlantique et la mer du Nord; au S., par le Skager-Rack et la Baltique; et à l'E., par la Baltique, le golfe de Botnie et la Russie. — Sa population est de plus de 4 millions d'habitants qui suivent la religion luthérienne. — Son gouvernement est monarchique; mais l'autorité du roi y est tempérée par celle des assemblées représentatives.

De combien de royaumes se compose la monarchie Suédo-Norvégienne?

La monarchie Suédo-Norvégienne se compose de deux royaumes, qui ont leurs constitutions distinctes et leurs assemblées indépendantes; savoir: le royaume de *Suède*, à l'E., et celui de *Norvége*, à l'O., réunis sous le même souverain en 1814.

SUÈDE.

Comment se divise le royaume de Suède?

Le royaume de Suède se divise en 24 *læn* ou préfectures, réparties en trois grandes régions, savoir: le *Gœtland* ou Gothie au S., le *Svéaland* ou Suède propre, au milieu, et le *Norrland* ou pays du Nord, dont le nom indique la position.

Quelles sont les principales villes de la Suède?

Les principales villes de la Suède sont: —STOCKHOLM, sur le lac Mælar, grande ville avec un port très-vaste, capitale du royaume et d'un district particulier. Pop. 86 mille habitants. — UPSAL, au N.-O. de Stockholm, célèbre université et le lieu ordinaire du couronnement des rois. Pop. 4,300 habitants.—Entre cette ville et la précédente se trouve celle de

Sigtuna, qui était très-considérable du temps d'Odin, législateur des Scandinaves, dont elle paraît avoir été la résidence. — Goeteborg, à l'O. de la Gothie, port de mer, l'une des villes les plus commerçantes de la Suède. — Tornéa, à l'embouchure de la rivière du même nom : il y fait si froid que la rivière y gèle à 6 mètres d'épaisseur.

A ces villes on peut ajouter : — *Karlskrona*, au S. E., sur la Baltique, le principal port militaire du royaume. — *Kalmar*, au N.E. de Karlskrona, ville forte, port et chantier de construction, sur le détroit de son nom, qui sépare l'île d'OEland de la Suède. Elle est fameuse par l'acte d'union des trois couronnes de Suède, Norvége et Danemark, sous le sceptre de la grande Marguerite, qui y fut conclu le 20 juillet 1397.

Norvége.

Comment la Norvége est-elle séparée de la Suède, quelle en est la population, et comment se divise-t-elle ?

La Norvége, séparée de la Suède par la longue chaîne des Dophrines, renferme près de 1,100 mille habitants, et se divise en 5 diocèses et 17 *œmt* ou préfectures, qui, pour la plupart, portent les noms de leurs capitales.

Quelles sont les principales villes de la Norvége ?

Les principales villes de la Norvége sont : — CHRISTIANIA, au S., sur la baie d'Anslo, capitale de toute la Norvége et de la préfecture d'*Aggershuus*, qui tire son nom de la forteresse d'*Agger*, qui domine la ville de Christiania; 25 mille habitants. — Trondhiem ou *Drontheim*, Bergen et Christiansand, ports sur les côtes occidentale et méridionale. Les deux premières ont servi de résidence aux anciens rois de Norvége.

Iles.

Quelles sont les îles qui dépendent de la Suède ?

Les îles qui dépendent de la Suède sont situées dans la mer Baltique; les principales sont : Œland, cap. *Borgholm*; — Gottland, cap. *Wisby*.

Quelles sont les îles qui dépendent de la Norvége ?

Les îles qui dépendent de la Norvége, sont situées le long des côtes occidentales et septentrionales de ce pays, dans l'Océan Glacial Arctique. Les plus remarquables sont : les groupes des îles Tromsen, au N., et Loffoden, au S. O. des précédentes, et près desquelles se trouve le tourbillon de *Mal-Strœm*, qui, dans l'hiver surtout, et lorsque le vent souffle du N. O., produit un bruit qui se fait entendre de plusieurs lieues, et quelquefois attire et engloutit les vaisseaux qui passent aux environs.

Dans les régions lointaines, la Suède possède l'île *Saint-Barthélemi*, l'une des Antilles, qui lui a été cédée par la France en 1784.

Climat, Productions.—Le climat de la Suède est généralemen froid, et son sol peu productif, si ce n'est vers le S.; elle est remplie de lacs, dont plusieurs ont un aspect agréable. La Norvége est presque tout entière hérissée de montagnes qui produisen en abondance des bois propres à la construction des vaisseaux, et qui font l'objet d'un grand commerce. Les parties septentrionales, composant la préfecture de *Finmarken*, comprennent la partie de la *Laponie* qui appartient au royaume de Norvége. Cette contrée, où le plus long jour et la plus longue nuit durent trois mois, ne renferme que quelques misérables bourgades. Les habitants de ce pays sont remarquables par leur petite taille et fort superstitieux; ils tirent un grand parti d'un animal fort curieux nommé *le renne*, qui ne peut vivre que dans les régions septentrionales; ils l'attellent aux traîneaux dont ils se servent pour voyager dans ces contrées couvertes presque toute l'année de neige et de glace; ils en mangent la chair et en boivent le lait. La Suède renferme beaucoup de mines de fer et de cuivre; il y en a même plusieurs d'or et d'argent.

RUSSIE D'EUROPE.

Quelles sont les bornes et l'étendue de la RUSSIE D'EUROPE?

La Russie d'Europe (anciennes Sarmatie, Tauride et Colchide), appelée autrefois *Moskovie*, a pour bornes, au N., la mer Glaciale; à l'O., la Suède, le golfe de Botnie, la mer Baltique, la Prusse et les États de l'empereur d'Autriche; au S., la Turquie d'Europe, la mer Noire, le Caucase et la mer Caspienne; et à l'E., le fleuve Oural, les monts Ourals ou Poyas et le fleuve Kara, qui la séparent de la Russie d'Asie. Elle a 2920 kilomètres de long sur 1600 de large, et comprend ainsi une étendue dix fois plus considérable que celle de la France, mais une grande partie est couverte de vastes forêts.

Quels sont la population, la religion et le gouvernement de la Russie?

Malgré son immense étendue, la Russie d'Europe contient au plus 55 millions d'habitants, dont 48 millions environ professent la religion grecque, et 6 millions la religion catholique; le reste se compose de luthériens, juifs, mahométans, etc. — Ses souverains portent le titre d'empereur ou de *tzar*. Le gouvernement y est presque absolu, et la couronne est héréditaire, même pour les femmes. — Depuis Pierre le Grand, la civilisation, favorisée par les souverains de ce vaste empire, s'y est introduite rapidement, et une portion des habitants, qui étaient tous *serfs*, a reçu la liberté.

Comment l'empire de Russie se divise-t-il?

L'empire de Russie se compose de deux parties distinctes, savoir: 1° *l'empire de Russie proprement dit*, qui comprend aussi les provinces de l'ancienne Pologne incorporées à l'empire à la suite des partages de 1772, 1793 et 1795: 2° le nouveau *royaume de Pologne*, qui, bien que considéré maintenant comme partie intégrante de l'empire, conserve encore une administration et un sénat particuliers. La Russie se divise aujourd'hui en 59 gouvernements, et la Pologne en 8 provinces appelées voïvodies.

RUSSIE.

Quelles sont les principales villes des provinces septentrionales de la RUSSIE?

Les principales sont : — SAINT-PÉTERSBOURG, à l'embouchure de la *Néva* dans le golfe de Finlande, capitale de l'empire, fondée par Pierre le Grand en 1703. Population, 470 mille habitants. — KRONSTADT, un des principaux ports de la Russie, construit par Pierre le Grand au fond du golfe de Finlande. — ABO, entre les golfes de Botnie et de Finlande, vis-à-vis de l'archipel qui porte son nom, ville principale de la *Finlande*, ancienne province suédoise, dont une partie fut cédée à la Russie en 1721, et le reste conquis par cette puissance en 1808. — RIGA, située sur le golfe de *Livonie*, ainsi nommé de la province dont Riga est la capitale, et qui fut conquise sur les Suédois par Pierre le Grand, après la victoire qu'il remporta à *Pultawa* ou *Poltava*, dans la Russie centrale. — ARKHANGELSK, port sur la mer Blanche, à l'embouchure de la Dvina ; entrepôt du commerce du N. de la Russie.

Quelles sont les principales villes des provinces centrales et méridionales de la RUSSIE?

Les principales sont : — MOSKOU, ancienne capitale de la Russie, brûlée par les Russes en 1812, au moment de l'entrée des troupes françaises, et aujourd'hui plus régulièrement rebâtie. Population, 350 mille habitants. — VLADIMIR, au N. E. de Moskou, ancienne résidence des grands-ducs de Russie. — KAZAN, au S. E. de la précédente, capitale d'un ancien royaume tartare conquis par les Russes en 1552. — KIEV, au S. O., sur le Dniépr, une des villes les plus considérables de la Russie, résidence des premiers souverains de ce pays. — ODESSA, au S. de Kiev, port sur la mer Noire, un des plus commerçants de l'Europe. — KAFFA, près de la mer Noire, dans le gouvernement de Tauride ; qui renferme la presqu'île de Crimée, jointe au continent par l'isthme de *Pérékop*, sur lequel se trouve la ville de ce nom. — Taganrog, petit port sur la mer d'Azof, où l'empereur Alexandre est mort en 1825. — Astrakhan, dans une île du Volga, à l'embouchure de ce fleuve dans la mer Caspienne, l'une des villes les plus considérables de la Russie, et fort importante par le grand commerce qu'elle fait avec la Perse et tout l'Orient.

Quelles sont les principales villes des gouvernements de Russie formés de la partie de la Pologne *qui a été réunie à cet empire ?*

Les principales sont : — Vilna, ville riche et commerçante, ancienne capitale du grand-duché de *Lithuanie*. — Grodno, au S. O. de Vilna, et où se tenaient autrefois les diètes polonaises. — Mohilev, sur le Dniépr, au S. E. de Vilna, ville forte et très-marchande, célèbre par une victoire remportée sur les Russes par les Suédois en 1707. — A environ 85 kilomètres à l'O. de cette ville, coule la *Bérésina*, fameuse par les désastres que les Français éprouvèrent sur ses bords, en 1812, dans la malheureuse retraite de Moskou.

Quelles sont les îles qui dépendent de la Russie d'Europe ?

Les îles qui dépendent de la Russie d'Europe sont :

1° Dans la mer Baltique :

Les îles d'Aland, groupe situé vis-à-vis d'Abo, sur la côte S. O. de la Finlande, et compris dans son gouvernement : ces îles furent cédées par la Suède à la Russie, en 1809. Population, 12 mille habitants. — Dago et Œsel, à l'entrée du golfe de Livonie.

2° Dans la mer Glaciale :

Les îles de Kalgouev et de la Nouvelle-Zemble. Ces dernières sont grandes et inhabitées ; mais les Russes et les Samoïèdes s'y rendent quelquefois pour la pêche. — Au S. E. de ces îles se trouve celle de Vaïgatch, séparée du continent par le détroit qui porte son nom.

Pologne.

Quelles sont les villes remarquables du royaume de Pologne ?

Les principales villes du royaume de Pologne sont : — Varsovie, capitale du royaume, sur la rive gauche de la Vistule, mais communiquant par un pont de bateaux avec le faubourg fortifié de *Praga*, situé sur la rive droite. Population, 150 mille habitants. — Kalisz, au S. O. de Varsovie, la seconde ville du royaume par sa population et son industrie.

Notions diverses sur la Russie et la Pologne. — La Russie se compose presque entièrement de vastes plaines dont la température est assez froide, mais qui sont généralement fertiles. La partie méridionale et surtout la Crimée jouissent d'un climat doux et agréable; on y récolte en abondance du blé, du lin, du chanvre, du tabac et même du vin. La partie septentrionale, exposée à un froid rigoureux, est tout à fait stérile; l'est est couvert d'immenses forêts, et le sud-est, de plaines sablonneuses et imprégnées de sel. Les monts Ourals renferment des mines de diamants, d'or, de cuivre et de fer.

Quelque immenses que soient les territoires soumis à la Russie en Europe, ils ne forment qu'environ le quart de cet empire, qui s'étend encore dans le nord de l'Asie et de l'Amérique, et dont toutes les possessions réunies égalent la 7e partie de la terre habitable.

La Pologne, qui formait, avant la fin du siècle dernier, un des plus grands royaumes de l'Europe, fut, comme nous l'avons dit plus haut, démembrée par la Russie, la Prusse et l'Autriche, qui s'en partagèrent les provinces. Reconstituée en 1807, sous le nom de grand-duché de Varsovie, elle a repris, en 1815, le nom de royaume de Pologne sous la souveraineté de l'empereur de Russie, qui la faisait gouverner par un vice-roi, avec un sénat et une chambre de députés. Jalouse de recouvrer son indépendance, elle a soutenu avec gloire contre la Russie, en 1831, une lutte sanglante que l'extrême disproportion de ses forces a fini par lui rendre fatale, mais dans laquelle elle s'est illustrée au plus haut degré par son courage et son patriotisme. Le climat et les productions de la Pologne sont les mêmes que ceux de la Russie. On y rencontre beaucoup de marais et des forêts considérables.

FRANCE.

Quelles sont les bornes et la population de la France?

La France, le pays le plus occidental de l'Europe centrale, est bornée, au N., par le grand-duché du Bas-Rhin, la Belgique et le Pas-de-Calais; au N. O., par la Manche; à l'O., par l'Océan Atlantique; au S., par les Pyrénées, qui la séparent de l'Espagne, et par la Méditerranée; à l'E., par le Var, les Alpes et le Rhône, qui la séparent des États Sardes et de la Suisse, et par le Rhin, qui la sépare de l'Allemagne. — Sa population dépasse 34 millions d'habitants.

Quels sont la religion et le gouvernement de la France?

La religion catholique est celle de l'immense majorité des Français; les provinces de l'E. et du S. renferment un assez grand nombre de protestants.— Le gouvernement est du nombre de ceux que l'on nomme *monarchies représentatives*. Le roi y gouverne conformément aux lois, qui sont faites par le concours des trois pouvoirs, savoir : *le Roi, la chambre des Pairs*, composée d'un nombre indéterminé de membres nommés par le roi, et *la chambre des Députés*, dont les membres, au nombre de 459, sont élus pour cinq ans par les départements.

Quelles sont les productions de la France?

La France, une des contrées les plus riches de l'Europe par la fertilité de son territoire, produit en abondance toutes les choses nécessaires à la vie, telles que blé, vin, huile, etc. On y trouve des mines de fer, de plomb, de cuivre et de charbon. L'industrie de ses habitants leur a fourni les moyens d'égaler, et même de surpasser les produits des manufactures des pays étrangers : les draps, les tapis, les porcelaines, les soieries, y ont surtout atteint une grande supériorité.

Quelles sont les principales chaînes de montagnes de la France?

La France, outre les grandes chaînes des *Pyrénées* et des *Alpes*, qui la bornent, comme nous l'avons dit, au S. et à l'E., renferme encore dans l'intérieur trois autres chaînes moins considérables, savoir : 1° Les CÉVENNES (Cebenna), au S., dont une petite chaîne, nommée la *Lozère*, donne son nom à un département; de cette chaîne se détache celle des *monts d'Auvergne*, dont deux sommets remarquables, le *Cantal* et le *Puy-de-Dôme*, donnent aussi leurs noms à deux départements; 2° Le JURA, qui sépare, à l'E., la France de la Suisse; 3° Les VOSGES (Vogesus), qui semblent en être le prolongement. Toutes deux donnent aussi leurs noms à des départements.

Quelles sont les principales rivières de la France?

Nous avons déjà nommé les cinq grands fleuves de la France; chacun d'eux reçoit plusieurs rivières importantes, savoir : le RHIN reçoit, sur sa rive gauche, la *Moselle*, augmentée de la *Meurthe*. — La SEINE reçoit, sur sa rive droite, l'*Aube*, la *Marne* et l'*Oise*, grossie de l'*Aisne*; et sur sa rive gauche, l'*Yonne* et l'*Eure*. — La LOIRE reçoit, sur sa rive droite, la *Nièvre*, la *Maine*, formée par la réunion de la *Mayenne* avec la *Sarthe*, augmentée du *Loir*, et, sur sa rive gauche, l'*Allier*, le *Loiret*, le *Cher*, l'*Indre*, la *Vienne*, grossie de la *Creuse*, et la *Sèvre-Nantaise*. — La GARONNE reçoit, sur sa rive droite, l'*Ariége*, le *Tarn*, grossi de l'*Aveyron*, le *Lot* et la *Dordogne*, grossie de la *Vézère*, augmentée elle-même de la *Corrèze*, et, sur sa rive gauche, le *Gers*. — Le RHÔNE reçoit, sur sa rive droite, l'*Ain*, la *Saône*, grossie du *Doubs*, l'*Ardèche* et le *Gard*, et, sur sa rive gauche, l'*Isère*, la *Drôme*, la *Sorgue*, formée par la *fontaine de Vaucluse*, et la *Durance*. — On peut encore ajouter à ces rivières la *Meuse*, qui va mêler ses embouchures à celles du *Rhin* et de l'*Escaut*, qui, grossi de la *Scarpe*, se rend dans la mer du Nord; la *Somme*, l'*Orne* et la *Vire*, qui se rendent dans la Manche; la *Vilaine*, la *Sèvre-Niortaise*, grossie de la *Vendée*, et la *Charente*, qui se jettent dans l'Océan Atlantique; l'*Adour*, qui se rend dans le golfe de Gascogne; l'*Aude* et l'*Hérault*, qui se jettent dans le golfe de Lyon; et enfin le *Var*, qui sépare, à l'E., la France du comté de Nice, et coule, au S., dans la Méditerranée. Presque toutes ces rivières donnent leurs noms aux départements qu'elles arrosent.

Quels sont les principaux canaux de la France?

Les principaux canaux de la France sont : le canal de *Saint-Quentin*, qui joint l'Escaut à la Somme ; le canal de *Picardie*, qui joint la Somme a l'Oise ; le canal de l'*Ourcq*, qui amène actuellement à Paris les eaux de la petite rivière du même nom, et qui, lorsqu'il sera terminé, doit réunir la Somme à la Seine ; les canaux d'*Orléans* et de *Briare*, qui joignent la Seine à la Loire ; le canal du *Centre*, qui unit la Loire à la Saône ; le canal de *Bourgogne*, qui réunit l'Yonne et la Saône ; le *canal du Rhône au Rhin*, qui unit ces deux fleuves en joignant le Doubs au Rhin ; et le canal du *Languedoc* ou du *Midi*, qui unit la Méditerranée à la Garonne et par suite à l'Océan Atlantique.

Comment se divisait autrefois la France, et comment se divise-t-elle aujourd'hui?

Avant l'année 1790, la France était divisée en 40 gouvernements, dont 32 grands et 8 petits ; ces derniers étaient enclavés dans les grands, à l'exception du huitième, formé par l'île de Corse, située dans la Méditerranée. Aujourd'hui la France est divisée en 86 départements, qui ont pris leurs noms des rivières qui les traversent, des fontaines, montagnes ou rochers qui s'y trouvent, et des mers qui en baignent les côtes. (*Voyez-en le tableau à la fin du volume.*)

Quels étaient les 32 grands gouvernements anciens, et comment se divisaient-ils?

Les 32 grands gouvernements anciens se divisaient de la manière suivante : 8 au nord, savoir : la *Flandre française*, l'*Artois*, la *Picardie*, la *Normandie*, l'*Ile-de-France*, la *Champagne*, la *Lorraine* et l'*Alsace* ; 17 au milieu, savoir : la *Bretagne*, le *Maine*, l'*Anjou*, la *Touraine*, l'*Orléanais*, le *Berri*, le *Nivernais*, le *Bourbonnais*, la *Bourgogne*, la *Franche-Comté*, le *Poitou*, l'*Aunis*, la *Saintonge*, la *Marche*, le *Limosin*, l'*Auvergne* et le *Lyonnais* ; 7 au sud, qui étaient : la *Guyenne*, le *Béarn*, le *comté de Foix*, le *Roussillon*, le *Languedoc*, le *Dauphiné* et la *Provence*.

CLIMAT, PRODUCTIONS. — Le climat de la France est généralement tempéré, et l'air pur et salubre. Les régions du N. O., plus humides et plus froides que le reste de la France, sont, presque partout, d'une grande fertilité en grains de toute espèce; elles abondent en excellents pâturages qui nourrissent de superbes bestiaux; mais elles ne produisent pas de vin; il y est remplacé par la bière et le cidre. Les contrées de l'est et du sud fournissent les meilleurs vins de l'Europe, connus sous les noms de *Champagne*, de *Bourgogne* et de *Bordeaux*. Le sud-est, abrité par les montagnes contre les vents froids du N. et humides de l'O. et du N. O., voit mûrir les fruits des pays chauds, tels que l'olive, l'orange, le citron, la grenade, etc.

NOTIONS HISTORIQUES.—La France occupe la plus grande partie de l'ancienne *Gaule*, soumise par Jules César au pouvoir des Romains, qui la possédèrent pendant 500 ans, et envahie, au Ve siècle de l'ère chrétienne, par les peuplades belliqueuses de la Germanie connues surtout sous le nom de *Francs*. Clovis, le plus illustre de leurs chefs, y fonda une monarchie qui devint, sous Charlemagne, le plus puissant empire de l'Europe. Morcelée sous ses successeurs par des partages multipliés, elle était devenue la proie d'une foule de petits souverains absolus. Hugues Capet, montant sur le trône en 987, possédait seulement l'*Ile-de-France* et l'*Orléanais*. Les autres provinces y furent successivement réunies.

PROVINCES DU NORD.

Quel est le département qui correspond à l'ancienne FLANDRE FRANÇAISE, *et quelles en sont les villes remarquables?*

La Flandre française, conquise sur les Espagnols par Louis XIV, de 1676 à 1678, a formé:

Le département du NORD. — LILLE, chef-lieu, ancienne capitale de la Flandre française, l'une des plus fortes places du royaume; défendue, en 1792, par le courage de ses habitants contre les Autrichiens, qui la bombardèrent pendant huit jours. — *Douai*, cour royale. — *Dunkerque*, port sur la mer du Nord, patrie du fameux marin Jean Bart. — *Cambrai* (Cameracum), qui a eu Fénelon pour évêque. — *Cassel*, située sur une montagne, d'où l'on aperçoit trente-deux villes, et célèbre par trois grandes batailles. — *Valenciennes*, assiégée et prise par Louis XIV en personne, en 1667. — Le village de *Bouvines*, célèbre par la victoire qu'y remporta Philippe-Auguste en 1214. — Celui de *Malplaquet*, où le prince Eugène et Marlborough gagnèrent, en 1709, la bataille qui força Louis XIV à demander la paix. — ***Denain***, où Villars sauva la France en 1712.

*Quel est le département qui correspond à l'ancienne province d'*ARTOIS, *et quelles en sont les villes remarquables?*

L'Artois, l'une des dix-sept provinces des Pays-Bas, réuni à la France sous Louis XIII, en 1640, a formé, en y joignant le *Pays Reconquis* et le *Boulonnais*, qui faisaient partie de la Picardie :

Le département du PAS-DE-CALAIS, ainsi nommé du détroit qui sépare la France de l'Angleterre. — ARRAS (Atrebates), chef-lieu, ancienne capitale de l'Artois, évêché, **ville forte** : Turenne y força dans ses lignes Condé, qui cherchait à s'en emparer à la tête des troupes espagnoles. — *Calais*, port sur le détroit auquel elle donne son nom, vis-à-vis de Douvres en Angleterre ; fameuse par le dévouement d'Eustache de Saint-Pierre. — *Boulogne*, autre port sur le même détroit. — *Saint-Omer*, place forte, au S. de laquelle se trouve le village d'*Azincourt*, où les Français perdirent une fameuse bataille contre les Anglais, en 1415, sous le règne de Charles VI. — *Lens*, au N. d'Arras, célèbre par la victoire que le duc d'Enghien, qui fut depuis le grand Condé, remporta dans ses plaines, sur les Espagnols, en 1648.

Quel est le département qui correspond à l'ancienne province de PICARDIE, *et quelles en sont les villes remarquables?*

La Picardie, province qui n'a jamais été complétement aliénée de la couronne de France, forme aujourd'hui :

Le département de la SOMME. — AMIENS (Ambiani), sur la Somme, chef-lieu, évêché, cour royale, siége de la monarchie française sous Clodion, et remarquable par le traité de paix de 1802, entre la France et l'Angleterre ; patrie de Voiture, de Gresset et de la belle Gabrielle d'Estrées. — *Péronne*, ville très-forte, au milieu de marais formés par la Somme. — *Abbeville*, sur la même rivière. — *Créci*, fameuse par la funeste bataille qu'y perdit, en 1346, Philippe de Valois contre Édouard III, roi d'Angleterre, et qui coûta **aux** Français plus de 60 mille hommes.

Quels sont les départements qui correspondent à l'ancienne province de Normandie, *et quelles en sont les villes principales?*

La Normandie, ainsi appelée des Normands, peuple du nord de l'Europe, auxquels Charles le Simple fut contraint de la céder, et qui revint à la couronne en 1204, sous le règne de Philippe-Auguste, a formé cinq départements, savoir :

Celui de la Seine-Inférieure, au nord. — Rouen (Rotomagus), sur la Seine, chef-lieu, archevêché, cour royale, ville ancienne, et l'une des plus importantes de la France par son commerce et par sa population; patrie de Fleury, des deux Corneille et de Fontenelle. — *Dieppe* et *Le Havre*, ports sur la Manche; le dernier à l'embouchure de la Seine. — *Yvetot*, dont les seigneurs paraissent avoir porté le titre de rois, vers l'an 535. — *Elbeuf*, célèbre par ses draps.

Celui de l'Eure, au S. du précédent. — Évreux (Eburovices), chef-lieu, évêché. — *Louviers*, renommé pour ses draps. — Le bourg d'*Ivri*, dans les plaines duquel Henri IV vainquit le duc de Mayenne en 1590.

Celui du Calvados, à l'O. du précédent; il tire son nom d'une chaîne de rochers qui borde toute la côte. — Caen, sur l'Orne, chef-lieu, cour royale, patrie de Malherbe. — *Lisieux* (Lexovii). — *Bayeux* (Bajocasses), évêché. — *Falaise*, célèbre par la naissance de Guillaume le Conquérant et par la foire de *Guibray*, qui se tient dans l'un de ses faubourgs.

Celui de l'Orne, au S. du précédent. — Alençon, sur la Sarthe, chef-lieu, remarquable par ses dentelles et par ses pierres appelées *diamants d'Alençon*. — *Séez* (Saii), évêché.

Enfin celui de la Manche, à l'O., ainsi nommé de la mer qui en baigne les côtes. — Saint-Lô, chef-lieu. — *Cherbourg*, sur la Manche, beau port pour la marine de guerre. — *Coutances* (Constantia), évêché. — *Avranches* (Abrincatui), au S.

Quels sont les départements qui correspondent à l'ancienne *province de l'*Ile-de-France*, et quelles en sont les villes remarquables?*

L'Ile-de-France, ainsi nommée de sa position entre plusieurs rivières qui en formaient, pour ainsi dire, une île, a formé aussi cinq départements, savoir :

Celui de l'Aisne, au N. E., dont une partie appartient à l'ancienne Picardie. — Laon, chef-lieu, sur une montagne. —*Saint-Quentin* (Augusta Veromanduorum), sur la Somme, à l'endroit où elle reçoit le canal du même nom. — *Soissons* (Suessiones), évêché, ville très-ancienne où Clovis fixa le siége de son empire, après y avoir vaincu Syagrius, en 486. Au N., se trouve la superbe manufacture de glaces de *Saint-Gobain*, dans la forêt de *Couci*. — *Château-Thierri*, patrie du bon La Fontaine. — *La Ferté-Milon*, patrie de Racine.

Celui de l'Oise, au S. O. du précédent. — Beauvais, chef-lieu, évêché, patrie de l'illustre Jeanne Hachette, qui se couvrit de gloire en la défendant contre Charles le Téméraire, qui l'assiégeait à la tête de 80 mille hommes, en 1472. — *Compiègne*, sur l'Oise, avec un château royal et une belle forêt.

Celui de Seine-et-Oise, au S. du précédent. — Versailles, chef-lieu, évêché, remarquable par le magnifique château bâti par Louis XIV, qui fut, jusqu'à la révolution, la résidence des rois, et qui renferme maintenant un superbe musée historique créé par le roi Louis-Philippe. — *Saint-Germain*, *Rambouillet* et *Saint-Cloud*, célèbres par leurs châteaux royaux; le premier a vu naître Louis XIV.

Celui de la Seine, enclavé dans le précédent. — PARIS (Lutetia et ensuite Parisii), sur la Seine, chef-lieu, capitale de la France, siége du gouvernement, des deux chambres et de la cour de cassation; archevêché, cour royale; l'une des plus belles et des plus considérables villes du monde. — *Saint-Denis*, célèbre par son antique abbaye, qui renferme une maison d'éducation pour les filles des membres de la Légion d'honneur, et dans l'église de laquelle sont les tombeaux des rois de France.

Celui de SEINE ET-MARNE, à l'E. des précédents. — MELUN (Melodunum), sur la Seine, chef-lieu; patrie d'Amyot, traducteur de Plutarque. — *Meaux* (Meldi), sur la Marne; elle a eu Bossuet pour évêque.—*Fontainebleau*, célèbre par son magnifique château et par sa forêt. — *Montereau-Faut-Yonne*, au confluent de l'Yonne et de la Seine : il s'y trouve un pont sur lequel Jean, duc de Bourgogne, fut assassiné, en 1419, par ceux qui accompagnaient le Dauphin, depuis Charles VII.

Quels sont les départements qui correspondent à l'ancienne province de CHAMPAGNE, *et quelles en sont les villes remarquables?*

L'ancienne province de Champagne, qui fut réunie à la couronne, en 1284, par le mariage de Jeanne, reine de Navarre, avec Philippe le Bel, a formé quatre départements, savoir :

Celui des ARDENNES, au N., ainsi nommé d'une vaste forêt qui couvrait autrefois toute cette partie de la France et qui est beaucoup moins étendue maintenant.—MÉZIÈRES, sur la Meuse, chef-lieu.—*Sedan*, chef-lieu d'une principauté cédée à la France par Frédéric-Maurice, duc de Bouillon, en 1642; renommée par ses draps, et patrie de Turenne. — *Rocroy*, où le grand Condé, alors duc d'Enghien, remporta, le 19 mai 1643, une fameuse victoire sur les Espagnols.

Celui de la MARNE, au S. O. du précédent. — CHALONS-SUR-MARNE (Catelaunum), chef-lieu.— *Reims* (Remi), sur la Vèle, archevêché, ville très-ancienne, où se faisait le sacre des rois de France.

Celui de l'AUBE, au S. du précédent. —TROYES (Tricasses), sur la Seine, chef-lieu, évêché, ancienne capitale de la Champagne.

Celui de la HAUTE-MARNE, à l'E. du précédent.—CHAUMONT-EN-BASSIGNY, sur la Marne, chef-lieu. — *Langres* (Lingones), sur le plateau le plus élevé de la France, évêché; elle possède de belles antiquités.

Quels sont les départements qui correspondent à l'ancienne province de LORRAINE, *et quelles en sont les villes remarquables?*

L'ancienne province de Lorraine, dont la partie nommée les *Trois-Evêchés* appartient à la France depuis 1552, et dont le reste lui est échu sous Louis XV, après la mort de Stanislas, roi de Pologne, a formé quatre départements, savoir :

Celui de la MEUSE, à l'O. — BAR-LE-DUC, sur l'Ornain, chef-lieu. — *Verdun*, anciennement l'un des *Trois-Evêchés.* — *Commercy*, place forte. — *Varennes*, où l'infortuné roi Louis XVI fut arrêté, le 21 juin 1791.

Celui de la MOSELLE, au N. — METZ, sur la Moselle, chef-lieu, place forte, cour royale, l'un des *Trois-Evêchés* anciens. — *Thionville*, où Pépin d'Héristall tenait sa cour. — *Sarreguemines*, place forte.

Celui de la MEURTHE, au S. du précédent. — NANCY, sur la Meurthe, chef-lieu, cour royale, évêché, ancienne capitale de la Lorraine. — *Toul*, sur la Moselle, anciennement l'un des *Trois-Evêchés.* — *Château-Salins*, qui tire son nom de ses salines. — *Lunéville*, où Stanislas, roi de Pologne, fit sa résidence lorsqu'il se fut retiré en France.

Celui des VOSGES, au S. du précédent. — ÉPINAL, sur la Moselle, chef-lieu. — *Plombières*, renommée par ses bains chauds. — *Domremy*, village où naquit Jeanne d'Arc.

Quels sont les départements qui correspondent à l'ancienne province d'ALSACE, et quelles en sont les villes principales?

L'ancienne province d'Alsace, cédée à la France par la paix de Westphalie, en 1648, a formé deux départements, savoir :

Celui du BAS-RHIN, au N. — STRASBOURG, ville très-forte, sur l'Ill, à peu de distance de son embouchure dans le Rhin, chef-lieu, évêché; ancienne capitale de l'Alsace, conquise par Louis XIV en 1681.

Celui du HAUT-RHIN, au S. du précédent. — COLMAR, sur l'Ill, cour royale. — *Béfort*, place forte. — *Mulhouse*, ou *Muhlhausen*, fameuse par ses fabriques de toiles peintes, et autrefois le chef-lieu d'une petite république alliée de la Suisse.

PROVINCES DU CENTRE.

Quels sont les départements qui correspondent à l'ancienne province de BRETAGNE, *et quelles en sont les villes remarquables?*

L'ancienne province de Bretagne, qui fut réunie à la couronne de France par le mariage d'Anne, fille du dernier duc de ce pays, avec le roi Charles VIII, a formé cinq départements, savoir :

Celui du FINISTÈRE, ainsi nommé de sa position à l'extrémité la plus occidentale de la France. — QUIMPER, chef-lieu, évêché. — *Brest*, sur l'Océan, l'un des meilleurs et des plus beaux ports de l'Europe, et l'un des principaux arsenaux de la marine française.

Les îles d'OUESSANT (Uxantis), situées sur la côte de ce département, en font partie ; elles sont célèbres par un combat naval que se livrèrent les Français et les Anglais, en 1778.

Celui des CÔTES-DU-NORD, à l'E. du précédent et au S. de la Manche. — SAINT-BRIEUC, près de la mer, qui y forme un bon havre, chef-lieu, évêché.

Celui du MORBIHAN, au S. du précédent ; il doit son nom à une espèce de golfe formé par l'Océan sur sa côte méridionale, et appelé, dans le langage du pays, *Morbihan*, c'est-à-dire *petite mer*. — VANNES (Veneti), près du Morbihan, chef-lieu, évêché. — *Lorient*, à l'embouchure du Blavet, port dont les Anglais cherchèrent en vain à s'emparer en 1646. — Au S. O. de Vannes se trouve la presqu'île de *Quiberon*, où périt, en 1795, l'élite de la marine française.

Vis-à-vis de cette presqu'île se trouve BELLE-ILE (Vindilis), qui a 25 kilomètres de long sur 9 de large, et 5 mille habit.

Celui d'ILLE-ET-VILAINE, à l'E. des précédents. — RENNES, sur la Vilaine, chef-lieu, cour royale, évêché, ancienne capitale de la Bretagne. — *Saint-Malo*, port sur la Manche, dont les habitants sont très-bons marins. — Sur la côte se trouve le rocher de *Cancale*, où l'on pêche d'excellentes huîtres.

Celui de la LOIRE-INFÉRIEURE, au S. du précédent. — NANTES (Namnetes), sur la Loire, chef-lieu, évêché, l'une des villes les plus considérables de France; fameuse par l'édit qu'y donna Henri IV, en faveur des calvinistes en 1598, et qui fut révoqué par Louis XIV, en 1685. — *Paimbœuf*, où se déchargent les gros vaisseaux qui ne peuvent remonter la Loire jusqu'à Nantes.

Quels sont les départements qui correspondent à l'ancienne province du MAINE, *et quelles en sont les villes remarquables?*

L'ancienne province du Maine, réunie à la couronne sous Louis XI, et fameuse par la volaille qu'on y nourrit, a formé deux départements, savoir :

Celui de la MAYENNE, à l'O. — LAVAL, sur la Mayenne, chef-lieu, renommé par ses fabriques de toiles.

Celui de la SARTHE, à l'E. du précédent. — LE MANS (Cenomani), sur la Sarthe, chef-lieu, évêché, ancienne capitale de la province. — *La Flèche*, sur le Loir, qui possède un magnifique collège fondé par Henri IV, en 1603, et dans l'église duquel étaient déposés le cœur de ce bon prince et celui de Marie de Médicis, son épouse.

*Quel est le département qui correspond à l'ancienne province d'*ANJOU, *et quelles en sont les villes remarquables?*

L'ancienne province d'Anjou, réunie à la couronne sous le règne de Louis XI, a formé :

Le département de MAINE-ET-LOIRE, au S. des précédents. — ANGERS (Andecavi), sur la Maine, formée un peu au-dessus par la réunion de la Sarthe avec la Mayenne, chef-lieu, ancienne capitale de l'Anjou, cour royale, évêché. — *Saumur*, sur la rive gauche de la Loire, avec un pont sur cette rivière.

Quel est le département qui correspond à l'ancienne pro-

vince de Touraine, *et quelles en sont les villes remarquables?*

L'ancienne province de Touraine, réunie à la couronne sous Philippe-Auguste, si agréable et si fertile qu'elle a mérité le surnom de *Jardin de la France*, a formé :

Le département d'Indre-et-Loire, à l'E. du précédent. — Tours (Turones), chef-lieu, dans une belle plaine, entre la Loire et le Cher, archevêché : on y voyait, avant la révolution, l'église Saint-Martin, fameuse dans les premiers temps de la monarchie. — A un kilomètre de cette ville se trouvait le château du *Plessis-lès-Tours*, où Louis XI passa les dernières années de sa vie. — *Chinon*, où Charles VII tint sa cour pendant l'occupation de la presque totalité de son royaume par les Anglais. — *Loches*, patrie d'Agnès Sorel. Au S. O. se trouve le bourg de *La Haye*, où naquit Descartes.

Quels sont les départements qui correspondent à l'ancienne province de l'Orléanais, et quelles en sont les villes principales?

L'ancienne province de l'Orléanais, une des plus belles et des plus fertiles de la France, a formé les trois départements suivants, savoir :

Celui d'Eure-et-Loir, au N. O.; il renferme l'ancienne *Beauce*, célèbre par sa fertilité. — Chartres (Carnutes), sur l'Eure, chef-lieu, évêché, avec une cathédrale dont on admire les clochers. Henri IV y fut sacré en 1591. — *Dreux* (Durocasses), remarquable par la bataille de 1562, où le prince de Condé fut fait prisonnier.

Celui du Loiret, au S. E. du précédent. — Orléans (Aurelianum), sur la Loire, chef-lieu, ancienne capitale de la province, cour royale, évêché; fameuse par deux siéges qu'elle soutint, le premier contre Attila, en 450, et le second, en 1428, contre les Anglais, que le courage de Jeanne d'Arc força à se retirer. — *Montargis*, sur le *Loing*, petite rivière qui se jette dans la Seine, qu'elle fait communiquer avec la

Loire, à l'aide du canal d'*Orléans* et de celui de *Briare*, qui commence à la ville de ce nom, dans le même département.

Celui de Loir-et-Cher, au S. du précédent.— Blois, sur la Loire, que l'on y passe sur un beau pont; chef-lieu, évêché; ce fut dans le château de cette ville que le duc et le cardinal de Guise furent tués, aux états qu'y avait convoqués Henri III, en 1588; patrie du bon Louis XII. — *Vendôme*, célèbre par les princes qui en ont porté le nom.—*Chambord*, où se trouve un magnifique château bâti par François Ier, habité ensuite par Bayard et par le maréchal de Saxe, et l'un des plus beaux édifices gothiques qui soient en France.

Quels sont les départements qui correspondent à l'ancienne province du Berri, *et quelles en sont les villes remarquables?*

L'ancienne province du Berri, réunie à la couronne sous Philippe Ier en 1100, a formé deux départements, savoir :

Celui du Cher, au S. de celui du Loiret. — Bourges (Bituriges), chef-lieu, situé à peu près au centre de la France; archevêché, cour royale, patrie de Louis XI. — *Sancerre*, fameuse par le siége qu'elle soutint, en 1573, contre le roi Charles IX, et pendant lequel la famine força les habitants à manger les animaux les plus immondes.

Celui de l'Indre, au S. O. du précédent. — Chateauroux, sur l'Indre, chef-lieu; les forges des environs produisent le meilleur fer de France. — *Issoudun*, patrie du prédicateur Bourdaloue. — *La Châtre*, sur l'Indre.

Quel est le département qui correspond à l'ancienne province du Nivernais, *et quelles en sont les villes remarquables?*

L'ancienne province du Nivernais a formé :

Le département de la Nièvre, à l'E. de celui du Cher. — Nevers (Nivernum), sur la Loire, chef-lieu, ancienne capitale de la province. — *Cône*, sur la même rivière; fonderie de canons et d'ancres et fabrique de coutellerie.

Quel est le département qui correspond à l'ancienne pro-

vince du Bourbonnais, *et quelles en sont les villes remarquables?*

L'ancienne province du Bourbonnais, dont l'héritière épousa Robert de Clermont, fils de saint Louis et l'un des ancêtres de Henri IV, forme aujourd'hui :

Le département de l'Allier, au S. du précédent. — Moulins, sur l'Allier, chef-lieu, renommé pour sa coutellerie. — *Vichi* (Aquæ Calidæ) et *Néris* (Aquæ Neræ), fameuses par leurs eaux minérales, sont aussi dans ce département.

Quels sont les départements qui correspondent à l'ancienne province de Bourgogne, *et quelles en sont les villes remarquables?*

L'ancienne province de Bourgogne, longtemps gouvernée par des ducs très-puissants, et réunie à la couronne après la mort de Charles le Téméraire, tué au siége de Nancy en 1477, a formé quatre départements, savoir :

Celui de l'Yonne, formé d'une partie de la Champagne et du N. O. de la Bourgogne. — Auxerre (Autissiodurum), sur l'Yonne, chef-lieu. — *Sens*, archevêché : on voit dans sa cathédrale les tombeaux du dauphin, fils de Louis XV, et de son épouse. — *Joigny*, *Tonnerre*, *Avallon*, fameuses par leurs vins. — Le village de *Fontenai*, à 35 kilomètres au S. d'Auxerre, est malheureusement célèbre par la bataille qui s'y livra, en 841, entre Charles le Chauve et ses frères, et qui coûta la vie à près de 100 mille Français.

Celui de la Côte-d'Or, qui tire son nom d'une chaîne de collines qui produisent d'excellents vins, au S. E. du précédent. — Dijon (Divio), sur le canal de Bourgogne; chef-lieu, ancienne résidence des ducs, cour royale, évêché; patrie de plusieurs grands hommes, et, entre autres, du fameux Bossuet. — *Montbard*, patrie de Buffon. — *Beaune*, célèbre par ses vins.

Celui de Saône-et-Loire, au S. du précédent. — Macon, sur la Saône, chef-lieu; renommé par ses vins. — *Autun*

(Augustodunum), évêché, ville très-ancienne. — *Châlon-sur-Saône* (Cabillonum).

Celui de l'AIN, au S. E. du précédent. — BOURG, chef-lieu, ancienne capitale de la *Bresse*, cédée par le duc de Savoie à Henri IV, en 1601, en même temps que le *Bugey*, qui avait pour capitale *Belley*, évêché. — *Trévoux*, sur la rive gauche de la Saône.

Quels sont les départements qui correspondent à l'ancienne province de FRANCHE-COMTÉ, *et quelles en sont les villes remarquables?*

L'ancienne province de Franche-Comté, deux fois conquise par Louis XIV, en 1668 et 1674, et restée à la France par la paix de Nimègue, a formé trois départements, savoir :

Celui de la HAUTE-SAÔNE, au N. — VESOUL, au pied d'une montagne, chef-lieu. — *Gray*, sur la Saône. — *Luxeuil*, célèbre par ses eaux minérales.

Celui du JURA, au S. O. du précédent. — LONS-LE-SAUNIER, chef-lieu. — *Dôle*, sur le Doubs, capitale de la Franche-Comté, avant que Besançon eût été cédée à la France. — *Salins*, qui tire son nom de ses salines : elle fut presque entièrement détruite par un incendie, en 1825.

Celui du DOUBS, au N. E. du précédent. — BESANÇON (Vesontio), sur le Doubs, chef-lieu, ancienne capitale de la province, archevêché, cour royale, ville très-forte, prise par Louis XIV en personne, en 1674. — *Montbéliard*, autrefois la capitale d'une petite principauté appartenant à la maison de Wurtemberg.

Quels sont les départements qui correspondent à l'ancienne province du POITOU, *et quelles en sont les villes remarquables?*

L'ancienne province du Poitou, conquise sur les Anglais par Charles V, et réunie à la couronne en 1371, a formé trois départements, savoir :

Celui de la VENDÉE, à l'O., fameux par les guerres dont ces contrées ont été le théâtre. — BOURBON-VENDÉE, nommée aussi *Napoléonville*, chef-lieu. — *Les Sables-d'Olonne*, port sur l'Océan. — *Luçon*, évêché.

Les îles de Noirmoutier (Herio) et Dieu (Ogia), situées sur la côte de ce département, en font aussi partie.

Celui des Deux-Sèvres, à l'E. du précédent. — Niort, sur la Sèvre-Niortaise, chef-lieu. — *Bressuire* et *Parthenay*, célèbres dans les guerres de la Vendée.

Celui de la Vienne, à l'E. du précédent. — Poitiers (Limonum), chef-lieu, cour royale, évêché. — Près de cette ville se trouvent *Vouillé*, qui a donné son nom à la bataille dans laquelle Clovis défit et tua Alaric, roi des Visigoths, en 507; et *Maupertuis*, où se livra, en 1356, la funeste bataille où le roi Jean fut fait prisonnier par les Anglais. — *Châtellerault*, renommée pour sa coutellerie et sa fabrique d'armes blanches.

Quel est le département qui correspond aux anciennes provinces d'Aunis et de Saintonge, et quelles en sont les villes remarquables?

Les anciennes provinces d'Aunis et de Saintonge, réunies, comme la précédente, à la couronne sous Charles V, ont formé :

Le département de la Charente-Inférieure. — La Rochelle, chef-lieu, port sur l'Océan; évêché, ancienne capitale du pays et du gouvernement d'Aunis, patrie de Réaumur, fameuse par le siége qu'y soutinrent les calvinistes, sous Louis XIII. — *Saintes*, ancienne capitale de la Saintonge. Près de cette ville se trouve *Taillebourg*, célèbre par la victoire qu'y remporta sur les Anglais saint Louis encore fort jeune, en 1242. — *Rochefort*, sur la Charente, à 20 kilomètres de son embouchure, l'un des principaux arsenaux de la marine royale, et fonderie de canons.

Les îles de Ré et d'Oleron (Uliarus), séparées par le *pertuis d'Antioche*, font aussi partie de ce département, sur a côte duquel elles sont situées, et renferment 7 mille habitants.

Quel est le département qui correspond à l'ancienne pro-

*vince d'*Angoumois, *et quelles en sont les villes remarquables?*

L'ancienne province d'Angoumois, réunie aussi à la couronne sous Charles V, de même que les précédentes et qui était comprise dans le gouvernement de Saintonge, a formé :

Le département de la Charente. — Angoulême (Iculisna), chef-lieu, sur une montagne, près de la Charente, renommée pour ses eaux-de-vie. — *Jarnac*, où Henri III remporta, en 1569, une victoire sur les calvinistes commandés par le prince de Condé, qui y fut tué par Montesquiou. — *Cognac*, célèbre par ses eaux-de-vie.

Quel est le département qui correspond à l'ancienne province de la Marche, *et quelles en sont les villes remarquables?*

L'ancienne province de la Marche, réunie à la couronne par François Ier, en 1531, forme aujourd'hui :

Le département de la Creuse. — Guéret, chef-lieu, ancienne capitale de la Marche. — *Aubusson*, renommée pour ses manufactures de tapis.

Quels sont les départements qui correspondent à l'ancienne province du Limosin, *et quelles en sont les villes remarquables?*

L'ancienne province du Limosin, réunie à la couronne sous Charles V, a formé deux départements, savoir :

Celui de la Haute-Vienne, à l'O., qui renferme aussi la partie occidentale de la Marche. — Limoges, chef-lieu, ancienne capitale du Limosin, cour royale, évêché ; patrie du chancelier d'Aguesseau.

Celui de la Corrèze, au S. E. du précédent. — Tulle, sur la Corrèze, chef-lieu. — *Brives-la-Gaillarde.* — *Turenne.*

*Quels sont les départements qui correspondent à l'ancienne province d'*Auvergne, *et quelles en sont les villes remarquables?*

L'ancienne province d'Auvergne, confisquée sur le connétable de Bourbon, et réunie à la couronne, en 1531, a formé deux départements, savoir :

Celui du Puy-de-Dôme, au N. — Clermont, chef-lieu, près de la montagne qui donne son nom au département. Ce fut dans un concile qui s'y tint en 1096, que fut résolue la première croisade. Patrie de Pascal. — *Riom*, cour royale, au milieu de la plaine de la *Limagne*, renommée pour sa fertilité.

Celui du Cantal, au S. O. du précédent. — Aurillac, chef-lieu. — *Saint-Flour*, évêché.

Quels sont les départements qui correspondent à l'ancienne province du Lyonnais, *et quelles en sont les villes remarquables ?*

L'ancienne province du Lyonnais, réunie à la couronne sous Philippe le Bel, a formé deux départements, savoir :

Celui de la Loire, à l'O. — Montbrison, chef-lieu. — *Roanne*, sur la Loire, ville très-commerçante. — *Saint-Étienne*, sur le *Furens*, dont les eaux, excellentes pour la trempe de l'acier, ont rendu célèbre sa fabrique d'armes. Cette ville, l'une des plus importantes de la France par ses manufactures, communique avec Lyon et avec Roanne par des *chemins de fer* qui unissent ainsi le Rhône à la Loire.

Celui du Rhône, à l'E. — Lyon (Lugdunum), au confluent de la Saône et du Rhône, chef-lieu, ancienne capitale du *Lyonnais*, la seconde ville du royaume par son commerce et par sa population ; archevêché, cour royale ; patrie d'un grand nombre d'hommes célèbres. Elle soutint pour la cause royale, en 1793, un siége de deux mois, par suite duquel elle éprouva de grands désastres ; elle a eu aussi beaucoup à souffrir d'une terrible inondation en 1840.

PROVINCES DU MIDI.

Quels sont les départements qui correspondent à l'ancien gouvernement de Guyenne, *et quelles en sont les villes remarquables ?*

L'ancien gouvernement de Guyenne, qui se composait de la *Guyenne* et de la *Gascogne*, après avoir formé un royaume, sous le nom d'*Aquitaine*, fut ensuite régi par des ducs, et enfin réuni définitivement à la couronne de France, sous Charles VII, en 1453, après avoir été pendant plus de trois cents ans le théâtre d'une guerre presque continuelle entre les Français et les Anglais. Il a formé neuf départements, savoir :

Celui de la GIRONDE, au N. O. — BORDEAUX (Burdigala), chef-lieu, sur la rive gauche de la Garonne, que l'on y passe sur un superbe pont de pierre de près d'un demi-kilomètre de longueur; ancienne capitale de la *Guyenne*, archevêché, cour royale, et l'un des ports les plus vastes et les plus commerçants du royaume. A 18 kilomètres au S. se trouve le village de *La Brède*, patrie de Montesquieu. — *Blaye* (Blavia), sur la Gironde; les vaisseaux qui remontent jusqu'à Bordeaux y laissent leurs canons. — *Coutras* (Corterate), où Henri IV, alors roi de Navarre, remporta, en 1587, une grande victoire sur les catholiques, commandés par le duc de Joyeuse. — *Bazas* (Vasates), sur un rocher. — A l'embouchure de la Gironde est un rocher isolé (île d'Antros), où Henri IV a fait bâtir un phare, appelé la *Tour de Cordouan*.

Celui des LANDES, au S. du précédent, ainsi appelé des *Landes* ou terres incultes qui couvrent une assez grande partie de son territoire, et que l'on commence à défricher. — MONT-DE-MARSAN, chef-lieu. — *Dax* (Aquæ Tarbellicæ), sur l'Adour.

Celui de la DORDOGNE, au N. E. de celui de la Gironde. — PÉRIGUEUX (Petrocorii), sur l'*Isle*; chef-lieu, évêché, ancienne capitale du *Périgord*. A 9 kilomètres se trouve le château de *Montaigne*, où naquit le célèbre écrivain de ce nom. — *Bergerac*, sur la Dordogne.

Celui de LOT-ET-GARONNE, au S. du précédent. — AGEN (Aginnum), sur la Garonne, chef-lieu, cour royale, évêché, ancienne capitale de l'*Agenois*.

Celui du LOT, à l'E. des précédents. — CAHORS (Cadurci), sur le Lot, chef-lieu, évêché, ancienne capitale du *Querci*, patrie du poëte Clément Marot; prise d'assaut, en 1580, par Henri IV, alors roi de Navarre.

Celui de l'Aveyron, au S. E. du précédent. — Rodez (Ruteni), près de l'Aveyron, chef-lieu, ancienne capitale du *Rouergue*.

Celui de Tarn-et-Garonne, au S. O. de celui du Lot. — Montauban, sur le Tarn, chef-lieu; prise par le cardinal de Richelieu, en 1629, sur les calvinistes, qui s'y étaient fortifiés.

Celui du Gers, au S. O. du précédent. — Auch (Ausci), sur le Gers, chef-lieu, ancienne capitale de l'*Armagnac* et de toute la Gascogne. — *Condom*, ancien évêché.

Celui des Hautes-Pyrénées, au S. du précédent. — Tarbes (Turba), sur l'Adour, chef-lieu, ancienne capitale du *Bigorre*, où se trouvent *Bagnères* et *Barrèges*, célèbres par leurs eaux minérales.

Quel est le département qui correspond à l'ancien gouvernement du Béarn, *et quelles en sont les villes remarquables?*

L'ancien gouvernement du Béarn, qui renfermait la *Basse-Navarre*, dont Henri IV était roi quand il se vit appelé par sa naissance au trône de France, a formé, en y joignant l'ancien *pays des Basques*, qui faisait partie de la Gascogne:

Le département des Basses-Pyrénées. — Pau, sur le *Gave* ou rivière du même nom, chef-lieu, cour royale; patrie de Henri IV, qui y naquit le 15 décembre 1537. — *Bayonne* (Lapurdum), port de mer très-commerçant sur le golfe de Gascogne, à l'embouchure de l'Adour; évêché, ancienne capitale du *Pays des Basques*. Cette ville a donné son nom aux baïonnettes, qui y furent inventées. — *Saint-Jean-Pied-de-Port*, ancienne capitale de la *Basse-Navarre*.

Quel est le département qui correspond à l'ancien comté de Foix, *et quelles en sont les villes remarquables?*

L'ancien comté de Foix, avec une petite portion de la Gascogne et du Languedoc, a formé:

Le département de l'Ariége. — Foix, sur l'Ariége, chef-lieu. — *Pamiers*, ancien évêché.

Quel est le département qui correspond à l'ancienne pro-

vince du Roussillon, *et quelles en sont les villes remarquables?*

L'ancienne province du Roussillon, prise sur les Espagnols par Louis XIII, et réunie à la couronne par la paix des Pyrénées, en 1639, a formé, en y joignant la *Cerdagne* française et une petite partie du Languedoc :

Le département des Pyrénées-Orientales. — Perpignan (Ruscino), sur le *Tet*, chef-lieu, ancienne capitale du Roussillon, ville forte prise sur les Espagnols en 1642. — *Mont-Louis,* forteresse bâtie par Louis XIV, ancienne capitale de la Cerdagne française.

Quels sont les départements qui correspondent à l'ancienne province du Languedoc, *et quelles en sont les villes remarquables ?*

L'ancienne province du Languedoc, pays agréable et fertile qui, après avoir appartenu aux Visigoths d'Espagne, et ensuite aux comtes de Toulouse, fut réuni à la couronne par Philippe le Hardi après la mort de Raymond, le dernier de ses comtes, a formé huit départements, savoir :

Celui de la Haute-Garonne, au S. O. — Toulouse (Tolosa), a l'endroit où la Garonne reçoit le canal du Midi, chef-lieu, ancienne capitale du Languedoc; archevêché, cour royale; ville très-ancienne, célèbre par son académie des Jeux floraux. Il s'y livra entre les Français et les Anglais une sanglante bataille en 1814.

Celui du Tarn, au N. E. du précédent. — Alby (Albiga), sur le Tarn, chef-lieu, archevêché. — *Castres*, sur l'Agout, prise par Louis XIII sur les protestants, en 1629.

Celui de l'Aude, au S. E. du précédent. — Carcassonne (Carcaso), sur l'Aude, chef-lieu, évêché. — *Castelnaudary,* sur le canal du Midi, célèbre par le combat de 1652, où fut pris le duc de Montmorency, qui eut la tête tranchée à Toulouse. — *Narbonne* (Narbo Martius), une des villes les plus considérables de la Gaule sous les Romains.

Celui de l'Hérault, au N. E. du précédent. — Montpellier, chef-lieu, l'une des villes les plus agréables de

France, sur une colline, à 9 kilomètres de la mer ; cour royale, évêché. — *Béziers* (Biterræ), dans une position si agréable qu'elle a fait dire que *si Dieu venait habiter la terre, c'est à Béziers qu'il se fixerait.* — *Lodève* (Luteva), patrie du cardinal de Fleury. — *Lunel* et *Frontignan*, fameuses par leurs vins muscats.—*Cette*, port de mer, uni à Montpellier par un chemin de fer.

Celui de la Lozère, au N. du précédent, traversé par les montagnes de ce nom. — Mende, sur le Lot, chef-lieu, évêché.

Celui de la Haute-Loire, au N. du précédent, et renfermant une petite portion de l'Auvergne. — Le Puy, près de la Loire, chef-lieu, remarquable par sa fabrique de dentelles noires. — *Brioude*, dans l'ancienne Auvergne ; à 2 kilomètres se trouve *Vieille-Brioude*, où l'on voyait sur l'Allier un pont dont on attribuait à tort la construction aux Romains, et qui s'est écroulé il y a quelques années.

Celui de l'Ardèche, au S. E. du précédent. — Privas, chef-lieu. — *Tournon*, sur le penchant d'une colline, près du Rhône ; célèbre par son beau collége.

Celui du Gard, au S. du précédent. — Nîmes (Nemausus), chef-lieu, cour royale ; évêché qui a compté Fléchier parmi ses prélats. Cette ville, importante par ses manufactures et sa population, est la plus remarquable de la France par ses beaux monuments romains. — Entre Nimes et *Uzès* se trouve le fameux *pont du Gard*, ouvrage des Romains, composé de trois étages d'arcades, dont les plus élevées soutenaient un aqueduc qui portait l'eau à Nîmes, ville alors très-importante. — Le *Pont-Saint-Esprit*, ainsi nommé d'un beau pont de 22 arches sur le Rhône. — *Beaucaire*, aussi sur le Rhône, célèbre par ses foires ; elle communique par un canal avec *Aigues-Mortes*, où saint Louis s'embarqua pour ses deux croisades, en 1240 et 1269, et qui aujourd'hui se trouve à 5 kilomètres de la mer.

Quels sont les départements formés de l'ancienne province du Dauphiné, *et quelles en sont les villes principales ?*

L'ancienne province du Dauphiné, qui fut longtemps

gouvernée par des souverains qui portaient le titre de *Dauphins de Viennois*, et cédée, en 1343, par le dernier d'entre eux, nommé Humbert II, à Philippe de Valois, sous la condition que les fils aînés des rois de France porteraient le nom et les armes de dauphin, a formé trois départements, savoir :

Celui de l'Isère, au N. — Grenoble (Gratianopolis), sur l'Isère, chef-lieu, cour royale, évêché; patrie du chevalier Bayard. — *Vienne* (Vienna), sur le Rhône, fort célèbre du temps des Romains, et fameuse par le concile de 1311, dans lequel l'ordre des Templiers fut aboli.

Celui de la Drôme, au S. du précédent. — Valence (Valentia), près du Rhône, chef-lieu, évêché. Le pape Pie VI, illustre par ses malheurs et par sa résignation, y mourut en 1799.

Celui des Hautes-Alpes, à l'E. du précédent. — Gap (Vapincum), chef-lieu. — *Briançon* (Brigantio), une des plus hautes et des plus fortes villes de l'Europe. — *Embrun* (Ebrodunum), sur un rocher escarpé, près de la Durance.

Quels sont les départements qui correspondent à l'ancien gouvernement de Provence, *et quelles en sont les villes remarquables ?*

L'ancienne Provence, ainsi nommée parce qu'elle fut longtemps la seule *province* que les Romains possédassent dans la Gaule, et réunie à la couronne de France en 1481, par Louis XI, que Charles d'Anjou, comte du Maine et de Provence, institua son héritier, a formé quatre départements, savoir :

Celui de Vaucluse, ainsi nommé de la fontaine de ce nom, rendue si célèbre par les vers de Pétrarque, et qui contient, outre une petite partie de la Provence, le Comtat Venaissin, qui appartenait aux papes lorsqu'il fut réuni, en 1791, à la France, qui l'a conservé. — Avignon (Avenio), sur le Rhône, chef-lieu, archevêché. Cette ville, qui fut pendant soixante-huit ans la résidence des papes, était la plus importante du Comtat, dont *Carpentras*, située au pied du mont *Ventoux*, était regardée comme la capitale. — *Orange*

(Arausio), ancienne capitale d'une petite principauté enclavée dans le Comtat, mais appartenant à la maison de Nassau, et réunie à la France par Louis XIV.

Celui des BASSES-ALPES, à l'E. du précédent. — DIGNE (Dinia), chef-lieu; à 4 kilomètres se trouvent des eaux minérales renommées. — *Sisteron*, sur la Durance. — *Forcalquier* (Forum Neronis), sur une montagne.

Celui des BOUCHES-DU-RHÔNE, au S. de celui de Vaucluse. — MARSEILLE (Massilia), excellent port sur le golfe de Lyon, chef-lieu; fondée 600 ans avant J.-C., par une colonie de Phocéens venus de l'Asie-Mineure, et l'une des villes les plus considérables de France par son commerce et par sa population. Les grands vaisseaux, qui ne peuvent entrer dans son port, s'arrêtent à l'île d'*If*, qui en est peu éloignée, et sur laquelle se trouve le château du même nom. — *Arles* (Arelate), près de l'endroit où le Rhône se partage en deux branches; Ausone l'appelle la *Rome des Gaules*. — *Aix* (Aquæ Sextiæ), archevêché, cour royale; ancienne capitale de la Provence, et fort considérable aussi sous les Romains.

Celui du VAR, à l'E. du précédent, et séparé du comté de Nice par la rivière dont il porte le nom. — DRAGUIGNAN, chef-lieu. — *Toulon* (Telo-Martius), l'un des plus beaux ports de l'Europe; préfecture maritime, et le principal chantier de construction de la marine royale de France.

Les îles d'HYÈRES et de LÉRINS (anciennes îles Stæchades) font partie de ce département, sur la côte duquel elles sont situées.

Quel est le quatre-vingt-sixième département de la France, et quelles en sont les villes remarquables?

Le quatre-vingt-sixième département de la France se compose de l'île de CORSE (Corsica), dont il porte le nom, et qui est située au S. E. de la France, dans la Méditerranée; elle a été cédée à la France par les Génois, en 1768, et conquise sur les habitants l'année suivante. — AJACCIO, chef-lieu, évêché. Patrie de Napoléon Bonaparte. — *Bastia*, bon port, cour royale, ancienne capitale de l'île.

ROYAUME DES PAYS-BAS.

Quels sont les bornes, la population, la religion et le gouvernement du royaume des PAYS-BAS?

Le royaume des Pays-Bas, ainsi nommé parce que le sol en est si bas, qu'il n'est préservé des irruptions de la mer que par de fortes digues, est borné au N. et à l'O. par la mer du Nord, au S. par la Belgique, et à l'E. par le grand-duché du Bas-Rhin et par le Hanovre. Il a environ 310 kilomètres du N. au S., et 20 de l'O. à l'E. Sa population est de 2 millions et demi d'habitants, presque tous calvinistes. Le gouvernement est monarchique et représentatif.

Comment se divisent les Pays-Bas?

Depuis la révolution qui, au mois de septembre 1830, a séparé la Hollande et la Belgique, réunies en un seul royaume depuis 1814, les Pays-Bas ne se composent plus que de onze provinces, comprises autrefois sous le nom de Hollande. Le duché de LIMBOURG, au S.-E., et le grand-duché de LUXEMBOURG, qui en est séparé par la Belgique, appartiennent à la Confédération Germanique. (*Voir* page 62.)

Quelles sont les principales villes du royaume des Pays-Bas?

Les principales villes des Pays-Bas sont : — AMSTERDAM, sur le Zuiderzée, capitale de la Hollande septentrionale et de tous les Pays-Bas, l'une des plus belles et des plus florissantes villes du monde. Population, 220 mille habitants. — LEYDE (Lugdunum Batavorum), sur le vieux canal du Rhin, fameuse par son université. — LA HAYE, au S. O. d'Amsterdam, résidence habituelle du roi des Pays-Bas, et siége des états-généraux. Population, 59 mille habitants. On la regarde comme un bourg, parce qu'elle n'a ni portes ni murailles. — ROTTERDAM, sur la Meuse, que les plus gros vaisseaux peuvent remonter; patrie d'Érasme. Population, 80 mille habitants. — UTRECHT, au S. E. d'Amsterdam, capitale de la province de son nom, fameuse par l'union de 1579, qui fut le fondement de la république des Provinces-Unies, et par le congrès de 1713, qui pacifia l'Europe. — Harlem, à l'O. d'Amsterdam; elle dispute à Mayence la gloire d'avoir inventé l'imprimerie.— Maestricht, sur la Meuse, forteresse importante, capitale du duché de *Limbourg*.—Luxembourg, au S. E. sur l'Alzette; capitale du grand-duché de *Luxembourg*, une des plus fortes places de l'Europe, prise par les Français en 1684, sous Louis XIV, et en 1795.

A ces villes on peut ajouter encore : *Groningue*, au N. E. d'Amsterdam, université célèbre.—*Saardam*, sur le Zuiderzée; chantier de construction, célèbre par le séjour qu'y fit Pierre le Grand.—*Nimègue*, sur le Wahal, avec un château bâti, dit-on, par Charlemagne; remarquable par la paix de 1679.

Quelles sont les principales îles qui dépendent des Pays-Bas?

Les îles qui dépendent des Pays-Bas sont extrêmement nombreuses. La province de *Zélande* tout entière se compose d'un grand nombre d'îles formées par l'Escaut et la Meuse, à leurs embouchures dans la mer du Nord, et dont une des principales est celle de Walcheren, qui renferme *Middelbourg*, capitale de la province, et *Flessingue*. — Sur la côte de la Hollande, la plus remarquable est celle du Texel, à l'entrée du Zuiderzée, fameuse par deux batailles navales livrées en 1653 et 1673.

Climat, Productions, Possessions lointaines. — L'industrie et l'activité des Hollandais ont transformé en champs bien cultivés et en excellents pâturages les marais qui couvraient la plus grande partie de leur pays, dont le climat est cependant encore humide et variable. La fabrication des toiles, la pêche du hareng, procurent d'immenses revenus à ce peuple industrieux, qui avait avant les Anglais le monopole du commerce dans toutes les parties de l'univers, où il conserve encore de nombreuses possessions renfermant près de 10 millions d'habitants.

BELGIQUE *.

Quels sont les bornes, la population, la religion et le gouvernement de la Belgique ?

La Belgique est bornée au N. par la Hollande, à l'O. par la mer du Nord, au S. par la France, et à l'E. par le grand-duché du Bas-Rhin. Elle renferme plus de 4 millions d'habitants, presque tous catholiques. Le gouvernement est monarchique et représentatif.

Comment se divise la Belgique, et quelles en sont les villes principales ?

La Belgique se divise en neuf provinces, dont les principales villes sont : — BRUXELLES, sur la Senne, ville riche et commerçante ; capitale de la Belgique. Sa population est d'environ 107 mille habitants. — *Waterloo* est au S. E. de cette ville. — Anvers, au N., sur l'Escaut, grande ville et port fameux, surtout pendant le temps que la Belgique a appartenu à la France. Elle est défendue par une forte citadelle, prise par les Français sur les Hollandais, en 1832, à la suite d'un siège difficile et glorieux. Cette ville, patrie de plusieurs excellents peintres, compte 80 mille habitants. — Malines, entre Anvers et Bruxelles, jolie ville archiépiscopale, renommée par ses fabriques de dentelles. — Bruges, au N. O., ville commerçante, sur un beau canal qui fait communiquer Ostende, bon port sur la mer du Nord, avec Gand, situé au confluent de l'Escaut et de la Lys, ville très-grande et importante par son commerce ; patrie de Charles-Quint. Population, 97 mille habitants. — Tournai, au S. O. de Gand, plusieurs fois prise et reprise par les Français et les Autrichiens, et à 2 lieues de laquelle se trouve *Fontenoy*, village fameux par la victoire que les Français, commandés par

---

* Consulter dans mon *Atlas à l'usage des colléges*, la carte de la France, pour la *Belgique* et pour la *Confédération Suisse*.

le maréchal de Saxe, y remportèrent, en 1745, sur les Anglais et les Hollandais. — Mons, sur la Trouille, au S. E. de Tournai, fameuse par plusieurs siéges, et surtout par celui qu'en fit Louis XIV en 1691. — A l'O. de cette ville s'étendent les plaines de *Jemmapes*, illustrées par une victoire des Français en 1792. — Namur, au confluent de la Sambre et de la Meuse, prise par Louis XIV en 1692. A l'O. de cette ville se trouve *Fleurus*, célèbre par trois victoires gagnées par les Français.— Liége, sur la Meuse, capitale de l'ancien évêché de ce nom, devenu une des provinces de la Belgique; patrie de Grétry. Population, 67 mille habitants. A 25 kilomètres au S. E. est le bourg de *Spa*, connu par ses eaux minérales. — Louvain, à l'E. de Bruxelles; fameuse université. — Hasselt et Arlon, beaucoup plus au S. E., petites villes, capitales des portions du *Limbourg* et du *Luxembourg* cédées à la Belgique par les derniers traités.

Climat, Productions, Industrie. — L'aspect général de la Belgique est celui d'une vaste plaine entrecoupée de quelques collines ombragées de forêts et de vallées couvertes de gras pâturages. Le sol, d'une admirable fertilité, et cultivé avec soin, produit en abondance des grains, du lin, du chanvre, du tabac, et renferme de riches mines de fer, de houille et de marbre ; l'air y est pur et sain. Sa population, qui est d'environ 2,300 habitants par lieue carrée, est riche de son industrie, dont les toiles, les dentelles, les soieries, les draps sont les produits principaux.

CONFÉDÉRATION SUISSE.

Quels sont les bornes, la population, les divisions, le gouvernement et la religion de la Suisse?

La Suisse (ancienne Helvétie), bornée au N. et à l'E. par l'Allemagne, à l'O. par la France, dont elle est séparée par le Jura, au S. par les États du Roi de Sardaigne et le royaume Lombard-Vénitien, renferme une population de plus de 2 millions d'habitants. La Suisse se compose de vingt-deux cantons indépendants les uns des autres pour leur administration intérieure. Les affaires qui touchent à l'intérêt général sont réglées par une diète qui se rassemble tous les ans, dans l'un des trois cantons de *Zurich, Berne* ou *Lucerne*, et dans laquelle se choisit aussi, chaque année, le chef de l'État, nommé le *Landammann*. Des vingt-deux cantons, neuf sont catholiques, sept protestants et six mixtes. On parle français dans ceux qui sont voisins de la France, italien dans ceux qui sont au S. des Alpes, et allemand dans tous les autres.

Quelles sont les principales villes de la Suisse?

Les principales villes de la Suisse sont : —Bale (Basilia), sur le Rhin, qui la divise en deux parties; c'est la ville la plus grande et la plus commerçante de la Suisse. On y voit le tombeau d'Érasme. Population, 22 mille habitants. — Soleure (Salodurum), au S. O. de Bâle, célèbre par un traité d'alliance qui y fut conclu, pour cinquante ans, entre la France et la Suisse, en 1777. — Berne, au S. de Soleure, une des plus belles villes de la Suisse, prise par les Français en 1798, après de sanglants combats. Une partie de son canton, le plus grand de la Suisse, est couverte de glaciers connus sous le nom de *Mer de glace*. On y trouve aussi la belle chute d'eau du *Staubbach*, qui tombe de 263 mètres de haut.—Fribourg, au S. O. de Berne; le canton dont elle est le chef-lieu renferme la petite ville de *Morat*, sur le lac du même nom, où Charles le Téméraire fut vaincu, en 1476, dans une sanglante bataille, par les Suisses, qui élevèrent deux pyramides formées des os des Bourguignons.—Lausanne, au S. O de Fribourg, à peu de distance du lac de Genève.— Genève, au S. O. de Lausanne, sur le lac Léman ou lac de Genève, capitale de l'ancienne république du même nom. Elle fait un grand commerce d'horlogerie, et a donné naissance à plusieurs hommes célèbres. Population, 28 mille habitants. — Lucerne, sur le lac du même nom, qui forme la partie occidentale de celui des *Quatre cantons* ou des *Waldstettes*, au N. E. de Berne; grand passage pour l'Italie par le Saint-Gothard; résidence du nonce du pape. — Zurich, près du lac de son nom, au N. E. de Soleure, dans une belle position; fameuse par une victoire remportée par les Français en 1799, et à la suite de laquelle les Autrichiens et les Russes furent forcés d'évacuer la Suisse. Patrie de Gessner.

A ces villes on peut ajouter :—*Schaffhouse*, au N. E. de Bâle, sur la rive droite du Rhin, à 5 kilomètres au-dessus de la fameuse cataracte où ce fleuve, large de cent mètres, se précipite de vingt-sept mètres de haut. — *Neuchâtel*, au S. O. de Soleure, sur le lac du même nom; chef-lieu d'un canton qui reconnaît la souveraineté du roi de Prusse. — *Habsbourg*, dans le canton de Berne, berceau de la famille qui gouverne l'Autriche.—*Schwitz*, à l'E. de Lucerne, gros bourg qui paraît avoir donné son nom à toute la Suisse; chef-lieu d'un canton qui a produit le fameux Guillaume Tell, et où se trouvent le village et la montagne de *Morgarten*, où les Suisses remportèrent en 1316, sur Léopold d'Autriche, la victoire célèbre qui assura leur liberté — *Altorf*, au S. de Schwitz, est remarquable par deux fontaines qui désignent les endroits où étaient placés Guillaume Tell et son fils, lorsque ce malheureux père se vit forcé d'abattre d'un coup d'arbalète une pomme placée sur la tête de l'enfant.—*Sion*, à l'E. de Genève, sur le Rhône, est le chef-lieu du *Valais*, où se trouvent dans les Alpes deux passages : celui du *Grand-Saint-Bernard*, franchi par l'armée française avec son artillerie en 1800, et célèbre par son hospice situé au point le plus élevé du passage; et celui du *Simplon*, fameux par la route magnifique que les Français y ont ouverte en 1801. On trouve dans ce canton beaucoup de *Crétins*, êtres malheureux, défigurés par des goitres énormes, et qui sont à la fois sourds-muets, et dans un état complet de stupidité qui ferait douter s'ils appartiennent à l'espèce humaine.

Climat, Productions. — La présence de montagnes couvertes de glaces éternelles rend le climat de la Suisse généralement froid ; mais, si ce pays est peu fertile en grains, il possède d'excellents pâturages qui nourrissent de nombreux troupeaux : aussi le beurre et le fromage sont-ils pour lui d'importants objets de commerce.

CONFÉDÉRATION GERMANIQUE *.

Qu'est-ce que la Confédération Germanique?

La Confédération Germanique présente une réunion de quarante États plus ou moins importants de l'Allemagne, liés pour la sûreté commune. Une diète fédérative de dix-sept membres, présidée par l'Autriche, est chargée de toutes les affaires ordinaires. Une diète générale de soixante-neuf membres, dans laquelle chacun des États est représenté en proportion de son importance, est convoquée, à Frankfort-sur-le-Main, pour les affaires qui touchent les lois fondamentales. (Voyez, à la fin du volume, les noms des États.)

DUCHÉ DE NASSAU.

Quelles sont la position, la population et la capitale du duché de NASSAU?

Ce duché, appelé aussi principauté de Nassau, appartenant au duc de ce nom, est situé à l'O. du grand-duché de Hesse-Darmstad, et renferme 353 mille habitants.—Il a pour capitale WIESBADEN, dont les eaux thermales étaient déjà renommées du temps des Romains (12 mille habitans).—NASSAU, qui a donné son nom à la famille qui gouverne ce duché, n'est qu'une ville peu considérable, avec un château.

DUCHÉ DE HESSE-CASSEL.

Quelles sont la position, la population et la capitale du duché de HESSE-CASSEL?

Le duché de Hesse-Cassel, ou Hesse-Électorale, au duc de ce nom, est situé au N. O. des duchés de Saxe, et renferme 632 mille habitants. — Il a pour capitale CASSEL, sur la Fulde, au N., chef-lieu de l'ancien landgraviat; population, 31 mille habitants.

---

* Consulter, dans mon *Atlas à l'usage des colléges*, la carte de l'EUROPE CENTRALE.

GRAND-DUCHÉ DE HESSE-DARMSTADT.

Quelles sont la position, la population et les villes principales du grand-duché de HESSE-DARMSTADT ?

Le grand-duché de Hesse-Darmstadt, au grand-duc de ce nom, est séparé en deux parties par le territoire de Frankfort-sur-le-Main (457) et par une portion de la Hesse-Électorale, et renferme 747 mille habitants. — Ses villes principales sont : — DARMSTADT, au S. E. de Nassau, capitale de l'ancien margraviat, et aujourd'hui du grand-duché de Hesse-Darmstadt. — MAYENCE, au confluent du Rhin et du Main, capitale de l'ancien archevêché de ce nom ; la ville la plus importante du grand-duché, et l'une des forteresses de la Confédération Germanique. — WORMS, ville très-ancienne, où s'assemblèrent souvent les anciennes diètes germaniques.

FRANKFORT-SUR-LE-MAIN, ville libre, siège de la diète germanique, et peuplée de 55 mille habitants, se trouve, comme nous l'avons dit, enclavée au milieu de cet État.

GRAND-DUCHÉ DE BADE.

Quels sont la position, la population, le gouvernement et les villes principales du grand-duché de BADE ?

Le grand-duché de Bade est situé au S. de celui de Hesse-Darmstadt, le long de la rive droite du Rhin, qui le sépare de la France. — Sa population est de 1 million 224 mille habitants. — Son gouvernement est représentatif. — Ses villes principales sont : — KARLSRUHE, vers le N., résidence du grand-duc, ville moderne et bâtie très-régulièrement. — MANHEIM, au confluent du Neckar et du Rhin, la ville la plus considérable du grand-duché. — HEIDELBERG, renommée par son université, la plus ancienne de l'Allemagne. — RASTADT, au S. O. de Carlsruhe, célèbre par le traité de 1714, entre la France et l'Empire, et par l'inutile congrès de 1799. — BADE, à 9 kilomètres au S. de Rastadt, ancienne capitale du grand-duché. — CONSTANCE, sur les bords du lac auquel elle donne son nom, célèbre par le fameux concile de 1451, qui condamna au feu les deux réformateurs Jean Huss et Jérôme de Prague.

ROYAUME DE WURTEMBERG.

Quels sont les bornes, la population, la religion, le gouvernement et les villes principales du royaume de WURTEMBERG?

Le royaume de Wurtemberg est renfermé entre le grand-duché de Bade, au N. O., à l'O. et au S. O., et la Bavière, au S. E., à l'E. et au N. E. — Sa population est d'environ 1 million 595 mille habitants, la plupart luthériens. — Son gouvernement est monarchique et représentatif. — Ses principales villes sont :
—STUTTGART, au centre, près du Neckar, chef-lieu du cercle de ce nom et capitale du royaume (40 mille habitants). — ULM, au S. E. de Stuttgart, sur le Danube ; chef-lieu du cercle du Danube. Les Français y prirent, en 1805, une armée allemande de 36 mille hommes. — *Louisbourg*, au N. de Stuttgart, jolie ville moderne, l'une des résidences royales, et qui possède une fonderie de canons.

ROYAUME DE HANOVRE.

Quels sont les bornes, la population, le gouvernement et les villes principales du royaume de HANOVRE?

Le Hanovre, situé au N. O. de l'Allemagne, est borné au N. par la mer d'Allemagne et l'Elbe ; à l'O. par les Pays-Bas ; au S. par le grand-duché du Bas-Rhin et d'autres provinces de la Prusse, qui borne aussi le Hanovre à l'E. — Sa population est de 1 million 580 mille habitants. — Ce pays est une monarchie représentative, qui, après avoir eu, pendant plus d'un siècle, les mêmes souverains que l'Angleterre, a recommencé, en 1837, à avoir son roi particulier. — Les villes principales sont :—HANOVRE, sur la *Leine*, qui se jette dans le Wéser, chef-lieu de l'ancienne principauté de Kalenberg, et capitale du royaume. Population, 30 mille habitants. — GŒTTINGUE, au S. E. de Hanovre, sur la même rivière, fameuse par son université. — OSNABRUCK, au S. O. de Hanovre, chef-lieu de l'ancien évêché de ce nom, érigé par Charlemagne, et remarquable par le célèbre traité de Westphalie, conclu en 1648 entre les Suédois et l'Empereur. — *Clausthal*, au S. E. de Hanovre, remarquable par ses mines d'argent et de plomb. — *Lunébourg*, au N. E., autrefois ville impériale, capitale d'un duché du même nom.

GRAND-DUCHÉ D'OLDENBOURG.

*Quelles sont la position, la population et les villes principales du grand-duché d'*OLDENBOURG*?*

Le grand-duché d'Oldenbourg, entouré de toutes parts par le Hanovre, si ce n'est au N., où il touche la mer d'Allemagne, renferme 248 mille habitants, et produit d'excellents chevaux. — Il a pour capitale OLDENBOURG, à peu près au centre.

Quelle est la ville libre qui se trouve à l'E. du grand-duché d'Oldenbourg?

A l'E. du grand-duché d'Oldenbourg se trouve BRÊME, sur le Wéser, ville libre, entrepôt du commerce d'une partie du nord de l'Allemagne. Population, 54 mille habitants, dont 43 mille dans la ville même, et le reste dans son territoire.

GRAND-DUCHÉ DE BRUNSWICK.

Quelles sont la position, la population et les villes principales du grand-duché de BRUNSWICK*?*

Le grand-duché de Brunswick, situé au S. E. du Hanovre, renferme 250 mille habitants. — Il a pour capitale BRUNSWICK, sur l'*Ocker*, grande ville, peuplée de 57 mille habitants. — WOLFENBUTTEL, au S. de Brunswick, capitale du duché de ce nom, qui appartient à un prince de la maison de Brunswick.

Quelles sont les deux villes libres dont les territoires se trouvent enclavés entre le Holstein et le Lawenbourg?

Les deux villes libres dont les territoires se trouvent enclavés entre les duchés de Holstein et de Lawenbourg, sont : — HAMBOURG, au S. O., sur l'Elbe, l'une des villes les plus commerçantes de l'Europe; sa population est de 150 mille habitants, dont 134 mille pour la ville elle-même, qu'un affreux incendie a détruite en grande partie en 1842; elle a pour port Cuxhaven, à l'embouchure de l'Elbe.—LUBECK, au N. E., sur la *Trave*, à 18 kilomètres de son embouchure dans la Baltique ; une des places de commerce les plus considérables de l'Europe. Population : 43 mille habitants, dont 27 mille dans la ville même. — Travemunde, située à l'embouchure de la Trave, peut en être regardée comme le port.

GRANDS-DUCHÉS DE MECKLENBOURG.

Quelles sont la position, les divisions, la population et les villes principales du Mecklenbourg ?

Le Mecklenbourg, situé à l'E. du territoire de Lubeck et des duchés de Holstein et de Lawenbourg, est divisé en deux parties, distinguées entre elles par les noms de leurs capitales, et gouvernées par des grands-ducs qui sont membres de la Confédération Germanique. — Ces deux grands-duchés sont ceux de Mecklenbourg-Schwérin, à l'O., avec une population de 442 mille habitants; capitale, Schwérin, entre deux lacs, dont le plus considérable porte son nom, et renferme plusieurs îles, dans l'une desquelles est bâti le palais du grand-duc; mais ce prince fait sa résidence ordinaire dans un château magnifique situé dans le joli bourg de *Ludwigslust*, à 25 kilomètres plus au S. — Mecklenbourg-Strélitz, à l'E., avec une population de 79 mille habitants; capitale, Strélitz, divisé en *Vieux* et *Nouveau Strélitz*; le dernier renferme le palais du grand-duc.

SAXE.

Quelles sont la position et les divisions de la Saxe ?

La Saxe, qui occupe à peu près le centre de l'Allemagne, se compose du *royaume de Saxe* et de *quatre principautés*, dont les souverains sont tous membres de la Confédération Germanique.

Quels sont les bornes, la population, le gouvernement et les villes principales du royaume de Saxe ?

Le royaume de Saxe, qui a perdu une grande partie de ses possessions par suite des évènements de 1814, est borné au N. et à l'E. par les États du roi de Prusse, à l'O. par les principautés de Saxe, et au S. par la Bohème. Sa population est de 1 million 456 mille habitants. Son gouvernement est monarchique et représentatif. — Ses villes principales sont : — DRESDE, sur l'Elbe, capitale du royaume, peuplée d'environ 70 mille habitants. A 9 kilomètres se trouve le château de *Pilnitz*, maison de plaisance, sur les bords de l'Elbe.—LEIPZIG, au N. O. de Dresde, chef-lieu du cercle du même nom, fameuse par ses foires annuelles consistant surtout en livres, par son université, et par la bataille qui se livra dans ses plaines en 1813; patrie de Leibnitz. Population, 40 mille habitants. — Les mines d'argent de la Saxe fournissent, année commune, plus de 14 mille kilogrammes de ce métal, c'est-à-dire au delà du quart de ce qu'on retire de toutes les mines de l'Europe réunies.

Quelles sont la position, la population et les villes principales des QUATRE PRINCIPAUTÉS *appartenant à la maison de* SAXE?

Les quatre principautés appartenant à la maison de Saxe, qui en ont formé cinq jusqu'à la mort du duc de Gotha et Altenbourg, en 1826, sont situées à l'O. du royaume de Saxe, dans l'ancien duché de ce nom, qui fait aujourd'hui partie des États du roi de Prusse, et portent, depuis la fin de 1826, les noms suivants : — 1° Le grand-duché de SAXE-WEIMAR, qui renferme 234 mille habitants, et qui a pour villes principales : WEIMAR, au centre, capitale, résidence du grand-duc, et l'une des villes savantes de l'Allemagne. — IÉNA, au S. E. de Weimar, célèbre par son université, et par une grande victoire des Français sur les Prussiens, en 1806. — 2° Le duché de SAXE-COBOURG-GOTHA, renfermant 154 mille habitants, et ayant pour villes principales : COBOURG, au S., sur l'Itz, et GOTHA, au N., sur la Leine; ville importante par son industrie et ses établissements scientifiques.—3° Le duché de SAXE-MEININGEN-HILDBURGHAUSEN-ET-SAALFELD, peuplé de 157 mille habitants, et ayant pour villes principales : MEININGEN, jolie petite capitale à l'O., HILDBURGHAUSEN au S. E., et SAALFELD au N. E. — 4° Le duché de SAXE-ALTENBOURG, peuplé de 115 mille habitants, et ayant pour capitale ALTENBOURG, sur la Pleiss, à l'E. de Weimar. — Le duc de Saxe-Cobourg possède en outre, sur la rive gauche du Rhin, dans l'ancien département français de la Sarre, la principauté de *Lichtenberg*, où l'on ne trouve d'autre ville que *Saint-Vendel*.

ROYAUME DE BAVIÈRE.

Quels sont les bornes, la population, la religion et le gouvernement de la BAVIÈRE?

La Bavière, borné au N. par la Saxe, à l'O. par la Hesse et le Wurtemberg, au S. par le Tirol, et à l'E. par l'Autriche et la Bohème, sur la rive gauche du Rhin, le *cercle du Rhin* ou *Bavière Rhénane*, enclavé entre la Hesse au N., le grand-duché du Bas-Rhin à l'O., la France au S., et le Rhin, qui le sépare du grand-duché de Bade, à l'E.—Sa population dépasse 4 millions d'habitants, dont l'immense majorité professe la religion catholique. — Son gouvernement est une monarchie représentative.

Quelles sont les principales villes de la Bavière?

Les principales villes de Bavière sont : — MUNICH, vers le S., capitale de tout le royaume; elle passe pour l'une des plus belles villes de l'Europe, et renferme 100 mille habitants. — AUGSBOURG (*Augusta Vindelicorum*), au N. O. de Munich, ville ancienne et très-industrieuse, célèbre par la profession de foi qui donna naissance à l'une des branches de la religion protestante. — NURENBERG, au N. d'Augsbourg, une des villes les plus florissantes de l'Allemagne par son commerce. — RATISBONNE, au S. E. de Nurenberg, sur le Danube, que l'on y passe sur un beau pont, ancienne capitale de la Bavière sous les rois Carolingiens, et patrie de don Juan d'Autriche. — PASSAU, au confluent de l'Inn, de l'Ilz et du Danube, ville très-ancienne et très-forte. — SPIRE, près du Rhin, est la capitale du cercle du Rhin, où l'on remarque encore la forteresse de *Landau*, qui appartenait autrefois à la France, et qui est aujourd'hui à la Confédération Germanique, et *Deux-Ponts*, ancienne capitale du duché de ce nom.

PRUSSE.

Quels sont les bornes, la population, le gouvernement et la religion de la PRUSSE ?

Les États du roi de Prusse se composent de deux parties distinctes, dont l'une occupe toute la partie septentrionale de l'Allemagne centrale, et a pour bornes au N. la Baltique et le Mecklembourg; à l'O., le Hanovre et la Hesse; au S. les principautés et le royaume de Saxe, une partie des États Autrichiens, et la Pologne, qui, avec la Russie, la borne encore à l'E. La seconde partie des États Prussiens, désignée sous le nom de *Prusse Rhénane* ou *grand-duché du Bas-Rhin*, est séparée de la Prusse, à l'E., par le Hanovre et la Hesse, et entourée par le Hanovre au N., les Pays-Bas et la Belgique à l'O., la France et plusieurs petits États Allemands au S.—La population de tous ces pays réunis est d'environ 15 millions d'habitants. — Son gouvernement est une monarchie pure. — La religion luthérienne y est dominante.

Comment se divisent les États du roi de Prusse ?

Les États Prussiens sont de deux espèces : 1° Ceux qui font partie de la Confédération Germanique, à l'O., renfermant six provinces subdivisées en dix-neuf régences, et qui sont : la *Prusse Rhénane*, à l'O.; la *Westphalie*, au N. O.; la *Poméranie*, au N.; le *grand-duché de Brandebourg*, au centre; le *duché de Saxe*, au S. O.; et celui de *Silésie*, au S. E. — 2° Les États qui ne font pas partie de la Confédération Germanique, formant deux provinces subdivisées en six régences, et qui sont : l'ancienne *Prusse Royale*, et le *grand-duché de Posen*, composé de la partie de la Pologne qui est restée à la Prusse d'après les derniers traités.

Quelles sont les principales villes des provinces de la Prusse qui ne font pas partie de la Confédération ?

Les principales villes de ces provinces sont : — BERLIN, sur la Sprée, capitale du grand-duché de *Brandebourg* et de tout le royaume de Prusse (367 mille hab.). Au S. O. est *Potsdam*, le Versailles de la Prusse, et voisin du célèbre château de *Sans-Souci*, maison de plaisance des rois. — Munster, au N. O., capitale de la *Westphalie*, célèbre par le traité de paix de 1648. — Dusseldorf, au S. O. de Munster, ville grande et industrieuse. — Cologne (Colonia Agrippina), sur le Rhin, capitale de la *Prusse Rhénane* et archevêché catholique; renommée pour son eau aromatique, et patrie de saint Bruno. Population, 81 mille habitants. — Aix-la-Chapelle, au S. O. de Cologne, choisie par Charlemagne pour être le siége de son empire, et célèbre par plusieurs traités de paix. — Magdebourg, sur l'Elbe, capitale du duché de *Saxe*, ville très-forte, prise par les Français, en 1805, après un siége long et pénible. — Custrin, à l'E. de Berlin, au confluent de l'Oder et de la Warta; place forte. — Frankfort, sur l'Oder, au S. de Custrin, célèbre par ses foires, ses belles rues et ses monuments. — Stettin, au N. E. de Berlin, sur l'Oder, capitale de la *Poméranie Prussienne*; ville très-forte et très-commerçante. — Stralsund, au N. O. de Stettin, sur le détroit qui sépare l'île de Rugen du continent; capitale de l'ancienne *Poméranie Suédoise*, ville très-forte et très-riche. — Breslau, au S. E. de Berlin, sur l'Oder, capitale de la *Silésie*, et qui mérite le nom de troisième capitale de la Prusse par ses monuments, son industrie, son commerce et sa population (94,000 hab.).

Quelles sont les principales villes des provinces de la Prusse qui font partie de la Confédération?

Les principales sont : — Danzig, au N., près de la Vistule et du golfe auquel elle donne son nom; capitale de l'ancienne *Prusse Occidentale*, et l'une des villes les plus importantes de l'Europe par son commerce et ses richesses. Les Français la prirent en 1807, après un siége mémorable. Pop. 58 mille habitants. — Kœnigsberg, au N. E., sur la *Prégel*, près de la mer; capitale de l'ancienne *Prusse Orientale* et de toute la *Prusse Royale*. Pop., 70 mille habit. — Eylau et

FRIEDLAND, au S. E. de Kœnigsberg, célèbres par les victoires qu'y remportèrent les Français sur les Prussiens et les Russes, en 1807, et qui amenèrent la paix qui fut signée à TILSITT, près du Niémen, au N. E. de Kœnigsberg. — POSEN, sur la Warta, capitale du grand-duché. — GNESEN ou *Gnesne*, au N. E. de Posen, archevêché catholique : c'est, dit-on, la première ville bâtie en Pologne ; on y couronnait autrefois les rois de ce pays.

AUTRES VILLES REMARQUABLES. — Aux villes que nous avons nommées, on peut ajouter : — dans la *Prusse Rhénane* : — CLÈVES, au N., non loin du Rhin, au-dessus de l'endroit où ce fleuve se partage en plusieurs bras. — SOLINGEN, au S. E. de Clèves, renommée pour ses lames de fleurets. — COBLENTZ (Confluentes), au confluent du Rhin et de la Moselle. — TRÈVES (Treveri), sur la Moselle, ville très-importante sous les Romains et regardée comme la plus ancienne de l'Allemagne. — PADERBORN, au S. E. de Munster, fondée, dit-on, par Charlemagne. — WETZLAR, enclavée entre la principauté de Nassau et le grand-duché de Hesse-Darmstadt, autrefois ville libre et impériale, et le siège de la chambre suprême de l'empire. — Dans le *duché de Saxe* : — ERFURTH, ville forte, enclavée entre les principautés de Saxe-Gotha et Weimar. — HALLE, au S. E. de Magdebourg, remarquable par ses salines et par sa célèbre université. — LUTZEN, illustrée par deux victoires, l'une remportée sur l'empereur d'Allemagne, en 1632, par le roi de Suède Gustave-Adolphe, qui la paya de sa vie, et l'autre gagnée sur les Prussiens et les Russes, en 1813, par les Français, qui y lavèrent l'affront fait à leurs armes, en 1757, par le grand Frédéric, à *Rosbach*, situé à peu de distance, et où les Prussiens avaient élevé en mémoire de cet événement une colonne détruite par les Français après la victoire d'Iéna. — Dans la *Silésie* : — GLOGAU, place forte sur l'Oder, et GLATZ, autre forteresse, près des frontières de la Bohème. — Dans la *Prusse Royale* : — THORN, sur la Vistule, qu'on y passe sur un pont de 2 kilomètres de long, patrie de l'astronome Copernic. — MARIENBOURG, ville forte, au S. E. de Dantzig, ancienne résidence des chevaliers de l'ordre Teutonique, fondateurs de la monarchie Prussienne. — ELBING, dont le port, situé près de l'une des embouchures de la Vistule, fait un grand commerce maritime.

Quelles sont les îles que possède la PRUSSE ?

La Prusse possède trois îles dans la mer Baltique, savoir : WOLLIN, USEDOM, entre les embouchures de l'Oder, renfermant chacune une ville du même nom. — RUGEN, vis-à-vis de Stralsund, au N. O. des précédentes, mais plus considérable, fortifiée par l'art et la nature. Capitale *Bergen*, au N.

AUTRICHE.

*Quels sont les bornes, la population, la religion et le gouvernement de l'*AUTRICHE*?*

Les États de l'empereur d'Autriche sont bornés au N. par la Russie, la Pologne, la Prusse et la Bavière; à l'O., par la Suisse et le Piémont; au S. par les duchés de Parme et de Modène, les États du Pape, la mer Adriatique et la Turquie d'Europe, qui les borne aussi à l'E. — La population de ce vaste empire s'élève à plus de 34 millions d'habitants, dont plus de 25 millions sont catholiques, et 700 mille environ sont juifs; le reste se partage entre les églises grecque et protestante.—Son gouvernement est monarchique.

Comment se divisent les États de l'empereur d'Autriche?

Les États de l'empereur d'Autriche sont de trois espèces : 1° les provinces qui font partie de la Confédération Germanique; 2° celles qui n'en font pas partie; 3° les possessions d'Italie, que nous ne décrirons qu'en parlant de l'Italie.

Quelles sont les provinces de l'empire d'Autriche qui font partie de la Confédération?

Les provinces de l'empire d'Autriche qui font partie de la Confédération sont au nombre de huit, savoir : l'*Autriche propre*, le *Tirol*, au S. O.; la *Stirie*, la *Carinthie*, la *Carniole* et l'*Istrie Autrichienne*, au S.; le royaume de *Bohême*, au N. O., et le margraviat de *Moravie* et de *Silésie*, au N.

Quelles sont les principales villes de l'Autriche, du Tirol, de la Stirie, de la Carinthie, de la Carniole et de l'Istrie?

Les principales villes de ces provinces sont : — VIENNE (Vindobona), sur le Danube, capitale de la *Basse-Autriche* et de tout l'empire; assiégée inutilement deux fois par les Turcs, et prise par les Français en 1805 et 1809. Population, 340 mille habitants. A peu de distance se trouvent les maisons de plaisance de *Laxembourg* et de *Schœnbrunn*. — LINTZ, sur le Danube, capitale de la *Haute-Autriche*, ville forte. — Salzbourg, au S. O. de Lintz, archevêché, capitale de l'ancien État du même nom : patrie de Charlemagne. — Insbruck, au S. O., sur l'Inn, capitale du *Tirol*. — Trente (Tridentum), au S. O. d'Insbruck, sur l'Adige, fameuse par le concile général qui s'y tint, en 1545, contre les protestants. — Grætz, au S. O. de Vienne, sur la Muhr; capitale de la *Stirie*; archevêché, avec une citadelle sur un rocher de 250 mètres de haut. — Klagenfurt, au S. O. de Grætz, près du lac de Wert, capitale de la *Carinthie*. — Laybach, au S. E. de Klagenfurt, remarquable par le congrès de 1820, capitale de la *Carniole*. — Trieste (Tergeste), port de mer sur le golfe du même nom, formé par la mer Adriatique; capitale de l'*Istrie Autrichienne*, ville très-commerçante. Population, 70 mille habitants. — Les trois dernières provinces dont nous venons de nommer les capitales appartiennent au royaume d'*Illyrie*, dont nous parlerons plus bas.

Quelles sont les bornes, la population et les villes principales du royaume de Bohème ?

La Bohême a la Silésie Prussienne et la Saxe au N.; la Bavière, à l'O.; l'Autriche, au S.; et le margraviat de Moravie et de Silésie, à l'E. Elle est entourée d'une chaîne de montagnes, et divisée par la *Moldau* en *Orientale* et *Occidentale*; elle forme un royaume dont la population s'élève à environ 4 millions d'habitants. — Ses villes principales sont : — Prague, au centre, sur la Moldau, capitale de la Bohême, ville grande et forte, peuplée de 110 mille habitants. Les Français, au nombre de 20 mille, y soutinrent un siége mémorable en 1742. — Reichenberg, au N., la seconde ville du royaume par sa population et son industrie. — Tœplitz et Karlsbad, vers la frontière du N. O., possèdent des sources d'eaux thermales renommées.

Quelles sont la position, la population et les villes principales du margraviat de Moravie *et de* Silésie ?

Le margraviat de Moravie et de Silésie, composé de la Moravie et de la portion de la Silésie qui est restée à l'Au-

4

triche, en 1742, après qu'elle en eut cédé la plus grande partie à la Prusse, est situé entre la Bohême, à l'O., la Galicie et la Hongrie, à l'E., et renferme près de 2 millions d'habitants. — Ses villes principales sont : — BRUNN, capitale de la *Moravie* et le centre de son commerce ; elle est défendue par un bon château fort. — Au S. E. se trouve le village d'*Austerlitz*, illustré par une fameuse victoire des Français sur les Autrichiens et les Russes, en 1805. — TROPPAU, au N. E. de Brunn, capitale de la *Silésie Autrichienne*.

Quelles sont les provinces de l'empire d'Autriche qui ne font pas partie de la Confédération Germanique?

Les provinces de l'empire d'Autriche qui ne font pas partie de la Confédération sont au nombre de huit, savoir : le royaume de *Galicie*, avec la *Bukhowine*, qui en fait partie, au N. ; le royaume de *Hongrie*, auquel sont annexés les royaumes de *Slavonie* et de *Croatie*, au centre ; la *Transylvanie*, à l'E. ; et enfin les deux *royaumes d'Illyrie* et de *Dalmatie*, au S. E.

Quelles sont la position, la population et les villes principales du royaume de GALICIE?

Le royaume de GALICIE, situé au N. E. de l'empire d'Autriche, comprend la partie méridionale de l'ancienne Pologne, dont l'Autriche s'est emparée en 1772, et la *Bukhowine*, petite province démembrée de la Moldavie. Il contient 4 millions 500 mille habitants, et a pour villes principales : — LÉOPOLD ou LEMBERG, au centre, capitale du royaume, ville grande et commerçante, prise d'assaut par le roi de Suède, Charles XII, en 1704. — TSCHERNOWITZ, au S. E., près du Prouth, capitale de la *Bukhowine*. — Au N. O., se trouve le territoire de KRAKOVIE, déclarée ville libre par le congrès de Vienne, et peuplée de 42 mille habitants ; la république entière en a 114 mille.

Quelles sont les bornes, la population et les villes principales de la HONGRIE, *en y comprenant les provinces qui y sont annexées?*

La HONGRIE, située à l'E. de l'empire d'Autriche, et ayant

la Turquie à l'E. et au S., forme un royaume qui, avec les provinces que nous avons nommées plus haut, renferme 9 millions 471 mille habitants. Ses principales villes sont : — BUDE ou OFEN, sur le Danube, au centre de la Hongrie, dont elle est la capitale ; prise plusieurs fois par les Turcs, qui en sont restés les maîtres depuis 1529 jusqu'à 1686. Population, 43 mille habitants. Elle communique par un pont de bateaux avec PESTH, située sur la rive gauche du Danube, et la ville la plus commerçante de la Hongrie, peuplée de 85 mille habitants. — C'était dans la plaine de *Rokasch*, située près de cette ville, que s'assemblait jadis la nation hongroise pour élire ses rois. — Au N. E. se trouve le fameux vignoble de *Tokaï*, possédé par la cour d'Autriche. — PRESBOURG, sur le Danube, au N. O. de Bude, à laquelle elle a restitué depuis 1790 le titre de capitale de la Hongrie. Population, 37 mille habitants.—DEBRECZIN, à l'E. de Pesth, village qui est devenu, par son industrie, une des villes les plus peuplées de la Hongrie; 47 mille habitants.—AGRAM, au S. O. de Bude, près de la Save, capitale de la *Croatie*. — CARLSTADT, au S. O. d'Agram, forteresse importante, remarquable par le traité de paix de 1699, entre l'Autriche, la Pologne et les Vénitiens d'un côté, et les Turcs de l'autre. — CSZECK, à l'E. d'Agram, capitale de la *Slavonie*, province à laquelle l'Autriche donne le titre de royaume, quoiqu'elle fasse partie de la Hongrie. — PÉTERVARADIN ou PÉTERWARDEIN, au S. E. d'Eszeck, sur le Danube; l'une des plus fortes places du monde, célèbre par une fameuse bataille que le prince Eugène y gagna, en 1716, contre les Turcs.

Toutes les frontières méridionales de la Hongrie et celles de la Transylvanie, dont nous allons parler, sont désignées sous le nom de *Limites militaires*, et soumises à une administration particulière divisée en *généralats* et *régiments*, dans le but de protéger ces frontières contre les Turcs, dont les possessions touchent de ce côté à celles de l'Autriche.

Quelles sont la position, la population et les villes principales de la TRANSYLVANIE?

La TRANSYLVANIE ou la *Grande principauté des Sept-Châ-*

teaux, est située au S. de la Hongrie, et renferme 2 millions d'habitants. Ses villes principales sont : KLAUSENBOURG, au N. O., capitale de la principauté, depuis que ce titre a été enlevé à HERMANSTADT, situé au S. de la province. — KRONSTADT, au S. de Hermanstadt, la ville la plus importante de la Transylvanie par sa population, sa richesse et son industrie.

AUTRES VILLES REMARQUABLES. — Aux villes que nous venons de nommer, on peut ajouter encore : — Dans la Bohême : — LEITMERITZ, au N. O. de Prague, renommée pour ses vins.

Dans la Moravie : — OLMUTZ, ville forte, ancienne capitale de la province, et le siége d'un archevêché.

Dans l'archiduché d'Autriche : — WAGRAM, au N. E. de Vienne illustrée par une victoire signalée des Français sur les Autrichiens, en 1809.

Dans la Hongrie : — KREMNITZ, au N. E. de Presbourg, près de laquelle sont les mines d'argent et de plomb les plus riches connues en Europe. — ALBE-ROYALE ou *Stuhl-Weissenburg*, au S. O. de Bude, ville très-ancienne, où sont les tombeaux des rois de Hongrie.

Quelles sont la position, la population, les villes remarquables des royaumes d'ILLYRIE et de DALMATIE, et les îles principales qui dépendent de ces deux royaumes?

Le royaume d'ILLYRIE, situé entre la mer Adriatique, à l'O., la Hongrie au N. E., et la Turquie au S. E., et peuplé de 1 million 124 mille habitants, comprend, outre la Carinthie, la Carniole et l'Istrie Autrichienne, que nous avons décrites parmi les provinces qui font partie de la Confédération, plusieurs autres pays dont les villes principales sont : — CAPO D'ISTRIA, au S. de Trieste, dans une petite île du golfe de ce nom, jointe à la terre ferme par un pont-levis; capitale de l'*Istrie Vénitienne*. — POLA, au S. de la presqu'île d'Istrie, remarquable par ses belles antiquités romaines.

Le royaume de DALMATIE, situé au S. E. de celui d'Illyrie, n'a qu'une population de 525 mille habitants. — Ses villes principales sont : — ZARA, au S. E. de Capo d'Istria, capitale du royaume, quoiqu'elle ne renferme que 6 mille habitants. — RAGUSE, au S. E. de Zara, bon port sur l'Adriatique; capitale de l'ancienne république du même nom. — Les principales îles qui dépendent de ces deux royaumes sont : — VEGLIA (Curicta), au N., la plus belle et la mieux peuplée. — CHERSO (Crepsa), au S. O. de Veglia ; elle est très-longue, et abondante en bétail et en miel excellent. — PAGO (Cissa), au S. E. des précédentes. — BRAZZA (Brattia), au S. E. de Pago. — LESINA (Pharos), au S. de Brazza ; elle a 210 kilomètres de tour, et renferme une ville du même nom, avec un bon port. — CORZOLA et MÉLÉDA, au S. E. des précédentes.

CLIMAT ET PRODUCTIONS. — Le climat de l'Allemagne est froid et humide dans le nord, couvert en grande partie de landes et de marécages ; le centre et le midi sont entrecoupés de montagnes, de vallons très-fertiles et d'immenses forêts, dont la plus célèbre est la *Forêt-Noire*, dans le grand-duché de Bade et le Wurtemberg. La température y est généralement douce et salubre. Les bords du Rhin produisent des vins estimés. Les montagnes du centre, parmi lesquelles on distingue celles du *Harz*, au S. E. du Hanovre, sont riches en métaux de toute espèce, et particulièrement en argent et en plomb ; celles du *Erz*, qui séparent le royaume de Saxe de l'empire d'Autriche, recèlent d'abondantes mines d'un fer excellent, que les Allemands ont l'art de travailler avec une rare perfection. Toutes ces montagnes renferment aussi un grand nombre de pierres précieuses, telles que des topazes, des agates, des améthystes et du cristal de roche ; mais la contrée la plus riche en productions minérales est la Hongrie, qui, sous ce rapport, l'emporte sur tous les autres pays de l'Europe, et qui produit, en outre, les vins renommés connus sous le nom de vins de *Tokai*. — Au nombre des productions remarquables de la Prusse, il faut citer le *succin*, ou ambre jaune, que l'on recueille sur les bords de la mer, près des embouchures de la Vistule.

ESPAGNE.

Quels sont les bornes, la population, la religion et le gouvernement de l'Espagne?

L'Espagne, qui, avec le Portugal, occupe la grande presqu'île située au S. O. de l'Europe, est bornée au N. par les Pyrénées, qui la séparent de la France, et par le golfe de Gascogne; à l'O., par l'Océan Atlantique et le Portugal; au S., par l'Océan Atlantique, le détroit de Gibraltar, et la Méditerranée, qui lui sert aussi de borne à l'E. — Elle a 1,100 kilomètres de long sur 900 de large, et renferme une population de 14 à 15 millions d'habitants, professant tous la religion catholique. Son gouvernement est une monarchie représentative.

Comment se divise l'Espagne?

L'Espagne se divisait autrefois en 14 provinces, dont plusieurs ont porté le titre de royaumes, savoir: six au N., qui sont, de l'O. à l'E.: la *Galice*, les *Asturies*, les *provinces Basques*, la *Navarre*, l'*Aragon* et la *Catalogne*; cinq au milieu, qui sont: le royaume de *Léon*, l'*Estrémadure*, la *Vieille* et la *Nouvelle-Castille*, et le royaume de *Valence*; deux au S., qui sont: l'*Andalousie*, qui comprend les 4 royaumes de *Séville*, *Cordoue*, *Jaen* et *Grenade*, et le royaume de *Murcie*; une dans la Méditerranée, composée des *Iles Baléares*. — Aujourd'hui l'Espagne est divisée en 12 *capitaineries générales*, formées presque toutes des anciennes provinces et en 49 provinces ou *intendances*.

Quelles sont les principales villes des provinces du nord de l'Espagne?

Les principales villes du nord de l'Espagne sont: — SAINT-JACQUES-DE-COMPOSTELLE, au N. O., à peu de distance de l'Atlantique; capitale de la *Galice*, archevêché; lieu d'un célèbre pèlerinage au tombeau de saint Jacques-le-Majeur, qu'on y a cru enterré. — OVIÉDO, capitale des *Asturies*. — BILBAO, à l'E. d'Oviédo, capitale de la *Biscaye*; prise et reprise plusieurs fois par les Français et les Espagnols, en

1808 et 1809. — PAMPELUNE (Pompelo), au S. E. de Bilbao, ville très-forte, prise par les Français dans la dernière guerre; capitale de la *Navarre*, province au N. de laquelle se trouve *Roncevaux*, célèbre par la mort du fameux Roland, neveu de Charlemagne. — SARAGOSSE (Cæsarea Augusta), sur l'Èbre, au S. E. de Pampelune, capitale de l'*Aragon*; fameuse par le siége opiniâtre qu'elle soutint contre les Français en 1809.—BARCELONE (Barcino), à l'E. de Saragosse; ville très-forte, avec un bon port sur la Méditerranée; capitale de la *Catalogne*, et l'une des principales villes de l'Espagne : cruellement ravagée par la fièvre jaune en 1821; 120 mille habitants.

Entre ces provinces et la France se trouve, dans les gorges des Pyrénées, la petite république d'ANDORRE, peuplée de 16 mille habitants.

Quelles sont les principales villes des provinces du centre de l'Espagne?

Les principales villes des provinces du centre de l'Espagne sont : — MADRID (Mantua), au centre; capitale de la Nouvelle-Castille et de toute l'Espagne, sur le *Mançanarès*, ruisseau qu'on passe sur un pont magnifique; c'est la plus élevée et l'une des plus petites capitales de l'Europe. Population, 200 mille habitants.—A peu de distance de cette ville sont les châteaux royaux de l'*Escurial*, sur la *Guadarrama*, et d'*Aranjuez*, sur le Tage. — LÉON (Legio Septima Gemina), au S. E. d'Oviédo, capitale de l'ancien royaume du même nom. —BURGOS, à l'E. de Léon, capitale de la *Vieille-Castille*, patrie du Cid. — SALAMANQUE (Salmantica), au S. de Léon; fameuse université. — BADAJOZ, au S. O. de Salamanque, sur la Guadiana, que l'on y passe sur un pont de 620 mètres de long, sur lequel les Portugais furent défaits, en 1661, par don Juan d'Autriche; capitale de l'*Estrémadure Espagnole*. — TOLÈDE (Toletum), sur le Tage, au S. de Madrid; fameuse université; elle fut, avant Madrid, la capitale de l'Espagne. — VALENCE, au S. E. de Tolède, sur le Guadalaviar, à 5 kilomètres de la mer, capitale de l'ancien royaume du même nom, et l'une des plus florissantes villes d'Espagne. Population, 70 mille habitants. — Au S. se trouve *Alicante*, ville fameuse par ses vins.

Quelles sont les principales villes du midi de l'Espagne?
Les principales villes du midi de l'Espagne sont : — Cordoue (Corduba), sur le Guadalquivir, au S. O. de Tolède, dans l'Andalousie ; très-florissante sous les Maures ; patrie du fameux Gonzalve. — Séville (Hispalis), au S. O. de Cordoue, sur le même fleuve ; capitale de l'*Andalousie*, si belle qu'elle a donné lieu au proverbe espagnol : *Qui n'a point vu Séville n'a point vu de merveille*. C'est la patrie de Michel Cervantes ; 91 mille habitants. — Cadix (Gades), au S. O. de Séville, dans la même province ; bon port, et l'une des villes les plus commerçantes du monde ; population, 53 mille habitants ; très-forte par sa position dans une petite île réunie au S. par une chaussée à l'île de *Léon* (ancienne île Érythrée), célèbre par la révolution de 1820. — Jaen, au S. E. de Cordoue, ancienne capitale d'un royaume. — On trouve encore dans l'Andalousie Xérès et Rota, renommées par leurs vins, et le fort de Gibraltar (Calpe), sur le détroit de ce nom ; il est situé sur un rocher à 450 mètres au-dessus de la mer, et appartient depuis 1704 aux Anglais, qui s'en sont emparés par surprise. — Grenade, à l'E. de Séville ; capitale du royaume de son nom, le dernier que les Maures aient possédé en Espagne, et d'où ils furent chassés en 1492. Ils ont bâti dans cette ville un palais magnifique nommé *Alhambra*, qui subsiste encore ; 80 mille habitants. — Murcie, au N. E. de Grenade, capitale du royaume de son nom, conquise sur les Maures, en 1263, par Ferdinand, roi de Castille. — Carthagène (Carthago Nova), au S. E. de Murcie ; port sur la Méditerranée, le meilleur de l'Espagne, et l'un des plus considérables de l'Europe. — Malaga (Malacca), port de mer, au S. de la même province, renommée par ses vins ; 52 mille habitants.

Autres villes remarquables. — A ces villes on peut ajouter : — au N., Le Ferrol, excellent port militaire et magnifique arsenal maritime ; et La Corogne, bon port de commerce, tous deux sur l'Atlantique. — Tarragone, port sur la Méditerranée, la ville la plus considérable de l'Espagne sous les Romains. — Lorca, au

S. O. de Murcie, ville importante, où l'on trouve des antiquités romaines.

Quelles sont les îles que l'Espagne possède en Europe?

Les principales îles que l'Espagne possède en Europe sont les anciennes ILES BALÉARES, situées dans la Méditerranée, au nombre de quatre, savoir : MAJORQUE (Major), la plus grande du groupe, de 160 kilomètres de circuit, et peuplée de 180 mille habitants; capitale *Palma,* au S. — MINORQUE (Minor), au N. E. de Majorque; villes : *Citadella*, à l'O., et *Port-Mahon* (Portus Magonis), à l'E. Population, 45 mille habitants. — IVIÇA ou *Ivice* (Ebusus), au S. O. de Majorque, avec une capitale du même nom; elle est très-fertile, et produit beaucoup de sel. — FORMENTERA (Ophiusa), au S. d'Iviça; elle doit, dit-on, son nom au froment qu'on y récolte en abondance.

L'Espagne a encore, dans les diverses parties du monde, de nombreuses possessions dont nous parlerons en leur lieu.

CLIMAT ET PRODUCTIONS DE L'ESPAGNE ET DU PORTUGAL. — L'Espagne occupe, avec le Portugal, la totalité de la vaste péninsule qui termine l'Europe au S. O. Cette belle contrée, traversée en tous sens par de hautes chaînes de montagnes, jouit, par cette raison, d'une température moins chaude que celle qu'elle devrait éprouver d'après sa position : cependant les côtes méridionales sont exposées à de grandes chaleurs, et même aux funestes effets d'un vent brûlant d'Afrique, nommé le *solano*. Le sol, mal cultivé, supplée par sa fertilité à la paresse des habitants, et donne les productions les plus variées. Les riches mines d'or et d'argent, d'où les Carthaginois et les Romains tirèrent d'immenses trésors, ont cessé d'être exploitées; mais le fer, le plomb, le cuivre et les marbres précieux s'y trouvent encore en abondance. La laine fine des moutons *mérinos*, la soie et les vins fins sont aussi pour les Espagnols et les Portugais d'importants objets de commerce.

PORTUGAL.

Quels sont les bornes, la population, la religion, le gouvernement et les divisions du PORTUGAL ?

Le Portugal est borné à l'O. et au S. par l'Océan, et de tous les autres côtés par l'Espagne. — Il a environ 550 kilomètres de long sur 260 de large, et renferme 3 millions et demi d'habitants, professant la religion catholique.—Son gouvernement est une monarchie représentative.

Quelles sont les divisions et les villes principales du Portugal ?

Le Portugal se divise en six provinces, dont nous donnerons les noms en indiquant leurs villes principales, qui sont : — LISBONNE (Olisippo), à l'embouchure du Tage ; capitale de l'*Estrémadure Portugaise* et de tout le royaume ; résidence des souverains. Son port, qui est très-vaste, passe pour un des meilleurs de l'Europe. Renversée par le tremblement de terre de 1755, elle est entièrement réparée. Population, 260 mille habitants.—Au S. O. se trouve *Bélem*, sur le Tage, sépulture des rois. — BRAGA, au N., capitale de la province du *Minio*, dont la ville principale, située à l'embouchure du *Douro*, est le port de PORTO ou *Oporto*, renommé pour ses vins, et devenu par son commerce la seconde ville du Portugal ; 80 mille habitants. — BRAGANCE, au N. E. de Braga, capitale de la province de *Tras-os-Montes* ou *au delà des monts*. Cette ville a donné son nom à la famille actuellement régnante, qui fut portée sur le trône par la révolution de 1640. — COÏMBRE (Conimbriga), au S. de Braga, la ville la plus importante des deux provinces de *Beira*, et ancienne résidence des rois ; fameuse université. — ÉVORA, au S. E. de Lisbonne, capitale de l'*Alem-Tejo*. - TAVIRA, port de mer, au S., sur l'Océan, capitale de l'*Algarve* (Cuneus), qui a porté le titre de royaume.

Les Portugais ont, en outre, dans les diverses parties du monde, de nombreuses possessions, renfermant plus de 2 millions d'habitants et que nous décrirons dans leur lieu.

ITALIE *.

*Quelles sont les bornes, l'étendue et la population de l'*ITALIE?

L'Italie est cette vaste presqu'île formée au S. de l'Europe par la Méditerranée à l'O. et au S., et la mer Adriatique à l'E. Elle est bornée au N. par les Alpes, qui la séparent de la France, de la Suisse et de l'Allemagne.—Sa longueur est de 1,100 kilomètres sur 600 dans sa plus grande largeur. La chaîne de l'*Apennin* la traverse du N. O. au S. E. dans toute son étendue.—Sa population, en y comprenant la Sicile et Malte, avec les petites îles qui en dépendent, s'élève à plus de 21 millions et demi d'habitants.

Combien l'Italie renferme-t-elle d'États différents, et quels sont-ils?

L'Italie renferme dix États différents, savoir: les royaumes de *Sardaigne* et *Lombard-Vénitien*, les duchés de *Parme*, *Plaisance* et *Guastalla*, les États de *Modène*, les duchés de *Lucques* et de *Massa-Carrara*, le grand-duché de *Toscane*, les *États de l'Église*, la république de *Saint-Marin*, le royaume des *Deux-Siciles*, les îles de *Malte*, *Gozzo* et *Comino*, à l'Angleterre.

ROYAUME DE SARDAIGNE.

Quels sont les bornes, la population, la religion et le gouvernement des États du roi de SARDAIGNE?

Les États du roi de Sardaigne comprennent, outre l'île de ce nom, des possessions assez considérables au N. O. de l'Italie et du golfe de Gênes. Ces possessions sont bornées au N. par la Suisse, à l'O. par la France, au S. par la Méditerranée, et à l'E. par le duché de Parme et le royaume Lombard-Vénitien.— La population de tous ces États est d'environ

---

* Consulter, dans mon *Atlas à l'usage des collèges*, les cartes de l'EUROPE et de la FRANCE.

4 millions 500 mille habitants, dont 492 mille pour l'île de Sardaigne et les autres petites îles qui l'entourent. Ils professent la religion catholique. — Le gouvernement de ce royaume est une monarchie absolue sur le continent, mais représentative dans l'île de Sardaigne.

De quoi se composent les États du roi de SARDAIGNE?

Les États du roi de Sardaigne ont été formés de sept provinces principales, savoir: l'*île de Sardaigne*, au S. de la Corse, dont elle est séparée par le détroit de Bonifacio; le duché de *Savoie*, à l'E. du Dauphiné, berceau de la famille qui règne aujourd'hui dans ce pays; le *Piémont*, séparé de la Savoie par le *Grand* et le *Petit Saint-Bernard*, et par le *Mont-Blanc* (164); le *Montferrat*, le *Milanais Sarde*, à l'E.; le *comté de Nice* et le *duché de Gênes*, qui occupent toute la côte septentrionale du golfe de ce nom.

Quelles sont les principales villes du royaume de Sardaigne?

Les principales villes du royaume de Sardaigne sont: — TURIN (Augusta Taurinorum), non loin du confluent de la Doria Riparia et du Pô, ancienne capitale du Piémont, résidence des souverains, et l'une des plus belles villes de l'Italie. Popul., 120 mille habitants. — CHAMBÉRY, au S. O. de la Savoie, dont elle était la capitale. — CASAL, sur le Pô, ville forte, capitale du *Montferrat*. — ALEXANDRIE, au S. E. de Turin, sur le Tanaro, ville très-forte, ancienne capitale du *Milanais Sarde*. — NICE (Nicæa), à 5 kilomètres de l'embouchure du Var, capitale du comté de son nom; dans une situation admirable et sous un ciel extrêmement pur. — GÊNES (Genua), au S. E. d'Alexandrie, bâtie en amphithéâtre sur le bord de la mer, et surnommée *la Superbe*, à cause de la magnificence de ses palais, où le marbre est prodigué de toutes parts. Elle était la capitale d'une république que son commerce rendit, au dix-septième siècle, un des États les plus riches et les plus puissants de l'Europe. Louis XIV la fit bombarder en 1684. Population, 100 mille habitants. — CAGLIARI (Caralis), au S. de l'île de Sardaigne, sur le golfe du même nom; capitale archevêché, résidence du roi pendant tout le temps que ses États furent occupés par les Français. Population, 28 mille habitants.

Dans les États du roi de Sardaigne se trouve enclavée la principauté de Monaco, dont le territoire a une superficie de 120 à 130 kilomètres et 6,500 habitants.—Sa capitale est Monaco, petit port sur la Méditerranée, et sa ville la plus importante *Mentone*, située un peu plus au N. E.

Royaume Lombard-Vénitien.

Quels sont les bornes, la population, la religion et le gouvernement du royaume Lombard-Vénitien?

Le royaume Lombard-Vénitien, situé au N. de l'Italie, est borné au N. par l'empire d'Autriche et la Suisse; à l'O., par les États Sardes; au S., par les duchés de Parme et de Modène, par les États de l'Église et le golfe de Venise; et à l'E., par le royaume d'Illyrie.— Sa population est d'environ 4 millions et demi d'habitants, professant la religion catholique. — Il est gouverné, sous la souveraineté absolue de l'empire d'Autriche, par un vice-roi, qui est un prince de la famille impériale.

De quoi se compose et comment se divise le royaume Lombard-Vénitien?

Le royaume Lombard-Vénitien se compose de la *Valteline*, qui faisait autrefois partie du pays des Grisons, au N. O.; du *Milanais*, à l'O.; du duché de *Mantoue*, au centre, et de l'ancienne république de *Venise*, à l'E. : il est aujourd'hui partagé en deux grands gouvernements, celui de *Milan*, divisé en neuf délégations, et celui de *Venise*, qui en comprend huit.

Quelles sont les principales villes du royaume Lombard-Vénitien?

Les principales villes du royaume Lombard-Vénitien sont : —MILAN (Mediolanum), capitale du royaume Lombard-Vénitien, et l'une des villes les plus belles et les plus riches de l'Italie. Population, 150 mille habitants.—Pavie (Ticinum), au S., sur le Tésin, ancienne capitale des Lombards, et fameuse par

la bataille où François I*er* fut fait prisonnier en 1525.—Ma-
rignan, où ce même prince remporta une célèbre victoire sur
les Suisses et le duc de Milan. — Lodi, au S. E. de Milan, sur l'Adda, ville forte que les Français prirent sur les
Autrichiens, en 1796, après avoir passé un pont sous le feu de
leur artillerie.—Mantoue (Mantua), dans un lac formé par le
Mincio; ce qui la rend très-forte. — Vérone (Verona), au N. E.
de Mantoue, sur l'Adige, remarquable par les congrès de 1820
et de 1823. — Padoue (Patavium), à l'E. de Vérone, sur la
Brenta; fameuse université.—Venise, au N. E. de Padoue,
dans le golfe qui porte son nom; une des plus belles, des plus
considérables et des plus fortes villes du monde; fondée au
cinquième siècle, au milieu des lagunes de la mer Adriatique,
par quelques habitants de Padoue, qui s'y réfugièrent pour
se soustraire à la fureur d'Attila. Son commerce l'avait rendue, au commencement du quatorzième siècle, un des
plus puissants États de l'Europe. Population, 110 mille
habitants.

Duchés de Parme, Plaisance et Guastalla.

*Quels sont la position, la population, la religion, le gou-
vernement et les villes principales des duchés de* Parme, Plaisance *et* Guastalla?

Ces trois duchés, situés au S. E. du Milanais, renferment
près de 450 mille habitants professant la religion catholique.
Ils appartiennent à l'archiduchesse Marie-Louise d'Autriche,
mais doivent passer après sa mort au duc de Lucques, dont
les États seront alors réunis à la Toscane. — Leurs villes principales sont :—Parme (Parma), au S. E., capitale du duché
du même nom; ville grande, riche, et peuplée de 40 mille habitants.—Plaisance (Placentia), au N. O. de Parme; elle tire
son nom de sa situation extrêmement agréable au confluent
du Pô et de la Trebia; capitale du duché du même nom. Population, 29 mille habitants. — Guastalla, au S. E. de Plaisance; petite ville sur le Pô.

DUCHÉ DE MODÈNE.

Quels sont la population, la religion, le gouvernement, les divisions et les villes principales des États de MODÈNE?

Le duché de Modène, situé au S. E. de ceux de Parme et de Guastalla, renferme environ 400 mille habitants professant la religion catholique. — Il est gouverné d'une manière absolue par un archiduc de la maison d'Este. — Il comprend les anciens duchés de *Modène*, de *la Mirandole* et de *Reggio*, qui ont des capitales du même nom, et celui de *Massa et Carrara*, qui y a été réuni par suite de la mort de la princesse qui le possédait. — Les villes principales sont : — MODÈNE (Mutina), au S. E. de Parme, résidence du prince. Population, 28 mille habitants. — REGGIO, au N. O. de Modène, patrie de l'Arioste, fameux poëte italien. — MASSA, au S. O. de Modène, ancienne capitale du duché de son nom. — CARRARA, petit port, fameux par ses beaux marbres connus sous le nom de marbres de *Carrare*.

DUCHÉ DE LUCQUES.

Quels sont la position, la population, la religion, le gouvernement et les villes principales du duché de LUCQUES?

Le duché de Lucques, situé au S. de celui de Modène, renferme 130 mille habitants professant la religion catholique. — Il a été donné par le congrès de Vienne, en indemnité, à Marie-Louise de Bourbon, ancienne reine d'Étrurie ; mais il est, comme nous l'avons dit, réversible au grand-duché de Toscane. — Sa capitale est LUCQUES (Luca), au N. O. de Florence, ville fort belle et très-commerçante, peuplée de 24 mille habitants.

GRAND-DUCHÉ DE TOSCANE.

Quels sont la position, la population, la religion, le gouvernement et les villes principales du grand-duché de TOSCANE?

Le grand-duché de Toscane (ancienne Étrurie), situé sur la côte de la Méditerranée et traversé par la chaîne des Apennins, où l'on trouve des mines d'argent, de cuivre, etc., renferme 1 million 500 mille habitants professant la religion catholique. — Cet État, après avoir plusieurs fois changé de souverains, a été donné, en 1814, à l'archiduc Ferdinand d'Autriche, qui le gouverne sous le nom de grand-duc de Toscane.—Ses principales villes sont :—FLORENCE, au N., sur l'Arno, capitale du grand-duché de Toscane ; grande et belle ville, peuplée de 102 mille habitants. Elle fut pendant plusieurs siècles la capitale d'un des plus puissants États de l'Europe, et le berceau des arts, des lettres et des sciences en Occident ; patrie du Dante, d'Améric Vespuce et des Médicis. — PISE (Pisa), à l'O. de Florence, aussi sur l'Arno ; capitale d'une ancienne république détruite par les Florentins en 1406. — LIVOURNE, un des plus fameux ports de la Méditerranée, peuplée de 75 mille habitants.— SIENNE, au S. E. de Livourne ; université célèbre.

L'île d'ELBE ne dépend-elle pas de la Toscane ?

L'île d'Elbe (Ilva), située dans la Méditerranée, et où fut relégué Napoléon en 1814, appartient, depuis 1815, au grand-duché de Toscane, sur la côte duquel elle se trouve. Elle possède des carrières de fer, d'aimant et de marbre, et renferme une population de 14 mille âmes. Capitale : PORTO-FERRAJO, au N. ; 5 mille habitants.

ÉTATS DE L'ÉGLISE.

Quels sont les bornes, la population, la religion, le gouvernement et les divisions des ÉTATS DE L'ÉGLISE ?

Les États de l'Église, qui occupent le centre de l'Italie, sont bornés au N. par le royaume Lombard-Vénitien ; à l'O., par les duchés de Modène et de Toscane et par la Méditerranée ; au S., par le royaume de Naples, qui, avec la mer Adriatique, les borne aussi à l'E. — Ils renferment une population de près de 3 millions d'habitants professant la religion catholique. — Ils ont été rendus, en 1814, au pape, qui en avait été dépouillé en 1809.—Ils se divisent en 21 provinces appelées pour la plupart *légations* ou *délégations*, et portant les noms des villes qu'elles ont pour chefs-lieux.

Quelles sont les villes remarquables des États de l'Eglise?

Les villes les plus remarquables des États de l'Église sont : — ROME (Roma), au S., sur le Tibre; capitale et résidence du pape. Cette ville, l'ancienne capitale du monde, est encore aujourd'hui, quoiqu'elle ait été saccagée six fois par les Barbares, une des plus fameuses de l'univers, et celle qui offre le plus de beaux monuments anciens et modernes. Population, 160 mille habitants. — CIVITA-VECCHIA, port commerçant sur la Méditerranée. — OSTIE, port près de l'embouchure du Tibre. — TIVOLI (Tibur), au N. E. de Rome, séjour délicieux, fameux par les cascades du *Teverone* (Anio). — FERRARE (Forum Allieni), au N. des États de l'Église; capitale de l'ancien duché du même nom; patrie du cardinal Bentivoglio et du poëte Guarini. — BOLOGNE (Bononia), au S. O. de Ferrare; très-belle ville; la plus fameuse université de l'Italie; 71 mille habitants. — RAVENNE (Ravenna), au S. E. de Ferrare, à 4 kilomètres de la mer Adriatique, sur laquelle elle était autrefois située, résidence des derniers empereurs romains. — URBIN, au S. E. de Ravenne; patrie de Raphaël. — ANCÔNE, port fortifié sur l'Adriatique, le plus commerçant de toute cette côte.

Le pape ne possède-t-il pas encore deux territoires dans le royaume des Deux-Siciles?

Oui, le pape possède encore, dans le royaume des Deux-Siciles, les duchés de PONTE-CORVO et de BÉNÉVENT, qui s'y trouvent enclavés, et qui ont pour capitales les villes dont ils portent les noms.

Où est située la petite république de SAINT-MARIN?

La petite république de SAINT-MARIN, qui renferme 7 mille habitants et une capitale du même nom sur une montagne escarpée, est située dans les États de l'Église, au N. du duché d'Urbin, dans lequel elle se trouve enclavée.

ROYAUME DES DEUX-SICILES.

Quels sont les bornes, la population, la religion et le gouvernement du royaume des DEUX-SICILES?

Le royaume des Deux-Siciles, composé de la partie méridionale de l'Italie, de la Sicile et de quelques petites îles répandues sur les côtes, est borné au N. O. par les États du Pape; au N. E. et à l'E., par la mer Adriatique; au S. et à l'O., par la Méditerranée. Sa fertilité et la beauté de son ciel l'ont fait surnommer le paradis de l'Italie. — Sa population est de près de 8 millions d'habitants, dont environ 6 millions 800 mille pour les provinces *en deçà du Phare* et 1 million 200 mille pour la Sicile. — Ils professent la religion catholique. — Le gouvernement est monarchique et a pour chef un prince de la maison de Bourbon qui demeura en Sicile pendant tout le temps que dura l'invasion de ses États par les Français.

Comment se divise la partie du royaume des Deux-Siciles située sur le continent?

Toute la partie du royaume des Deux-Siciles qui se trouve sur le continent est partagée en quatre grandes provinces, savoir : les *Abruzzes*, au N., le long de la mer Adriatique; la *Terre de Labour*, sur la côte de la Méditerranée; la *Pouille*, au S. E. des Abruzzes, et la *Calabre*, qui occupe toute la partie méridionale de l'Italie; ces provinces se subdivisent en quinze autres. — Nous décrirons séparément la Sicile, divisée naturellement en trois vallées subdivisées en 7 provinces.

Quelles sont les principales villes du royaume des Deux-Siciles situées sur le continent?

Les principales villes du royaume des Deux-Siciles situées sur le continent sont : — NAPLES (Neapolis), sur le golfe du même nom, capitale, surnommée *la Noble* et *la Gentille*; l'une des plus belles villes du monde, avec un bon port qui la rend très-commerçante. Population, 364 mille habitants. — A peu de distance, au S. E., se trouve PORTICI, maison de plaisance bâtie au pied du Vésuve, sur les ruines d'*Herculanum*. — AQUILA et CHIETI (Teate), au N., dans les Abruzzes. —

MANFREDONIA, au N. E. de Naples, sur le golfe qui porte son nom. — BARI (Barium), au S. E. de Manfredonia, ville forte, sur la mer Adriatique. — OTRANTE (Hydruntum), au S. E. de Bari, sur le détroit auquel elle donne son nom, et qui forme l'entrée de la mer Adriatique; archevêché. — TARENTE (Tarentum), sur le golfe qui porte son nom. — COSENZA (Consentia), au S. O. de Tarente. — REGGIO, sur le Phare de Messine.

Quelles sont la position, les divisions et les villes remarquables de la Sicile?

La Sicile, située au S. de l'Italie, dont elle est séparée par le *Phare de Messine*, a 300 kilomètres de long sur 200 environ de large, et se divise naturellement en trois vallées, dans chacune desquelles se trouve un des trois caps qui lui avaient fait donner anciennement le nom de *Trinacrie*. — Ses villes remarquables sont : — PALERME (Panormus), au N., l'un des plus beaux ports de la Méditerranée; capitale de toute la Sicile; résidence du vice-roi; archevêché. Population, 180 mille habit. — MESSINE (Messana), sur le détroit auquel elle donne son nom; capitale du *Val-Demona*. — NOTO, au S., capitale du *Val de Noto*. — SIRAGOSA (Syracuse), au N. E. de Noto, port de mer; on y voit des ruines magnifiques.

Quelles sont les autres îles remarquables qui dépendent du royaume des Deux-Siciles?

Les autres îles qui dépendent du royaume des Deux-Siciles sont : — les îles de LIPARI (Vulcaniæ), situées au N. de la Sicile; elles sont au nombre de douze, dont la principale donne son nom au groupe, et a pour capitale une ville très-ancienne et très-forte qui porte aussi le même nom, et qui fut fondée par Barberousse en 1544, et rebâtie par Charles-Quint. — PANTELARIA, située au S. O. de la Sicile. — A l'entrée du golfe de Naples, CAPRI (Capreæ), séjour enchanteur mais d'un difficile accès, avec une capitale du même nom. — ISCHIA (Ænaria), qui renferme des mines d'or et d'argent, et une capitale du même nom.

GROUPE DE MALTE.

Où est située l'île de MALTE, *et quelle en est la capitale?*

L'île de MALTE (Melita), située au S. de la Sicile, et ayant environ 90 kilomètres de circuit, appartient aujourd'hui aux Anglais. Elle est célèbre pour avoir été la demeure des chevaliers de Saint-Jean-de-Jérusalem, auxquels Charles-Quint la donna, en 1525, lorsqu'ils eurent été contraints d'abandonner Rhodes. Sa population, en y comprenant les petites îles de Gozzo et de COMINO, situées au N. O., et qui en dépendent, est de 160 mille habitants. — Malte a pour capitale CITÉ-LAVALETTE, au N., ville très-forte, avec un bon port.

CLIMAT, PRODUCTIONS.—L'Italie est la contrée de l'Europe qui jouit du climat le plus riant et le plus serein. Le sol y est agréablement diversifié par la chaîne de l'Apennin qui la traverse dans toute son étendue. Le nord, entouré de hautes montagnes qui donnent naissance à une multitude de lacs et de rivières, est la partie la moins chaude; mais c'est la plus fertile en grains de toute espèce, en vins et en gras pâturages. Plus au sud croissent l'olivier, le citronnier, le pistachier, le grenadier, le coton et la canne à sucre. Entre Rome et Naples, se trouvent les cantons malsains connus sous le nom de *Marais Pontins*. Enfin les provinces méridionales, couvertes en partie de montagnes et de forêts, et mal cultivées, quoique fertiles, sont sujettes à de violents tremblements de terre.

TURQUIE D'EUROPE.

Quels sont les bornes, la population, la religion et le gouvernement de la TURQUIE D'EUROPE ?

La Turquie d'Europe forme une grande presqu'île bornée au N. par la Russie et l'Autriche ; à l'O., par le royaume d'Illyrie, la mer Adriatique, le canal d'Otrante et la mer Ionienne ; au S., par la Grèce, le détroit des Dardanelles et la mer de Marmara ; et à l'E., par le canal de Constantinople et la mer Noire. L'île de *Candie* et les *îles du N. de l'Archipel* appartiennent aussi à la Turquie d'Europe. — La population de cet empire est d'environ 8 millions d'habitants, dont les deux tiers environ sont Grecs et suivent la religion grecque, et le reste se compose, pour la plus grande partie, de Turcs qui sont mahométans de la secte d'Omar.—Son gouvernement est despotique et a pour chef le *Sultan*, appelé quelquefois aussi le *Grand Turc* ou le *Grand Seigneur*.

Comment se divise la Turquie d'Europe ?

La Turquie d'Europe, divisée par les Turcs en gouvernements ou *eyalets* subdivisés en districts, *livas*, dont les limites sont fort incertaines, se compose des dix provinces suivantes, savoir : la *Moldavie* et la *Valaquie* (ancienne Dacie) ; la *Bulgarie* et la *Servie* (ancienne Mésie) ; la *Bosnie*, comprenant la partie de la *Croatie* qui appartient à la Turquie ; l'*Albanie* (Illyrie et Épire) ; la *Macédoine* et la *Romélie* ou *Roum-Ili* (ancienne Thrace) ; la partie septentrionale de la *Livadie* (ancienne Grèce) ; enfin les *Îles* que nous avons indiquées ci-dessus. Mais toutes ces provinces n'obéissent pas directement au Sultan ; ainsi la *Servie* est gouvernée par un prince héréditaire, plutôt tributaire que sujet de l'empire Ottoman ; la *Moldavie* et la *Valaquie* forment aussi deux États presque indépendants. L'île de *Candie*, qui avait été cédée il y a quelques années, par le Grand Seigneur, au vice-roi d'Égypte, en indemnité des frais que ce pacha avait faits pour aider les Turcs dans leur guerre contre les Grecs, a été restituée par lui au sultan en 1840.

Quelles sont les principales villes des provinces septentrionales et occidentales de la Turquie d'Europe?

Les villes principales de ces diverses provinces sont : — Iassi, capitale de la Moldavie, siége ordinaire du gouvernement, à l'E. de la province. — Boukharest, au S. O. d'Iassi, non loin du Danube, capitale de la Valaquie, ville grande et commerçante. — Sophia, au S. O. de Boukharest, capitale de la Bulgarie et résidence du beglerbeg ou gouverneur général des provinces centrales de la Turquie d'Europe. — Silistri, au N. E. de Sophia, sur le Danube, ville forte. — Varna, bon port sur la côte occidentale de la mer Noire, célèbre par la bataille qu'y gagna, en 1444, le sultan Amurath II. — Choumla, à l'O. de Varna, au pied d'une petite chaîne qui se rattache aux monts Balkans; ville forte qui arrêta, pendant longtemps, l'armée des Russes dans leur dernière guerre contre la Turquie. — Belgrade, au confluent du Danube et de la Save, l'une des plus fortes places de l'Europe, et la ville la plus importante de la Servie, dont la capitale est Sémendria, au S. E., aussi sur le Danube; ville beaucoup moins considérable, mais qui est la résidence du prince et du sénat de Servie. — Scutari (Scodra), au S., sur le lac du même nom; grande ville, capitale de l'Albanie; résidence du pacha et d'un évêque catholique romain. — Parga, au S. E. Les habitants de cette ville ont été transportés à Corfou par les Anglais, afin de les soustraire à la fureur des Turcs, contre lesquels ils s'étaient révoltés.

Quelles sont les principales villes des provinces orientales et méridionales de la Turquie d'Europe?

Les villes principales de ces provinces sont : — CONSTANTINOPLE, sur le détroit de son nom, fondée par Constantin, dans la position la plus belle et la plus avantageuse de l'univers, avec un port immense et l'un des plus sûrs de l'Europe; prise, en 1453, par Mahomet II, qui en fit la capitale de son empire. Population, 600 mille habitants. — Andrinople, au N. O. de Constantinople, sur la Maritza; elle a été le séjour des sultans; 120 mille habitants. — Salonique (Thessalonica), au S. O., sur le golfe de ce nom; ville considérable et très-commerçante, peuplée de 70 mille habitants. — Larisse, sur la Salembria, au S.; archevêché. Cette ville passe pour la capitale de la province, quoiqu'elle ne soit point la demeure du pacha, qui réside à Ianina, au N. O., dans une île au bord d'un lac, devenue célèbre par la révolte et par la mort du fameux pacha Ali.

Quelles sont les îles qui dépendent de la Turquie d'Europe?

Les îles qui dépendent de la Turquie d'Europe sont :

1° Au N. de l'Archipel : Tasso (ancienne Thasos); — Samotraki (ancienne Samothrace), — Imbro (Imbros); — Stalimène (Lemnos), la plus grande des quatre.

2° Au S. de l'Archipel, la grande île de Candie (ancienne Crète), d'environ 900 kilomètres de tour, et peuplée de 240 mille habitants. Cette île, la plus grande de l'ancienne Grèce, appartient, depuis 1669, aux Turcs, qui l'ont divisée en trois pachalicks, dont les capitales sont : — Candie, port fortifié, sur la côte septentrionale, archevêché grec et la principale ville de l'île, peuplée de 12 mille habitants; — Rétimo, à l'O. de Candie; — La Canée, à l'O. de Rétimo, ports munis de quelques fortifications. — *Spachia* ou *Sphakie*, port situé sur la côte méridionale, a des habitants qui se livrent au commerce et à la piraterie. Ils sont indépendants des Turcs, ainsi que les *Abdiotes*, qui habitent au S. E. et qui sont un reste des Sarrasins.

Climat. Productions. — La Turquie d'Europe jouit d'un climat doux et salubre. Elle est traversée par plusieurs chaînes de montagnes qui recèlent des mines précieuses, mal exploitées par les conquérants barbares et indolents qui dominent sur ce beau pays depuis quatre siècles. Les provinces septentrionales sont couvertes de riches pâturages qui pourraient nourrir de nombreux troupeaux; celles du midi, dont le sol n'est pas moins fertile, fourniraient en abondance toutes les productions de l'Italie; mais l'industrie et l'agriculture languissent dans ces riches contrées par l'effet du despotisme qui détruit et décourage tout.

GRÈCE.

Quels sont les bornes, l'étendue, la population, la religion et le gouvernement de la GRÈCE?

La Grèce, qu'une lutte sanglante et héroïque a enfin arrachée au joug des Turcs, après trois siècles d'esclavage, est bornée au N. par la Turquie, à l'O. par la la mer Ionienne, au S. par la Méditerranée, et à l'E. par l'Archipel.—Elle a environ 260 kilomètres de long du N. au S., et 250 dans sa plus grande largeur de l'O à l'E.—Sa population, cruellement décimée par les malheurs de la guerre, ne s'élève qu'à 700 mille habitants environ, professant la religion grecque, dont une des branches est réunie à l'Église catholique. Le gouvernement de la Grèce, après avoir varié plusieurs fois depuis que ce pays a recouvré son indépendance, est devenu, au commencement de l'année 1835, une monarchie héréditaire, sous la souveraineté du roi Othon, fils du roi de Bavière; mais c'est seulement depuis la révolution du 15 septembre 1843 que cette monarchie est devenue représentative.

Quelles sont les divisions naturelles et politiques de la Grèce?

La Grèce se divise naturellement en trois parties, savoir : la *Livadie*, au N. du golfe de Corinthe et à l'E. de celui d'Athènes; la presqu'île de *Morée*, au S. du golfe de Corinthe, et les *Iles* répandues le long des côtes orientales de la Grèce. — Sous le rapport politique la Grèce est divisée en 30 diocèses ou départements et 7 hypodiocèses.

Quelles sont les principales villes de la Grèce?

Les principales villes de la Grèce sont : — ATHÈNES, dans une péninsule séparée de la Morée par le golfe qui porte son nom; capitale du royaume de Grèce. Elle a dû cette distinction à son ancienne célébrité et aux monuments de l'antiquité qu'elle conserve encore, et parmi lesquels on distingue surtout les restes du *Parthénon* ou temple de Minerve, bâti sur le rocher élevé qui lui sert de citadelle, et nommé encore aujourd'hui l'*Acropolis*. Cette ville renferme, dit-on, aujourd'hui, 30 mille habitants. — LIVADIE (Lebadea), au N.O.

d'Athènes, ville industrieuse, qui a donné son nom à la province. — Lépante, ville très-forte, sur le golfe du même nom, à l'entrée duquel don Juan d'Autriche remporta, en 1571, la fameuse victoire navale qui arrêta les progrès des Turcs en Europe. — A peu de distance vers l'O., à l'extrémité d'une langue de terre qui s'avance dans le golfe, se trouve *Missolonghi*, fameuse par la défense héroïque de ses habitants contre les Turcs, en 1826. — Corinthe, dans la Morée, à l'entrée de l'isthme auquel elle a donné son nom. — Tripolitza, à peu près au centre de la Morée, non loin des ruines de Mantinée. — Nauplie ou Napoli de Romanie, au N. E. de Tripolitza, ville très-forte avec un bon port, avantages auxquels elle doit d'avoir été pendant plusieurs années le siège du gouvernement grec. — Un peu plus au N. O. se trouve Argos, si célèbre dans l'histoire de l'ancienne Grèce. — Patras, port très-commerçant sur le golfe auquel il donne son nom. — Navarin (près de l'ancienne Pylos), au S. O., port devenu célèbre par la victoire qu'y remportèrent, en 1827, sur les Turcs et les Égyptiens, les flottes combinées de la France, de l'Angleterre et de la Russie. — Kalamata, au N. E., ville florissante par son commerce. — Sparta, ville nouvelle récemment élevée sur les ruines de l'ancienne Sparte.

Quelles sont les îles qui dépendent de la Grèce?

Les îles qui dépendent de la Grèce sont : — I. La grande île de Négrepont (ancienne Eubée), sur la côte orientale de la Livadie, dont elle est séparée par le détroit de Négrepont (ancien Euripe), célèbre par la singularité de son flux et de son reflux, et couvert, aujourd'hui comme dans l'antiquité, d'un pont, dans sa partie la plus resserrée, où il n'a pas plus de 17 mètres de largeur. L'île a environ 500 kilomètres de circuit, et fut prise sur les Vénitiens par les Turcs, en 1469. Capitale, Négrepont (ancienne *Chalcis*), sur le détroit ; ville forte, considérée comme l'une des clefs de la Grèce. — II. Les petites îles situées au N. E. de Négrepont, et dont les principales sont : Skiato, qui possède une bonne rade ; — Scopélo et Sarakino, dont les vins sont estimés ; — Chélidromia et Pélagnisi, au N. E.;

— Skiro (ancienne Scyros), au S. E., riche en beau marbre — III. Les Cyclades, ainsi appelées, d'un mot qui signifie *cercle*, par les Anciens, qui les croyaient rangées en cercle autour de l'île de Délos, aujourd'hui Sdili, si célèbre par le culte d'Apollon, occupent tout le sud de l'Archipel. Les plus remarquables sont : — 1° Andro (Andros), à la pointe S. E. de Négrepont ; — 2° Tino (Tenos), au S. E., très-bien cultivée et produisant beaucoup de soie ; — 3° Myconi (Myconos) ; 4° Syra (Syros), qui renferme la ville d'*Hermopolis* fondée depuis quelques années seulement, mais que son commerce a déjà rendue une des plus importantes de la Grèce ; — 5° Naxia (Naxos), au S. E., la plus considérable des Cyclades ; — 6° Paro, à l'O. ; — 7° Amorgo (Amorgos), au S. E. ; — 8° Santorin (Thera), au S. ; — 9° Milo (Melos), à l'O., qui possède un des meilleurs ports de la Méditerranée ; ces îles ont des capitales qui portent les mêmes noms. — IV. Les îles situées sur la côte de la Morée, savoir : Colouri (ancienne Salamine) ; — Engia (ancienne Égine). — Poros, qui doit à la beauté et à la commodité de son port d'avoir été choisi pour l'établissement des chantiers de la marine royale. — Hydra (Hydrea), dont les habitants, les plus habiles marins de l'Archipel, se sont montrés les ennemis les plus redoutables des Turcs, dans la guerre que leur ont faite les Grecs pour se soustraire à leur domination. Sa capitale, qui porte le même nom, est une des villes les plus jolies et les plus peuplées de la Grèce et possède des chantiers de construction très-considérables. — Spetzia, à l'entrée du golfe de Nauplia, avec une capitale du même nom, qui possède une importante marine marchande.

Climat, Productions. — La Grèce est, encore plus que l'Espagne, traversée en tous sens par de hautes chaînes de montagnes, qui y produisent sur la température les mêmes effets. Le sol, naturellement fertile, fournirait en abondance toutes les productions de l'Italie ; mais l'agriculture, longtemps découragée par l'effet du despotisme turc, y est encore languissante, par suite d'une guerre longue et désastreuse.

ILES IONIENNES.

Quelles sont les îles appelées ÎLES IONIENNES, *ou la république des* Sept-Iles?

Les îles Ioniennes, ou la république des *Sept-Iles*, se composent de sept îles, situées sur la côte occidentale de la Grèce. — Après avoir successivement appartenu aux Vénitiens, aux Turcs, aux Russes et aux Français, elles forment aujourd'hui un Etat prétendu indépendant, mais réellement sous la domination de l'Angleterre. — Ces sept îles sont : — CÉRIGO (ancienne Cythère), au S. de la Morée ; — ZANTE (ancienne Zacinthe), à l'O. de la Morée ; elle a environ 150 kilomètres de tour et 45 mille habitants ; — CÉPHALONIE (Céphalénie), au N. O. de Zante ; elle a environ 260 kilomètres de circuit et 60 mille habitants ; — THÉAKI (ancienne Ithaque), au N. E. de Céphalonie ; — SAINTE-MAURE (Leucadie), au N. des précédentes, séparée du continent par un canal de 500 pas, sur lequel on a construit un pont ; — PAXO (Paxos), très-petite, au N. O. de la précédente ; chef-lieu, *Porto-Gayo* ; — CORFOU (Corcyre), au N. O. ; elle a environ 180 kilomètres de circuit et 60 mille habitants. — Toutes ces îles, à l'exception de Paxo, ont des capitales qui portent les mêmes noms. *Corfou*, la plus importante de toutes par sa population de 20,000 habitants, par son commerce et par ses importantes fortifications, est la capitale de la république et le siége d'un archevêque catholique et d'un métropolitain grec.

CLIMAT, PRODUCTIONS. — Les îles Ioniennes jouissent d'un printemps presque perpétuel. Le sol, généralement rocailleux et aride, produit des oliviers, des citronniers, des orangers, des figuiers, et de la vigne que l'on vendange quelquefois quatre fois dans une année.

ASIE.[*]

Quelles sont les bornes et la population de l'Asie?

L'Asie, la plus grande des cinq parties du monde et la plus riche par ses productions, est bornée au N. par l'océan Glacial Arctique; à l'O., par le fleuve Kara, les monts Poyas ou monts Ourals, le fleuve Oural, la mer Caspienne, le Caucase, la mer Noire, le détroit de Constantinople, la mer de Marmara, le détroit des Dardanelles, l'Archipel, la Méditerranée, l'isthme de Suez et la mer Rouge; au S., par la mer des Indes, et à l'E., par le Grand-Océan, qui la sépare de l'Amérique.—Elle a environ 10,600 kilomètres dans sa plus grande longueur, prise depuis l'extrémité septentrionale de la mer Rouge au S. O., jusqu'au détroit de Behring, au N. E., et 8,100 kilomètres dans sa plus grande largeur, depuis le cap Sévéro-Vostochnoï ou du Nord-Ouest, jusqu'au cap Romania, à l'extrémité de la presqu'île de Malakka, au S. E.—Sa population est mal connue : elle paraît être de 622 millions d'habitants.

ÉTENDUE, CLIMATS ET PRODUCTIONS DE L'ASIE. — L'Asie, en y comprenant les îles qui en dépendent, occupe une superficie évaluée à plus de 42 millions de kilomètres carrés; mais elle renferme de vastes déserts, dont le plus remarquable est celui qu'on nomme *Gobi* ou *Chamo*, qui occupe au centre une plaine immense et fort élevée, où l'hiver est long et rigoureux, et où l'on trouve rarement quelques traces de végétation. Les régions comprises au N. entre ce plateau et l'océan Glacial Arctique, sont exposées pendant l'hiver à des froids excessifs, et pendant l'été à des brouillards épais, qui nuisent singulièrement à la végétation, qui y est toujours languissante. Celles qui sont situées à l'O. et à l'E. jouissent d'un climat doux et salubre, qui favorise la culture des grains de toute espèce, de l'olivier, du cotonnier, et des fruits

---

[*] Consulter, dans mon *Atlas à l'usage des collèges*, la carte de l'Asie.

les plus délicieux. Enfin celles qui s'étendent vers le S. et le S. O. ne connaissent que deux saisons : des pluies continuelles, et quelquefois une sécheresse affreuse d'avril en novembre, et un ciel doux et serein pendant le reste de l'année. C'est dans cette partie de l'Asie que la végétation déploie une magnificence surprenante : ainsi on y voit croître le café, le dattier et l'encens, en Arabie ; le cocotier, l'indigotier et la canne à sucre, dans les deux Indes ; le cannellier, à Ceylan ; l'arbre à thé, dans la Chine ; et une foule d'autres plantes précieuses.

POPULATION ET RELIGIONS. — L'Asie paraît avoir été le berceau du genre humain, et le siège des premiers empires ; les arts, les sciences, presque toutes les religions, y ont pris naissance. Sa population se partage à peu près également entre la race jaune et la race blanche ; il se trouve aussi quelques nègres dans les îles du Sud. Berceau de toutes les religions qui dominent dans le monde, l'Asie voit sa nombreuse population partagée entre elles de la manière suivante :

Bouddhisme,	au S. E.	170 millions.
Bráhmisme,	au S.	60 millions.
Mahométisme,	au S. O.	80 millions.
Christianisme,	à l'O. surtout.	4 millions.
Religion de Confucius, Culte des Esprits,	} à la Chine. }	304 millions.
Religion de Sinto,	au Japon.	
Sectes diverses et idolâtrie.		4 millions.
Juifs.		650 mille.

En combien de parties principales peut-on diviser l'Asie ?

L'Asie peut se diviser en onze parties principales, savoir : la *Russie Asiatique*, au N. et au N. O. ; le *Turkestan*, au centre ; la *Turquie d'Asie* et l'*Arabie*, à l'O. ; la *Perse*, l'*Afghanistan*, le *Béloutchistan*, l'*Hindoustan* et l'*Indo-Chine*, au S. ; l'*Empire Chinois*, à l'E. ; enfin les *îles du Japon*, dans le Grand-Océan.

Quels sont les principaux GOLFES *de l'Asie ?*

Les principaux golfes de l'Asie sont : — le golfe d'*Aden*, entre l'Arabie méridionale et l'Afrique ; — le golfe d'*Oman*, entre l'Arabie orientale, le Béloutchistan et l'Hindoustan ; — le *golfe Persique*, au S. O., entre la Perse et l'Arabie ; — celui du *Bengale* (anciennement du Gange), entre les deux Indes ; — ceux de *Martaban*, de *Siam* et de *Tonkin*, au S. de l'Indo-Chine ; — le golfe *Penjinskaïa* et celui d'*Anadyr*, à l'E. de la Sibérie ; — ceux de l'*Iéniseï*, de l'*Ob*, et le golfe ou mer de *Kara*, au N. du même pays.

Quels sont les principaux DÉTROITS *de l'Asie ?*

Les principaux détroits de l'Asie sont ceux : — de *Bab-el-Mandeb*, au S. E., qui unit la mer Rouge au golfe d'Aden ;—d'*Ormouz*, au N. O. du précédent : il unit le golfe Persique à la mer des Indes; —de *Behring*, au N. E., entre l'Asie et l'Amérique.

Quels sont les principaux LACS *de l'Asie?*

Les principaux lacs de l'Asie sont, outre la *mer Caspienne*, dont nous avons parlé :—le lac *Asphaltite* ou la *mer Morte*, dans la Palestine, de 1200 à 1300 kilomètres carrés ; — le lac d'*Aral*, à l'E. de la mer Caspienne : il couvre 25 000 kilomètres carrés ; — le lac de *Zerrah*, sur la frontière de la Perse et de l'Afghanistan ; étendue, 2,700 kilomètres carrés ;—le lac *Baïkal*, au S. de la Sibérie, de 2,000 kilomètres de tour; — le lac *Khoukhounoor*, au N. E. du Tibet ; il a 4,600 kilomètres carrés de surface.

Quelles sont les PRESQU'ILES *les plus remarquables de l'Asie?*

L'Asie présente 7 presqu'îles remarquables, dont quatre grandes et trois moins considérables. — Les grandes sont : — l'*Anatolie* ou *Anadoli* (ancienne Asie-Mineure), entre la mer Noire, au N., le canal de Constantinople, la mer de Marmara, le détroit des Dardanelles et l'Archipel, à l'O., et la Méditerranée, au S.; — l'*Arabie*, entre la mer Rouge, à l'O., le détroit de Bab-el-Mandeb, le golfe d'Aden et la mer des Indes, au S., le détroit d'Ormouz et le golfe Persique, à l'E.; — l'*Hindoustan* (ancienne Inde en deçà du Gange), entre le golfe d'Oman, à l'O., celui de Manaar, au S., et celui du Bengale, à l'E.;—la *Presqu'île orientale de l'Inde* (ancienne Inde au delà du Gange), entre le golfe du Bengale, à l'O., et la mer de la Chine, au S. E. et à l'E.

Les trois presqu'îles moins considérables sont :— celle de *Malakka*, entre le détroit de ce nom, au S. O., et le golfe de Siam, au N. E.; elle est unie au continent par l'isthme de *Krá*; — la *Corée*, entre la mer Jaune, à l'O., et celle du Japon, à l'E.; — le *Kamtchatka*, entre la mer d'Okhotsk, au S. O., et celle de Behring, au N. E.

Quels sont les principaux CAPS *de l'Asie?*

Les caps les plus remarquables de l'Asie sont :

Les caps *Fartash*, *Ras-al-Gate*, *Moçandon*, dans l'Arabie ; —le cap *Comorin*, qui termine la chaîne des Ghâtes, à l'extrémité S. de l'Hindoustan ; — les caps *Oriental*, sur le détroit de Behring ; — *Sévéro-Vostochnoï*, ou du Nord-Ouest, le plus septentrional de la Sibérie.

Quelles sont les principales MONTAGNES *de l'Asie?*

Les principales montagnes de l'Asie sont : — le *Caucase*, situé entre la mer Noire et la mer Caspienne, et qui semble maintenant appartenir plutôt à l'Europe qu'à l'Asie. — Le *Liban* et l'*Anti-Liban*, qui traversent du N. au S. une partie de la Syrie et de la Palestine ; le *Sinaï*, entre les deux bras de la mer Rouge. — Le *Taurus*, l'*Ararat*, l'*Albours*, l'*Hindou-Kho*; les monts *Bolour* et *Térek*; les monts *Altaï*, *Yablonoï* et *Stanovoï*, formant

ASIE. 103

une chaîne immense qui se prolonge depuis les côtes méridionales de l'Anatolie jusqu'aux extrémités N. E. de l'Asie, à travers la Turquie, la Perse, l'Afghanistan, l'empire Chinois et la Sibérie. — Des monts Hindou-Kho se détachent les montagnes qui vont former au S. du Tibet la chaîne de l'*Himalaya*, dans laquelle se trouvent les plus hautes sommités du globe, parmi lesquelles le *Tchumoulari*, atteint, dit-on, la hauteur de 8,673 mètres et le *Dhawala-Giri* ou *Mont-Blanc* celle de 8,556 mètres. — Une autre chaîne descend au S. et forme les *Ghâtes*, qui suivent la côte occidentale de l'Hindoustan.

Quels sont les principaux FLEUVES *de l'Asie?*

Les principaux fleuves de l'Asie sont : — en Sibérie : — la *Léna* ou Paresseuse, ainsi nommée à cause de la lenteur de son cours; l'*Iéniseï*, l'*Ob* ou *Obi*, qui la traversent du S. au N., et se jettent dans l'océan Glacial Arctique, après plus de 4700; 6000 et 5000 kilomètres de cours; l'*Oural*, qui sépare l'Europe de l'Asie et coule au S. dans la mer Caspienne. — Dans la Turquie : l'*Euphrate* et la *Tigre*, qui en arrosent la partie orientale et forment par leur réunion le *Chat-el-Arab*, qui se rend dans le golfe Persique par plusieurs embouchures. — Dans l'Hindoustan : le *Sind* (Indus), qui en arrose la partie occidentale du N. E. et se jette dans la golfe d'Oman; le *Gange*, qui coule du N. O. au S. E. et se perd dans le golfe du Bengale; et le *Brahmapoutre*, qui, sorti des hautes montagnes du Tibet, tourne au S. O., et vient se jeter dans le même golfe. — Dans l'empire Birman : l'*Iraouady*, composé de deux branches distinguées par les noms d'occidentale et d'orientale, qui sortent toutes deux des montagnes du Tibet, se réunissent et coulent pendant assez longtemps dans le même lit, puis se partagent de nouveau en un grand nombre de bras qui se rendent dans le golfe de Martaban, à l'E de celui du Bengale. — Dans le royaume de Siam : le *Loukiang* ou *Thalouayn*, qui coule à l'O. du précédent et se jette dans le même golfe; le *Meïnan* ou *Ménam*, qui coule du N. au S. et se jette dans le golfe de Siam. — Dans le royaume d'Annam : le *May-Kang* ou *Cambodje*, qui sort aussi des montagnes du Tibet, et, coulant du N. E. au S. E., va se perdre dans la mer de la Chine, après un cours de 4,400 kilomètres. — Dans l'empire Chinois : le *Yang-tseu-Kiang*, ou fleuve Bleu, et le *Hoang-Ho*, ou fleuve Jaune, qui sortent aussi des montagnes du Tibet, et vont à l'E. se perdre dans les mers Orientale et Jaune, le premier après 6,350 kilomètres, et le second après 5,700 de cours; enfin l'*Amour* ou *Sakhalian*, qui coule du S. O. au N. E., à travers la Mongolie et la Mantchourie, et se jette dans la *Manche de Tarrakaï*, après un cours de 3,950 kilomètres.

RUSSIE ASIATIQUE.*

Quelles sont les deux grandes divisions de la Russie Asiatique? Quelles sont les bornes et la population de chacune d'elles?

La Russie Asiatique se compose de deux parties tout à fait distinctes : l'une, que l'on peut nommer la *Russie du Caucase*, est séparée au N. par la chaîne du Caucase de la Russie Européenne, et se trouve comprise entre la mer Noire à l'O., la mer Caspienne à l'E., et les provinces de la Turquie d'Asie et de la Perse au S. ; cette contrée, tout hérissée de montagnes, compte plus d'un million d'habitants. La seconde partie, beaucoup plus considérable, et connue sous le nom de *Sibérie*, occupe toute la partie septentrionale de l'Asie, dans une longueur de 5,800 kilomètres, de l'O. à l'E., sur 2,200 de largeur, du N. au S.—Elle est bornée au N. par l'océan Glacial Arctique ; à l'O., par le fleuve Kara, les monts Poyas ou Ourals, qui la séparent de la Russie d'Europe ; au S., par le Turkestan, la Mongolie et la Mantchourie, et à l'E., par le Grand-Océan et le détroit de Behring. — La population de cette immense contrée, dont la partie méridionale est assez fertile, est loin de répondre à son étendue ; on la porte au plus à 3 millions d'habitants, à cause des marais inaccessibles qui couvrent tout le nord, et de vastes déserts, nommés *steppes*, qui en occupent la plus grande partie, et dans lesquels errent seulement quelques tribus nomades.

Quelles sont les divisions et les villes principales de la Russie du Caucase?

La Russie du Caucase forme un grand gouvernement subdivisé en douze provinces, dans lesquelles ne sont pas comprises quelques petites contrées occupées par des montagnards à

---

* Consulter, dans mon *Atlas à l'usage des colléges*, les cartes de l'Europe et de l'Asie.

peu près indépendants.—Ses villes principales sont : — TIFLIS, sur le Kour, ancienne capitale du royaume de *Géorgie* et maintenant résidence du gouverneur général des provinces du Caucase ; — DERBENT, sur la mer Caspienne, au N. E. de Tiflis, la ville la plus importante de l'ancienne province Persane du *Daghestan* ; — BAKOU, au S. E. de Derbent, l'un des ports les plus commerçants de la mer Caspienne ; — CHAMAKIE, au N. O. de Bakou, et, comme elle, dans la province du *Chirvan*, récemment enlevée par la Russie à la Perse ; — AKHALTSIKHÉ, à l'O. de Tiflis, ville importante, défendue par une bonne citadelle, et chef-lieu d'un ancien pachalick Turc cédé à la Russie par la Turquie, à la suite de la dernière guerre ; — ÉRIVAN, au S. E. d'Akhaltsikhé, près du lac *Sébanga* ; ancienne capitale de l'*Arménie Persane*. Au S. O. se trouve le mont *Ararat*, sur lequel s'arrêta, à ce que l'on croit, l'arche de Noé.

Comment se divise la Sibérie, et quelles en sont les villes principales ?

La Sibérie se divise en OCCIDENTALE, comprenant le gouvernement de *Tobolsk*, au N., et le gouvernement de *Tomsk*, au S. E. ; et ORIENTALE, comprenant les gouvernements d'*Iéniséisk*, à l'O. ; d'*Irkoutsk*, au S. ; la province d'*Iakoutsk*, au centre ; les districts d'*Okhotsk*, à l'E. de la province d'Iakoutsk, et du *Kamtchatka*, à l'extrémité S. E. de la Sibérie ; enfin le pays des *Tchouktchis*, à l'extrémité N. E. et celui de *Kirghiz*, à l'extrémité S. O. de la Sibérie. — TOBOLSK, près du confluent du Tobol et de l'Irtych, est la ville la plus peuplée de toute la Sibérie et la résidence du gouverneur de la Sibérie occidentale. — TOMSK, sur un affluent de l'Ob, est la capitale du gouvernement le plus riche en or de tout l'ancien continent. — KRASNOÏARSK, sur l'Iéniseï, est devenue depuis quelques années la capitale du gouvernement de Iéniséisk. — IRKOUTSK, près du lac Baïkal, est la résidence du gouverneur de la Sibérie orientale et l'entrepôt du commerce qui se fait par caravanes avec la Chine ; — NERTCHINSK, située à l'E., a, dans ses environs, des mines d'argent où l'on fait travailler les exilés de Russie; — IAKOUTSK, sur la rive gauche de la Léna, est au centre de la contrée occupée par les *Iakoutes*, qui paraissent descendre des Tartares; — OKHOTSK, chantier de construction, est sur la mer à laquelle elle donne son nom; — PÉTROPAVLOSK ou *Saint-Pierre-et-Saint-Paul*, port au S. du Kamtchatka, est la ville la plus considérable de ce district. Le commerce des fourrures, le principal de la Sibérie, rend presque toutes ces villes assez importantes.

Quelles sont les îles qui dépendent de la Sibérie?

Les îles qui dépendent de la Sibérie sont: — 1° la NOUVELLE-SIBÉRIE ou les îles LIAÏKHOV, découvertes par le navigateur de ce nom, au N. de l'embouchure de la Léna; — 2° les KOURILES, formant une chaîne de 21 petites îles, dont 14 seulement sont habitées; elles s'étendent de la pointe S. du Kamtchatka aux îles du Japon, et appartiennent en partie à la Russie et en partie au Japon.

NOTIONS DIVERSES. — La Russie du Caucase se compose des États de plusieurs petits souverains détrônés par les Russes, et parmi lesquels celui de Géorgie était le plus remarquable, et de provinces successivement enlevées par la force des armes à la Perse et à la Turquie. Les habitants d'une partie de ces pays sont chrétiens, et appartiennent à l'Église arménienne, dont le patriarche réside au couvent célèbre d'*Etchmiadzin*, près de la ville d'*Érivan*, dans la portion de l'Arménie enlevée par les Russes aux Persans dans leur dernière guerre. — La Sibérie occupe plus de 12 millions et demi de kilomètres carrés, c'est-à-dire près du tiers de l'Asie; mais elle n'a, comme nous l'avons dit, qu'une faible population, en partie Russe et suivant la religion chrétienne grecque, et le reste appartenant à un assez grand nombre de peuplades sauvages et idolâtres. Le climat est froid et les étés fort courts dans toute la Sibérie: tout le nord est couvert de marais presque toujours glacés et de déserts immenses: le midi est très-fertile; les montagnes de l'O. et du S. E. renferment de riches mines d'argent, de fer, d'aimant et de cuivre. Les belles fourrures sont le principal objet du commerce de ce pays.

TURKESTAN *.

Quels sont les bornes, les divisions, le gouvernement, la population et la religion du TURKESTAN?

Le Turkestan, désigné aussi assez souvent, mais d'une manière inexacte, sous le nom de *Tartarie Indépendante*, a pour bornes, au N., la Sibérie, à l'O., la mer Caspienne, au S., la Perse et l'Afghanistan, à l'E. les pays tributaires de l'empire Chinois — On peut diviser le Turkestan en cinq parties, savoir : le *Pays des Kirghiz*, au N.; la *Turkomanie*, le long de la côte orientale de la mer Caspienne; le *Kharism* ou *Kouaresmie*, au centre; le *Turkestan* proprement dit, berceau de la nation turque, à l'E.; et la *Grande-Boukharie*, au S.; mais ces divisions générales sont à peu près inconnues dans le pays, que se partagent un nombre assez considérable de khans ou souverains indépendants les uns des autres, dont nous indiquerons les principaux en nommant les villes où ils résident.

Quelles sont les villes remarquables du Turkestan?

Les villes les plus remarquables du Turkestan sont : — KHIVA, au N. O., sur un canal dérivé de l'*Amou-Déria*, dans le Kharism; résidence d'un sultan qui s'est fait reconnaître comme suzerain par les *Araliens*, habitants des bords du lac dont ils portent le nom, et par les *Karakalpaks*, qui errent sur les rives du *Syr-Déria*. — KHOKAND, à l'E. de Khiva, ville importante et industrieuse, résidence du khan le plus puissant du Turkestan proprement dit. — BOUKHARA, au S. O. de Khokand, dans une riche plaine de la Grande-Boukharie, à laquelle elle donne son nom; résidence du khan le plus puissant et le plus riche de tout le Turkestan. Ses

---

* Consulter, dans mon *Atlas à l'usage des colléges*, la carte de l'ASIE.

États comprennent encore la ville de Samarkand, située au N. E. de Boukhara, et qui fut, en 1400, la capitale de l'empire du fameux Tamerlan. — Balkh (Bactres), au S. E. de Samarkand, une des plus anciennes et autrefois une des plus célèbres villes de l'Asie. — Khoulm, au S. E. de Balkh, capitale du khan le plus puissant de la partie méridionale du Turkestan. Les États dont ces deux dernières villes étaient les capitales ont fait longtemps partie du royaume de Caboul.

Notion diverses. — Le Turkestan embrasse une superficie qu'on n'estime pas à moins de 3,515,000 kilomètres carrés. — Il jouit d'un climat doux et salubre; mais les hivers y sont très-rigoureux. Le règne végétal y est assez pauvre; mais il nourrit une belle race de chevaux, et les montagnes, qui le bornent à l'E. renferment des mines d'or, d'argent et de pierres précieuses. Parmi les diverses races qui peuplent le Turkestan, il faut distinguer : — 1° les *Kirghiz*, au N., divisés en trois hordes, dont la *Grande* seule doit aujourd'hui être considérée comme appartenant au Turkestan, la *Moyenne* et la *Petite* ayant reconnu la souveraineté de la Russie. C'est une nation féroce qui élève de nombreux troupeaux ; — 2° les *Turkomans*, qui sont peut-être les pères des Turcs, et qui des bords de la mer Caspienne se sont répandus dans toute la Perse et la Turquie d'Asie ; — 3° les *Ouzbeks*, Turcs d'origine, que l'on peut regarder comme les dominateurs du Turkestan, à la plupart des États duquel ils ont donné des chefs ; — 4° enfin les *Boukhares*, qui paraissent d'origine Persane et qui se distinguent par leur industrie et leur aptitude pour le commerce. — Aucune de ces races diverses habitantes du Turkestan, n'est réellement tartare : c'est ce motif qui a fait rejeter, par les géographes les plus instruits, le nom de *Tartarie Indépendante*, donné longtemps, mais à tort comme on le voit, à cette vaste contrée. On a cru pouvoir lui appliquer, avec plus de raison, celui de *Turkestan* ou pays des Turcs, qui rappelle la plus célèbre des nations qui en sont sorties.

TURQUIE D'ASIE *.

Quelles sont les bornes et la population de la TURQUIE D'ASIE?

La Turquie d'Asie est bornée au N. par la Russie du Caucase et la mer Noire; au N. O., par le détroit de Constantinople et la mer de Marmara; à l'O. par le détroit des Dardanelles et l'Archipel; au S., par la Méditerranée et l'Arabie; à l'E., par la Perse. On suppose que sa population s'élève à 12 millions d'habitants.

Comment se divise la Turquie d'Asie ?

La Turquie d'Asie, que les Turcs partagent, comme celle d'Europe, en *eyalets*, ou gouvernements, et *livas*, ou districts, dont les chefs, souvent en guerre entre eux, ne gardent au sultan qu'une obéissance fort incertaine, peut se diviser en 3 parties, savoir : 1° la *Turquie d'Asie Occidentale*, composée de l'Anatolie (ancienne Asie-Mineure) ; 2° la *Turquie d'Asie Orientale*, composée des provinces connues sous les noms d'*Arménie*, de *Kourdistan Turc* (ancienne Assyrie), et d'*Al-Djézyréh* (ancienne Mésopotamie) avec l'*Irak-Arabi* (ancienne Babylonie) ; 3° les anciennes provinces de *Syrie* et de *Palestine*, au S.

Quelles sont les principales villes de l'Anatolie ?

L'Anatolie, ou, comme disent les Turcs, *Anadoli*, qui forme la Turquie d'Asie Occidentale, renferme cinq gouvernements ou eyalets, dont les villes principales sont :—BROUSSE (ancienne Prusa), au S. E. de Constantinople; grande ville, qui fait un commerce considérable de soie brute. C'est dans les environs de cette ville, qui fut la capitale de l'Empire Ottoman jusqu'à la prise d'Andrinople par les Turcs, que Tamerlan remporta sur Bajazet une victoire qui coûta la

---

* Consulter, dans mon *Atlas à l'usage des colléges*, la carte de l'EUROPE et celle de l'ASIE.

vie à 400 mille hommes. — Kutaiéh, au S. E. de Brousse, capitale du gouvernement d'Anadoli. — Smyrne ou Izmir, au S. O. de Kutaiéh, excellent port, au fond du golfe de son nom, sur l'Archipel; une des villes les plus belles et les plus considérables de l'Asie, et le centre du commerce du Levant, quoiqu'elle ait été ruinée dix fois par les incendies et les tremblements de terre, et qu'elle soit souvent dévastée par la peste. Population, 130 mille habitants. — Koniéh (ancienne *Iconium*), au S. E. de Kutaiéh, ancienne résidence des sultans du pays de Roum, et aujourd'hui capitale du gouvernement de *Karamanie*, remarquable par la victoire remportée par les Égyptiens sur les Turcs, en 1832. — Tokat, au N. E. de Koniéh, une des villes les plus commerçantes de la Turquie d'Asie et dont on évalue la population à 100 mille âmes. — Trébizonde ou Tarabezoun, au N. E. de Tokat, port sur la mer Noire, capitale d'un gouvernement. Cette ville, grande et fortifiée, conserve encore quelque reste de la splendeur dont elle brilla pendant le temps où elle fut la capitale d'un empire démembré de celui de Constantinople. — Adana, au S. E., à peu de distance de la côte de la Méditerranée, capitale d'un district borné au N. par la chaîne du Taurus, couverte d'excellents bois de construction. — Marach, plus à l'E., capitale d'un gouvernement.

A ces villes on peut ajouter encore : — Scutari, port sur le détroit, vis-à-vis de Constantinople, dont elle est comme un faubourg. — Angora (Ancyre), au S. E. de Scutari; siége d'un archevêché; elle doit sa prospérité commerciale à la finesse du poil de ses chèvres, et sa célébrité historique à la victoire remportée par Tamerlan sur Bajazet, qui y fut fait prisonnier, le 7 août 1402. — Kaisariéh (Césarée), au S. E. d'Angora, ville florissante par son commerce, quoiqu'il lui reste à peine 25 mille habitants des 400 mille qu'elle renfermait, dit-on, sous les empereurs romains. — Sivas (ancienne Sébaste), au N. E. de Kaïsariéh, capitale d'un gouvernement auquel on conserve quelquefois le nom de *Pays de Roum*.

Quelles sont les principales villes de la Turquie d'Asie Orientale ?

La Turquie d'Asie Orientale forme 8 eyalets, dont les principales villes sont : — Erzeroum, au S. E. de Trébizonde, la plus considérable et la plus florissante de l'*Arménie*, et la capitale de l'un des trois gouvernements formés dans cette province. — Diarbékir ou Amid, sur le Tigre, au S. O. d'Erzeroum, capitale de l'un des gouvernements formés de la province d'*Al-Djézyréh*, nom qui signifie *île*, et correspond ainsi assez bien au nom ancien *Mésopotamie*. — Mossoul, sur la rive droite du Tigre, très-florissante par son industrie et son commerce, et aussi capitale d'un gouvernement. — Bagdad, au S. E. de Mossoul, sur le Tigre, capitale d'un gouvernement auquel on donne quelquefois le nom d'*Irak-Arabi*. Cette magnifique capitale de l'empire des khalifes, voisine des ruines de Ctésiphon, de Séleucie et de Babylone, quoique bien déchue elle-même de sa splendeur, est encore une des villes les plus grandes, les plus fortes et les plus riches de la Turquie d'Asie, et l'entrepôt de son commerce avec les contrées orientales. Population, 100 mille habitants. — Bassora ou *Bazrah*, dans le même gouvernement, sur le *Chat-el-Arab*, à 90 kilomètres de son embouchure dans le golfe Persique, et qui conserve encore une partie de la haute prospérité qu'elle a due à sa position, qui la rend un des centres du commerce de l'Europe avec l'Asie.

A ces villes on peut ajouter encore :

Kars, au N. E. de Sivas, ville forte et commerçante, capitale d'un gouvernement. — Van, au S. E. de Kars, dans une belle position sur les bords du lac auquel elle donne son nom, résidence d'un pacha héréditaire. — Bidlis ou *Betlis*, à l'O. du lac de Van, la ville la plus importante du Kourdistan turc, dont la plus grande partie compose le gouvernement de Chénrézour, qui dépend de celui de Bagdad, mais de nom seulement, car les *Kourdes*, répandus au nombre de 240 mille, toujours armés, dans cette province et dans celles de la Turquie et de la Perse qui l'avoisinent, sont plutôt vassaux que sujets de ces puissances, mènent, pour la plupart, une vie errante, et dévastent souvent toutes les contrées d'alentour. — Rakka, sur l'Euphrate, au S. O. de Diarbékir, capitale d'un gouvernement.

Quelles sont les principales villes des provinces de Syrie et de Palestine?

Les principales villes des provinces de Syrie et de Palestine qui, avec le district d'Adana déjà nommé plus haut, avaient été cédées en 1833 par le sultan au vice-roi d'Égypte, et qui ont été restituées par ce dernier en 1840, sont : — Alep ou Haleb, au N. de la Syrie, province qui borde la côte orientale de la Méditerranée; capitale d'un gouvernement, cette ville était la plus grande de toute la Turquie d'Asie, avant qu'elle eût été ruinée, en 1822, par un affreux tremblement de terre. — Au N. E. de cette ville se trouve *Nezib,* où Ibrahim, fils du vice-roi d'Égypte, remporta une grande victoire sur les Turcs, en 1839. — Acre ou Saint-Jean-d'Acre (ancienne Aco), ville commerçante et bien fortifiée, capitale d'un gouvernement formé de l'ancienne Phénicie et de l'ancienne Galilée; célèbre pendant les croisades, elle a été inutilement assiégée par les Français, commandés par Napoléon Bonaparte, en 1799. — Damas, au N. E. d'Acre, dans une vallée délicieuse, capitale d'un gouvernement qui comprend presque toute la portion orientale de la Syrie et la plus grande partie de l'ancienne Palestine. Cette ville, une des plus anciennes du monde, est célèbre par ses fabriques de sabres et florissante par son commerce. Population, 148 mille habitants. — Jérusalem, au S. O., et dans le gouvernement de Damas; cette ville qui n'est plus que l'ombre de ce qu'elle a été, mais qui rappelle de si grands souvenirs, est toujours visitée par un grand nombre de pèlerins. Sa population est d'environ 30 mille âmes.

A ces villes on peut ajouter : — Alexandrette, sur un golfe de la Méditerranée, au milieu de marais dont les exhalaisons sont souvent mortelles; elle est regardée comme le port d'Alep. — Antakiéh, au S. E. d'Alexandrette, faible reste de la magnifique *Antioche,* dont les 700 mille habitants sont aujourd'hui réduits à 6 mille. — Latakiéh (ancienne Laodicée), au S. O. d'Antakiéh, le port le plus commerçant de la côte de la Syrie. — Tripoli, autre port plus au S., sur la même côte, ville commerçante et bien bâtie, capitale de l'un des gouvernements de la Syrie. — Saïda, au S. O. de Tripoli; elle n'est plus que l'ombre de la fameuse *Sidon.* — Nazareth, beaucoup plus au S., célèbre dans les temps modernes par une victoire qu'y remportèrent les Français en 1799. — Jaffa (ancienne Joppé), au S. O. de Nazareth, port où débarquent les pèlerins qui se rendent à la Terre-Sainte. Les Français s'en rendirent maîtres en 1799. — La Syrie et la Palestine sont parcourues, surtout dans leur partie orientale, par un grand nombre de tribus d'Arabes nomades. Parmi les peuplades indépendantes de l'intérieur, on distingue, dans les montagnes du Liban et de l'Anti-Liban, les *Maronites*, qui sont catholiques romains, et les *Druzes*, peuplade guerrière qui professe une espèce de mahométisme.

Quelles sont les principales îles qui dépendent de la Turquie d'Asie?

Les plus importantes sont : 1° dans l'Archipel, près de la côte d'Anatolie : — MÉTELIN (ancienne Lesbos), île fertile et bien peuplée ; capitale *Castro*. —SCIO (Chios), au S. de Mételin, l'un des domaines de la sultane mère ; elle jouissait d'une sorte de prospérité, et renfermait 120 mille habitants, dont 30 mille dans sa capitale, qui porte le même nom, avant les désastres qui l'ont accablée en 1822. Elle produit d'excellents vins.— 2° Dans la Méditerranée : —RHODES, autrefois fameuse par son colosse, mais plus encore par la résidence des chevaliers de Saint-Jean-de-Jérusalem, auxquels Soliman l'enleva, en 1592, après la plus héroïque résistance de leur part. Sa capitale, portant le même nom et située sur le penchant d'une colline, est une des meilleures forteresses des Turcs. — CHYPRE, au S. E., la plus grande des îles de la Turquie d'Asie. Cette île, qui renfermait autrefois neuf royaumes, fut conquise par le roi Richard, dans le déclin de l'empire d'Orient, et vendue par lui à la maison de Lusignan, qui venait de perdre le trône de Jérusalem * ; elle appartient maintenant au grand vizir de Turquie. — Elle renferme 83 mille habitants, et a pour capitale *Nicosie*, ville grande et forte, ancienne résidence des rois, et aujourd'hui de l'intendant turc ; siège d'un archevêque grec.

Outre ces îles, on peut citer encore : — MARMARA, à l'entrée de la mer à laquelle elle a donné son nom, qu'elle doit elle-même au beau marbre qu'on en tire.—TÉNÉDOS, au N. E. de l'Archipel, la clef du détroit des Dardanelles, avec une capitale du même nom et un bon port. — SAMO (Samos), au S. E. de Scio, extrêmement fertile en vins, graines et olives ; capitale *Megali-Chora*.

---

* Un duc de Savoie ayant épousé l'héritière de la maison de Lusignan, les rois de Sardaigne ont conservé des prétentions sur les royaumes de Chypre et de Jérusalem.

—Nicaria (ancienne Icare), au S. O. de Samo; riche en bois de construction, habitée par un millier de Grecs très-pauvres et très-fiers qui prétendent descendre des anciens empereurs de Constantinople. — Stan-Co (Cos), au S. E. de Nicaria; l'une des meilleures îles de l'Archipel, avec une capitale du même nom. Elle fournit beaucoup de pierres à aiguiser.

Notions diverses. — La Turquie d'Asie occupe une étendue de 1 million 235 mille kilomètres carrés. — Cette contrée, l'une des plus belles de l'univers, a été le siége de puissants empires: Troie, Ninive, Babylone, Sidon, Tyr, Jérusalem, Antioche, Bagdad, et une foule d'autres villes célèbres, s'y distinguèrent par leur puissance, leur richesse et leur population. Aujourd'hui encore, un sol d'une incomparable fertilité, un climat dont la douceur et la variété favorisent la culture des plantes les plus précieuses et les plus diverses, la position la plus avantageuse entre l'Europe, l'Asie et l'Afrique, feraient de ces belles contrées le premier empire du monde; mais là, comme en Europe, tout languit et meurt sous le despotisme des Turcs.

ARABIE.

*Quels sont les bornes et les habitants de l'*Arabie?

L'Arabie, l'une des grandes presqu'îles dont nous avons parlé, est bornée au N. par l'Irak-Arabi, l'Al-Djézyréh et la Syrie.—Les habitants de ce pays, qu'on estime au nombre de 12 millions, sont braves et hospitaliers, quoique portés à la tromperie et au brigandage. Les *Wahabites*, qui tirent leur nom de *Wahab*, dont le fils fut chef d'une secte qui prétend réformer la religion mahométane, ont dominé pendant quelque temps sur l'Arabie centrale; mais leur puissance a été anéantie par le vice-roi d'Égypte, qui avait étendu sa domination sur toutes les contrées septentrionales et occidentales de l'Arabie, avant les événements qui, vers la fin de 1840, l'ont réduit à ses possessions d'Afrique. Plusieurs tribus errantes, nommées les *Bédouins*, n'ont d'autre métier que de piller les voyageurs; leurs chevaux, qu'ils prétendent issus de ceux qui peuplaient les écuries du roi Salomon, et dont ils conservent la race avec beaucoup de soin, ont une grande réputation.

Comment se divise l'Arabie?

L'ancienne division de l'Arabie, en Arabie *Pétrée*, *Déserte* et *Heureuse*, que l'on suit encore quelquefois, est inconnue dans le pays, que nous diviserons en sept parties, savoir: le *désert du Sinaï*, situé entre les deux golfes formés par la mer Rouge à son extrémité septentrionale, et qui n'est remarquable que par son antique célébrité; il contient environ mille habitants; l'*Hedjaz*, le long de la côte de la mer Rouge; le *Nedjed*, appelé aussi *Bahia* et *Barr-Arab*, à l'E. de l'Hedjaz, et comprenant tous les déserts de l'Arabie centrale, où errent les Wahabites; l'*Hajar* ou *El-Haça*, nommé encore *Hesse*, entre le Nedjed et le golfe Persique; l'*Oman*, au S. de ce même golfe; l'*Hadramaout*, au S. E. de l'Arabie; enfin l'*Yémen*, qui en occupe tout le S. O.

Quelles sont les principales villes de l'Hedjaz?

L'Hedjaz, qui renferme le *Beled-el-Harem*, ou la terre

sainte des Mahométans, a pour villes principales : — MÉDINE (Iatrippa), au N.; célèbre par une magnifique mosquée où l'on voit le tombeau de Mahomet, fondateur de l'islamisme. Cette ville fut prise et pillée, en 1803, par les Wahabites. Elle a pour port *Yambo,* sur la mer Rouge. — LA MEKKE (Macoraba), au S. E. de Médine, capitale du Beled-el-Harem, patrie et résidence de Mahomet, lieu d'un fameux pèlerinage pour les Mahométans. Elle renferme le temple célèbre de *la Kaaba.* — Il s'y tient tous les ans une foire où se rassemblent plus de 100 mille marchands. — DJEDDA, sur la mer Rouge, peut en être regardée comme le port.

Quelles sont les villes remarquables des autres contrées de l'Arabie?

Les villes remarquables des autres contrées de l'Arabie sont : — EL-DERRÉYEH, au N. E. de la Mekke, capitale du Nedjed et le centre de la puissance des Wahabites avant sa destruction presque complète par Ibrahim-Pacha, fils du vice-roi d'Égypte, qui s'en empara en 1819. Elle a été prise de nouveau, en 1839, par les Égyptiens. — EL-HAÇA ou LAHSA, ville principale de l'Hajar, auquel elle donne quelquefois son nom. — EL-KATYF, au N. O. d'El-Haça, dans le même pays, la plus commerçante des villes qui bordent le golfe Persique. — ROSTAK, au S. E., dans l'Oman, est la résidence de l'*Iman de Maskate*, le prince le plus puissant de cette partie de l'Arabie, et qui étend même son autorité sur plusieurs des îles du golfe Persique et de la côte orientale de l'Afrique, et sur quelques points des côtes de la Perse et de celles du Zanguebar. Le port de MASKATE, qui donne son nom au pays, est très-fréquenté par les Européens, et l'entrepôt du commerce de l'Arabie, de la Perse et des Indes. Le climat en est fort malsain. — DOAN, grande ville de l'intérieur de l'Hadramaout. — KESEM, sur la côte du même pays. — SANA, capitale de l'Yémen, la contrée la plus fertile et la plus riche de l'Arabie, et au S. de laquelle se trouve MOKA, bon port, à l'entrée de la mer Rouge; ville très-commerçante et fameuse par son café. — ADEN, ville importante, sur le golfe auquel elle donne son nom ; occupée depuis 1838 par les Anglais, qui y entretiennent une forte garnison et qui s'efforcent de la rendre l'entrepôt du commerce de la mer Rouge.

Quelles sont les îles qui dépendent de l'Arabie ?

Les principales îles qui dépendent de l'Arabie sont les îles BAHREIN, dans le golfe Persique, fameuses par la riche pêche des perles qui s'y fait pendant l'été ; la plus grande a une capitale assez bien peuplée, nommée *Manama*.

On peut encore considérer comme dépendant de l'Arabie les îles suivantes, savoir : —1° dans le golfe Persique : les îles d'ORMOUZ et de KISMICH, possédées par l'iman de Maskate, qui paye pour la jouissance de ces îles et de quelques petits ports de la côte un tribut au chah de Perse. La première, qui possédait au 16e siècle une ville opulente, aujourd'hui bien déchue, n'est qu'un rocher stérile ; la seconde est importante pour la pêche des perles ; —2° sur la côte d'Afrique : — SOCOTORA, vis-à-vis du cap Guardafui. Elle est fertile en aloès, et a pour capitale *Tamarida*, au N. E., résidence d'un chef tributaire de l'iman de Maskate, qui possède encore en Afrique les îles de PEMBA, ZANZIBAR et MONFIA, vis-à-vis de la côte du Zanguebar, et même une partie de cette côte.

NOTIONS DIVERSES. — L'Arabie a plus de 2 millions et demi de kilomètres carrés ; mais l'intérieur est occupé par des plaines élevées, arides et désertes, qui sont comme d'immenses mers de sables, que les Arabes traversent montés sur leurs chameaux, qu'ils nomment les *vaisseaux du désert*, et que la facilité avec laquelle ils supportent les privations, et surtout la soif, rend seuls propres aux voyages dans ces contrées, où l'on marche souvent plusieurs jours sans rencontrer une goutte d'eau.

Sur les côtes, le sol est plus fertile ; celui de l'Yémen surtout est d'une telle fécondité, qu'il a valu à cette contrée le nom d'Arabie heureuse. Outre le café, ce pays produit en abondance l'encens, la myrrhe, la gomme, le benjoin, l'indigo, le séné, les dattes ; les pêcheries des côtes du golfe Persique fournissent une grande quantité de perles.

PERSE.

Quels sont les bornes, la population, la religion et le gouvernement de la PERSE?

La Perse ou *Iran*, aujourd'hui bien déchue de ce qu'elle était autrefois, est bornée au N. par le Turkestan, la mer Caspienne et la Russie ou Caucase; à l'O., par la Turquie d'Asie et le golfe Persique, qui, avec le détroit d'Ormouz, la borne aussi au S.; et à l'E. par le Béloutchistan et l'Afghanistan.—Elle renferme 9 millions et demi d'habitants, qui sont mahométans de la secte d'Ali.—Ce pays est gouverné despotiquement par un prince qui porte le titre de *chah*.

Comment se divise la Perse, et quelles en sont les villes principales?

La Perse est divisée en onze provinces, dont les villes principales sont :—TÉHÉRAN, au N., nouvelle capitale de la Perse, résidence du souverain en hiver, saison pendant laquelle elle renferme jusqu'à 140 mille habitants. — ISPAHAN, au S. E. de Téhéran; capitale de l'*Irak Adjémi*, et autrefois de toute la Perse, dont elle est encore la ville la plus considérable. Population, 200 mille habitants. — TAURIS, au N. O. de Téhéran, capitale de l'*Aderbaïdjan*, ou pays du feu, et ancienne résidence des rois, ville considérable et très-commerçante. — CHIRAZ, au S. E. d'Ispahan, capitale du *Farsistan*, dans une vallée délicieuse : elle est célèbre par son vin, et a produit les meilleurs poëtes de l'Asie. Au N. O. se trouvent les ruines de *Persépolis*.

AUTRES VILLES REMARQUABLES. — RECHT, au S. E. de Tauris, près de la mer Caspienne, capitale du *Ghilan* et importante par son commerce de soie.—BALFROUCH, au S. E. de Recht, capitale du *Mazandéran*, ville grande et commerçante.— HAMADAN (ancienne Ecbatane), au N. O. d'Ispahan, l'une des villes les plus agréables de la Perse. — CAZBIN, au N. O. de Téhéran, une des villes les plus grandes et les plus commerçantes de la Perse, surtout en soie, soieries, tapis et armes blanches. — YEZD, au N. E. de Chiraz, renommée pour ses soieries et l'entrepôt du commerce entre la Perse et la Boukharie. Il s'y trouve beaucoup de *Guèbres* ou adorateurs du feu. — BENDER-BOUCHIR et BENDER-ABASSY, ports, le premier sur le golfe Persique, le second sur le détroit d'Ormouz.

AFGHANISTAN.

*Quelles sont les bornes, la population, la religion et les divisions des divers États entre lesquels est aujourd'hui partagé l'*AFGHANISTAN?

La contrée désignée sous le nom d'Afghanistan, qu'elle doit aux *Afghans*, le plus nombreux des peuples qui l'habitent, est comprise entre le Turkestan au N., la Perse à l'O., le Béloutchistan au S., et l'Hindoustan à l'E. — On en estime la population à 4 millions d'habitants professant pour la plupart la religion mahométane.—Les fréquentes révolutions qui ont bouleversé, depuis un petit nombre d'années, la monarchie afghane, fondée en 1747, par un vaillant conquérant nommé Ahmed-Chah, en avaient amené la division en quatre États distincts, savoir : celui de *Hérat*, au N. O., celui de *Caboul*, au N.; celui de *Peichaver*, tributaire des Seïks de l'Hindoustan, au N. E.; et celui de *Kandahar*, au S.; mais de nouveaux troubles politiques ont encore plusieurs fois bouleversé ces contrées dont les Anglais, qui s'en étaient emparés, ont été chassés en 1842.

Quelles sont les villes principales de l'Afghanistan?

Les principales villes de l'Afghanistan sont : — HÉRAT (ancienne Alexandrie de l'Arie), dans une plaine extrêmement fertile. Cette ville, où règne un descendant du fondateur de la monarchie Afghane, est l'entrepôt d'un grand commerce entre l'Asie orientale et la Perse, près des frontières de laquelle elle est située. — CABOUL, à l'E. de Hérat, résidence du souverain le plus puissant de l'Afghanistan ; entrepôt du commerce entre la Perse, la Boukharie et l'Hindoustan. — PEICHAVER, au S. E. de Caboul, brûlée, en 1822, par les Seïks, ses puissants voisins. — KANDAHAR (ancienne Alexandrie du Paropamise), au S. O. de Caboul, florissante par son commerce, et ancienne capitale de la monarchie Afghane.

BÉLOUTCHISTAN.

Quels sont les bornes, la population, le gouvernement et les villes principales du BÉLOUTCHISTAN?

Le Béloutchistan est borné au N. par l'Afghanistan, à l'O. par la Perse, au S. par le golfe d'Oman, et à l'E. par l'Hindoustan. — Ce pays est aussi un démembrement de la monarchie Afghane, et se compose principalement de l'ancienne province Persane du *Mékran*. — Sa population, qu'on évalue à 3 millions d'habit., appartient à deux races principales, les *Béloutchys*, qui sont les plus nombreux, et les *Brahouis*; ils sont soumis à des khans qui reconnaissent la suprématie de celui de Kélat. — Leurs villes principales sont : — KÉLAT, au N. E., capitale de la province de *Saravan*, et résidence d'été du khan. — GONDAVA, au S. E. de Kélat, et aussi considérable qu'elle; résidence d'hiver du souverain.

NOTIONS DIVERSES SUR LA PERSE, L'AFGHANISTAN ET LE BÉLOUTCHISTAN. — Nous réunissons ici ces trois pays, tant à cause de leurs rapports physiques, que parce qu'ils composaient ensemble l'ancienne monarchie persane, démembrée au milieu du siècle dernier par Ahmed-Chah, fondateur de la puissance des Afghans, qui elle-même n'a fait que décroître depuis la mort de ce prince, arrivée en 1773. Tous ces pays sont entrecoupés de chaînes de montagnes dont quelques-unes sont assez élevées, et qui contribuent à rendre le climat très-varié. La Perse et le Béloutchistan, couverts en partie de déserts sablonneux et imprégnés de sel, renferment aussi de riches vallées, où mûrissent des fruits délicieux, et particulièrement la figue, la pêche, l'abricot, la prune, la mûre, l'amande, qui en sont originaires. L'Afghanistan possède des plaines fertiles où l'on fait trois moissons par an. Les productions principales de ces contrées sont : les grains, le coton, la canne à sucre, l'indigo et les dattes. La population de ces trois pays se compose en grande partie d'une foule de tribus diverses qui ont chacune leur khan, et qui, pour la plupart, sont nomades et indépendantes; ils sont presque tous Mahométans Schiites ou de la secte d'Ali.

HINDOUSTAN.

*Quelles sont les bornes, la population et les religions de l'*Hindoustan*?*

L'Hindoustan, ou presqu'île occidentale de l'Inde, est bornée au N. par le Boutan, le Grand et le Petit Tibet; au N. O., par l'Afghanistan et le Bélouchistan; à l'O., par le golfe d'Oman; au S. par la mer des Indes, à l'E., par le golfe du Bengale, et au N.E., par l'Indo-Chine. —Sa population, qu'on évalue à 130 millions d'habitants, se compose d'un petit nombre d'Européens de différentes nations, et de naturels, dont une partie professe le mahométisme, tandis que le plus grand nombre suit les cultes de *Brahma* et de *Bouddha*.

Quelles sont les nations qui se partagent la possession de l'Hindoustan?

La *puissance Anglaise* a remplacé dans l'Hindoustan le célèbre empire des Mongols, fondé par Tamerlan, au 14ᵉ siècle. Quoique quelques-uns des *peuples indigènes* n'aient point encore été assujettis par eux, ils ne pourront sans doute pas longtemps se soustraire à cette domination, que leur valeur ou leur politique ne repoussent qu'avec peine. A l'exception de ces contrées et d'un petit nombre d'établissements que possèdent les *Français*, les *Portugais* et les *Danois*, tout l'Hindoustan reconnaît les lois de l'Angleterre.

Quelles sont les contrées de l'Hindoustan qui sont encore INDÉPENDANTES, *et quelles en sont les villes les plus remarquables?*

Les contrées de l'Hindoustan qui conservent encore leur indépendance sont situées dans le N., et surtout dans le N.O.; on peut en compter quatre, savoir:

La Confédération des Seïks, vers les rives supérieures de l'Indus, dont les cinq principaux affluents ont fait donner à ce pays, qu'ils traversent, le nom de *Pendjab* ou les *Cinq-Eaux*. Ce peuple belliqueux a pour capitale Lahore, sur le Ravy, affluent de l'Indus, l'une des anciennes résidences des Grands-Mongols, dont on y admire encore le magnifique palais, qui sert aujourd'hui de demeure au prince ou *maharadjah* des Seïks; 70 mille habitants. — AMRETSIR, à l'E. de Lahor, est la cité sainte, l'ancienne capitale et la ville la plus commerçante des Seïks; 100 mille habitants. — KACHMIR, au N. de Lahore, dans une vallée délicieuse et bien peuplée, est la capitale d'une province fameuse par les beaux châles qu'on y fabrique, et qui a été conquise par le souverain des Seïks; 30 mille habitants.

Le SINDHY ou SIND, au S. O. de la Confédération des Seïks, sur les deux rives du Sind ou Indus, dont il porte le nom, et qui le traverse avant de tomber dans la mer. Ce pays, qui est, comme le Béloutchistan, qui le touche à l'O., un démembrement de l'ancien royaume des Afghans, est peuplé d'un million d'habitants au moins, et gouverné par quatre familles souveraines, dont la plus puissante réside à HAÏDER-ABAD, dans une île formée par l'Indus; ville mal fortifiée, et qui fait un assez grand commerce, surtout des armes qu'elle fabrique. Depuis quelques années, le Sind est tombé sous la domination Anglaise.

Le SINDHYAH, à l'E. du Sindhy, composé de plusieurs districts séparés les uns des autres et environnés de tous côtés par les possessions Anglaises. Villes principales: — GOUALIOR, dominée par une forteresse qui servait aux Grands-Mongols de prison d'état pour les membres de leur famille; elle a remplacé en 1810, dans la dignité de capitale, OUDJEÏN, ville célèbre dans l'Inde par ses écoles et son observatoire.

Le NÉPAL, au N. E. de l'Hindoustan, sur les frontières de l'empire Chinois, capitale KATMANDOU, qui renferme des temples magnifiques.

Comment se divisent les POSSESSIONS ANGLAISES *dans l'Hindoustan, et quel en est le gouvernement?*

Les Possessions Anglaises, dans l'Hindoustan, se divisent en *Possessions Immédiates*, composées des contrées soumises immédiatement à la domination Anglaise, et *Possessions Mé-*

diates, composées de contrées dont les souverains sont vassaux ou tributaires des Anglais. Les Possessions Immédiates sont divisées en quatre *Présidences* : celle du *Bengale* ou de *Calcutta*, à l'E., celle d'*Agrah*, au N., celle de *Bombay*, à l'O., et celle de *Madras*, au S. — Toutes les Possessions Anglaises, sur le continent de l'Hindoustan, ne relèvent pas directement du gouvernement anglais, mais d'une société de marchands connue sous le nom de *Compagnie des Indes Orientales*, à laquelle l'administration en a été confirmée jusqu'en 1855.

Quelles sont les villes les plus remarquables de la Présidence du Bengale ?

Les principales villes de la Présidence du Bengale ou de l'Hindoustan oriental sont : — CALCUTTA, sur l'Hougly, l'une des branches principales du Gange, dont les bras fort nombreux arrosent, avec ceux du Brahmapontre, le riche et florissant royaume du *Bengale*, situé au fond du golfe auquel il donne son nom ; cette ville, qui en était la capitale, est devenue celle de tout l'Hindoustan anglais, le siége du gouvernement général et l'une des villes les plus commerçantes et les plus riches du monde. Sa population, que l'on porte à 600 mille âmes, en y comprenant celle de ses environs, ne s'élève, dit-on, pour la ville elle-même, qu'à environ 200 mille, dont 15 mille chrétiens. — Dakka et Mourchidabad, sur deux autres bras du Gange, et qui ont été toutes deux capitales du Bengale ; la dernière est encore la résidence de l'ancien souverain ou Nabab de ce pays, auquel les Anglais font une pension. — Patna, au N. O. de Calcutta, capitale du Bahar, ville très-commerçante et peuplée de 312 mille habitants. — Djaggernat, près de la côte orientale de la Péninsule, célèbre par le nombre, aujourd'hui bien diminué, de pèlerins qu'y attiraient trois temples célèbres dans l'Inde, et où se trouvaient accumulées de grandes richesses.

Quelles sont les villes les plus remarquables de la Présidence d'Agrah ?

Les principales villes de la Présidence d'Agrah ou de l'Hindoustan septentrional sont : — AGRAH, sur la *Jumnah*, affluent du Gange, ancienne résidence du Grand-Mongol, qui habite maintenant DELHY, ville magnifique, au N. O., sur la même rivière, où les Anglais le tiennent dans une honorable captivité ; cette dernière ville a au moins 280 mille habitants. — BÉNARÈS, plus au S. E., sur le Gange, la ville sacrée et savante des Hindous, l'une des plus belles, des plus commerçantes, et la plus peuplée de l'Inde ; 650 mille habitants. — MIRZAPOUR, un peu plus au S. O., ville industrieuse et commerçante ; 200 mille habitants. — ALLAH-ABAD, au confluent de la Jumnah et du Gange ; c'est aussi une des cités saintes des Hindous, et la ville la mieux fortifiée de l'Hindoustan.

Quelles sont les principales villes de la PRÉSIDENCE DE BOMBAY ?

Les principales villes de la Présidence de Bombay ou de l'Hindoustan occidental sont : — BOMBAY, dans la petite île de son nom, voisine de la côte ; cette capitale, défendue par une bonne citadelle, doit à son port, le meilleur de cette côte, l'avantage d'être la ville la plus commerçante de l'Inde et l'arsenal de la marine Anglaise en Asie. Population, 200 mille habitants. — AHMED-ABAD, au N. de Bombay, dans la presqu'île de *Goudjerate*, une des plus grandes villes de l'Inde. — CAMBAYE, au fond du golfe de son nom. — SURATE, près de la côte orientale du golfe de Cambaye, grande ville manufacturière, à laquelle Bombay a enlevé une bonne partie de sa prospérité. — POUNAH, au S. E. de Bombay, ville grande et bien bâtie, mais bien déchue depuis qu'elle a cessé, en 1818, d'être la résidence du Peichwa, ou chef de la Confédération des *Mahrattes*, l'un des peuples qui ont défendu avec le plus de gloire la liberté de l'Inde contre les Anglais. — BEDJAPOUR ou VISIAPOUR, au S. E. de Pounah, ancienne capitale, aujourd'hui bien déchue, d'un puissant royaume mahométan, et dans les environs de laquelle on trouve de riches mines de diamants.

Quelles sont les principales villes de la Présidence de Madras?

Les principales villes de la Présidence de Madras ou de l'Hindoustan méridional sont : — Madras, sur la côte de Coromandel, capitale, ville très-importante par ses manufactures, son commerce et sa population, qui est de 462 mille âmes. — Mazulipatam, au N. E. de Madras, le meilleur port de la côte de Coromandel ; ville importante par ses nombreuses manufactures d'indiennes. — Seringapatam, au S. O. de Madras, qui ne mérite d'être citée que parce qu'elle a été la capitale du dernier Sultan de *Mysore*, Tippou-Saeb, tué en combattant contre les Anglais, qui prirent cette ville d'assaut en 1799 ; sa population, qui était alors de 150 mille habitants, ne s'élève plus à 10,000. — Calicut, au S. O. de Séringapatam, port commerçant de la côte de Malabar, le premier des Indes où aborda Vasco de Gama, qui y fut reçu par le *Zamorin* ou empereur du *Malabar*. — Cochin, port très-commerçant sur la même côte, au S. E. de Calicut, autrefois le principal établissement des Hollandais dans l'Inde. — Tritchinapaly, au N. E. de Cochin, dans l'intérieur, l'un des postes militaires les plus importants établis dans l'Hindoustan par les Anglais. — Tuticorin, au S. O. de Tritchinapaly, sur le golfe de *Manaar*, qui sépare l'île de Ceylan de l'Hindoustan, et où l'on pêche les plus belles perles de l'Orient, dont cette ville fait le commerce.

Quelles sont les villes les plus remarquables des Possessions Médiates *des Anglais?*

Parmi les villes comprises dans les États dont les souverains sont vassaux des Anglais, nous citerons seulement : — Luknow, au N. O. de Bénarès, capitale et résidence du Nabab d'*Aoude*, belle ville qui contient plus de 300 mille habitants. — Baroda, au S. O. de Luknow, capitale d'un royaume Mahratte. Population, 100 mille habitants. — Nagpour, au S. E. de Baroda, capitale d'un autre royaume Mahratte. Population, 80 mille habitants. — Odeypour, Djeipour et Djoudpour, à l'E. de

Nagpour, dans le pays appelé *Adjmir* ou *Radjpoutana*, parce qu'il est habité par la nation des *Radjpoutes*, une des plus considérables et des plus guerrières de l'Hindoustan. Les souverains qui habitent ces trois capitales sont les plus puissants de la Confédération Radjpoute. — HAÏDER-ABAD, au centre de l'Hindoustan, résidence du *Nizam*, ou souverain du *Dékan*, le plus ancien peut-être des États de l'Hindoustan. l'population, 200 mille habitants. — GOLCONDE, située au N. O. de cette ville, est célèbre par le commerce qu'elle fait des diamants fournis par les mines des environs.

Quelles sont les possessions des FRANÇAIS *dans l'Hindoustan ?*

Les Français possèdent dans l'Hindoustan les établissements suivants, savoir : — sur la côte de Malabar : MAHÉ, forteresse et port important pour le commerce du poivre. Elle avait été prise par les Anglais, lorsqu'ils s'emparèrent, en 1799, des États de Tippou-Saeb, dans lesquels elle se trouvait. — Sur la côte de Coromandel : KARIKAL, comptoir important pour le commerce des toiles, restitué par les Anglais en 1814. — PONDICHÉRY, au N. de Karikal, le plus bel établissement Français dans l'Inde, et la meilleure rade de la côte de Coromandel ; ville manufacturière, mais dans un pays stérile ; prise plusieurs fois par les Anglais, qui nous l'ont restituée en 1814. — Sur la côte d'Orissa : YANAON, comptoir important pour le commerce du coton. — Dans le Bengale : CHANDERNAGOR, sur l'Hougly, colonie Française, qui renfermait, dans le siècle dernier, 100 mille âmes, dont il ne reste pas le tiers ; ville importante par son commerce.

Quelles sont les possessions des PORTUGAIS *et celles des* DANOIS *dans l'Hindoustan ?*

Les Portugais possèdent, sur la côte de Goudjerate, l'île DIU, qui renferme une forteresse du même nom, et sur la côte du Concan, GOA, avec ses dépendances. La ville, située dans une île de 40 kilomètres de tour, est grande, quoique bien déchue de ce qu'elle était autrefois. C'est le chef-lieu des Possessions Portugaises dans l'Hindoustan et le siége d'un archevêque; elle possède le corps de saint François Xavier, surnommé l'*Apôtre des Indes.*

Les Danois possèdent sur la côte de Coromandel : — TRANQUEBAR, chef-lieu des Possessions Danoises dans l'Inde, et dans le Bengale, SÉRAMPOUR, au S. O., ville très-commerçante.

Îles qui dépendent de l'Hindoustan.

Où est située l'île de CEYLAN, *à qui appartient-elle et quelles en sont les villes principales?*

L'île de CEYLAN, située au S. E. du cap Comorin, vis-à-vis de la partie de la côte de l'Hindoustan appelée *côte de la Pêcherie*, à cause de la pêche des perles, a appartenu successivement aux Portugais, aux Hollandais et aux Anglais, qui en ont achevé la conquête sur les naturels, appelés *Chingulais*, en 1819. Elle ne dépend pas de la compagnie des Indes, comme les autres possessions anglaises de ces contrées, mais relève directement du gouvernement britannique. On y trouve une montagne élevée, nommée le *Pic d'Adam*, lieu célèbre de pèlerinage dans l'Inde. Les principales villes sont : — KANDY, au N. du Pic d'Adam, et presque au centre de l'île, dont elle est l'ancienne capitale. — KOLOMBO, au S. O., belle ville, bâtie par les Portugais, et la capitale actuelle de l'île. — TRINKEMALÉ, au N. E., excellent port dans la partie la plus fertile et la plus belle de l'île.

Quelles sont les autres îles qui dépendent de l'Hindoustan?

Les autres îles qui dépendent de l'Hindoustan sont : — les LAKEDIVES, au S. O. de la côte de Malabar; elles sont au nombre de 42, divisées en deux groupes et gouvernées par un souverain vassal des Anglais. La plus considérable se nomme *Calpeny*. — Les MALDIVES, au S. des Lakedives, gouvernées par un prince indépendant qui prend le titre de sultan; elles tirent leur nom de *Malé*, résidence du souverain, et qui, quoique la plus grande, n'a que 10 kilomètres de tour. Elles sont, dit-on, au nombre de 12 mille, divisées en groupes nommés *Atollons*, et environnées de rochers. Elles produisent de l'ambre gris, du corail noir et des *cauris*, espèce de coquillage qui sert de monnaie dans l'Inde, où un sac de douze mille de ces coquilles vaut de 5 à 6 francs.

Notions diverses.—Sur les 130 millions d'habitants de l'Hindoustan, 82 millions se trouvent dans les Possessions Anglaises, 33 millions dans les États qui sont leurs alliés ou leurs tributaires, près de 15 millions sont indépendants, 100 mille sont dans les Possessions Françaises, 130 mille dans les Possessions Portugaises, et 20 mille dans les Possessions Danoises.—Les religions dominantes dans l'Hindoustan sont : le *Brahmisme*, professé par près de 60 millions d'individus ; le *Bouddhisme*, par 30 millions au moins ; le *Mahométisme*, par plus de 40 ; le *Christianisme*, par 1 million et demi au plus, la plupart Européens ou descendants des Européens ; car on a toujours éprouvé les plus grandes difficultés à la conversion des Hindous.—Il existe parmi eux une division fondée sur des croyances religieuses : c'est la division par *castes* ou classes qui ne se confondent jamais, et parmi lesquelles on distingue celle des *Brahmes* ou prêtres, qui tiennent le premier rang ; celle des guerriers, celle des laboureurs, celle des artisans, etc. La dernière, nommée la caste des *Paria*, est regardée comme impure, est exclue des villes et des temples, et vit dans le mépris et l'abjection.

Climat, productions. — L'immense étendue de l'Hindoustan et la grande variété que présente l'aspect de cette contrée y produisent une grande diversité de climats et de température. Au N., au pied des monts Himalaya, dont les plus hauts sommets, le *Tchamoulari* et le *Dhawalagiri*, couverts de neiges éternelles, atteignent 8673, et 8550 mètres d'élévation, on trouve de fertiles vallées. Les riches plaines que fécondent les inondations du Sind ou Indus, et celles du Gange, sont séparées par un vaste désert de sable. Plus au S., un plateau élevé et les montagnes des Ghâtes, arrêtant tantôt les nuages qui viennent de l'O., tantôt ceux qui arrivent de l'E., font régner sur les deux côtes de Malabar et de Coromandel des températures tout à fait opposées. Toutes ces montagnes donnent naissance à un grand nombre de rivières, qui, traversant l'Hindoustan dans toutes les directions, y entretiennent une humidité qui, jointe à la chaleur du climat, y développe une riche végétation. Le riz, la banane, le sucre, les épices, la soie, le coton, sont les produits les plus remarquables de cette riche contrée, où l'on trouve encore des mines de diamants et des perles que l'on pêche surtout dans le détroit qui la sépare de l'île de Ceylan ; mais elle nourrit aussi un grand nombre d'animaux redoutables, tels que le rhinocéros, le tigre, le lion, le boa et beaucoup d'autres serpents dangereux. Les éléphants y sont d'une beauté remarquable, surtout dans l'île de Ceylan.

INDO-CHINE.

*Quelles sont les bornes, la population et les divisions de l'*Indo-Chine ?

L'Indo-Chine, nommée aussi *Inde au delà du Gange* et *presqu'île orientale de l'Inde*, est bornée au N. par la Chine et le Tibet; à l'O., par l'Hindoustan et le golfe du Bengale; au S., par le détroit de Malakka; et à l'E., par les golfes de Siam et de Tonkin. — On évalue sa population à environ 22 millions d'habitants. — Elle se divise en cinq parties principales, savoir : l'*Indo-Chine Anglaise*, à l'O.; le *Malakka Indépendant*, dans la péninsule de ce nom; l'*empire Birman*, à l'E. de l'Indo-Chine Anglaise, les royaume de *Siam*, au centre, et l'empire d'*Annam*, à l'E.

*De quoi se compose l'*Indo-Chine Anglaise, *et quelles en sont les villes principales ?*

L'Indo-Chine Anglaise se compose de plusieurs pays dont les plus remarquables sont :

1° L'ancien royaume d'Assam, qui occupe, au N. O. de l'Indo-Chine, une large vallée traversée par le Brahmapoutre. Ce pays peu connu est, en grande partie, habité par des peuplades féroces et indépendantes. Ses villes principales sont : — Djorhat, regardée comme la capitale du royaume, et Rangpour, qui en est la ville la plus grande et la plus peuplée.

2° Les anciens royaumes ou provinces d'Arakan, de Martaban, de Yé, de Tavaï et de Ténassérim, situés le long de la côte du golfe du Bengale et cédés aux Anglais par les Birmans, à la suite d'une guerre qui a eu lieu il y a quelques années. — Outre les villes capitales de chacune de ces provinces, qui portent les mêmes noms qu'elles, on y remarque encore : — Amherst-town, fondé, en 1825, dans la province de Martaban, non loin de l'embouchure du fleuve Thalouayn, par les Anglais, qui en ont fait un poste militaire très-important. La bonté de son port lui assure une haute importance commer-

6.

ciale.—MERGHI, que son port sûr et vaste rend la ville la plus importante du Ténassérim.

5° Le MALAKKA ANGLAIS, dans la partie S. O. de la péninsule du même nom, est formé de provinces cédées par les Hollandais aux Anglais, en 1824, ou achetées des princes du pays. — MALAKKA, fondée au XIIIe siècle par un prince malais, et regardée longtemps comme la capitale de la péninsule, reprend, depuis qu'elle est passée sous la domination anglaise, une partie de son ancienne prospérité. — A cette portion de l'Indo-Chine Anglaise, se rattachent les deux îles suivantes, savoir : celle du PRINCE DE GALLES, ou *Poulo-Pinang*, achetée par les Anglais du roi de Kédah, sur la côte occidentale de la péninsule; elle renferme au moins 40 mille habitants, dont la moitié environ dans GEORGE-TOWN, sa florissante capitale. — Celle de SINCAPOUR ou *Singhapoor*, au S. O. de la péninsule, et qui renferme la ville du même nom, fondée par les Anglais en 1819. L'importance commerciale qu'elle a déjà acquise semble la destiner à devenir la capitale de l'Indo-Chine Anglaise; 22 mille habitants.

Quelles sont les divisions et les villes principales du MALAKKA INDÉPENDANT?

La presqu'île de Malakka, située entre le détroit de son nom et le golfe de Siam, et longue de 900 kilomètres environ sur 130 à 180 de largeur, est presque entièrement couverte à l'intérieur de forêts impénétrables : aussi la plupart des États qu'elle renferme sont-ils répandus le long des côtes. — Outre les pays possédés par les Anglais, et plusieurs petits royaumes dépendants, comme nous le dirons bientôt, du royaume de Siam, on y trouve encore les 5 États suivants, savoir : — sur la côte occidentale : — Le royaume de PÉRAK, riche en étain, et qui, outre une capitale du même nom, a une autre ville remarquable nommée *Kalang*, résidence ordinaire du Sultan. — Le royaume de SALANGOR, aujourd'hui le plus puissant de la presqu'île. La ville dont il porte le nom a cédé le titre de capitale à KOLANG, située plus au S. O. — Sur la côte orientale : — Le royaume de PAHANG, assez fertile et peuplé;

capitale : Pahang, port sur la mer de la Chine. — A l'extrémité méridionale de la péninsule : — le royaume de Djohore, dont la capitale, qui porte le même nom, n'est qu'un pauvre village habité par des pêcheurs. — Dans l'intérieur : — le royaume de Roumbo, peu étendu, mais bien cultivé; capitale, Roumbo.

Quelles sont la position, la population, les divisions et les villes principales de l'Empire Birman?

L'empire Birman, situé à l'E. de l'Indo-Chine Anglaise, qui s'est formée en grande partie à ses dépens, ne conserve plus aujourd'hui qu'une population évaluée à 4 millions environ d'habitants, en partie sujets, en partie tributaires. — Ses principales provinces, dont plusieurs ont porté le titre de royaumes, sont : — Celles de Birman ou d'Ava, au N. O.; — du Laos Birman *, à l'E.; — de Pégou et de Martaban, vers le Sud. Cette dernière n'est qu'un démembrement du royaume du même nom, dont une partie a été cédée aux Anglais. Les villes principales sont : — Ava, au centre de l'empire, sur l'Iraouady; elle a repris, depuis 1824, le titre de capitale qu'elle avait cédé, sous le souverain précédent, à Umérapoura, située à 20 kilomètres au N. E. — Saïgaïng ou *Zikkaïn*, placée en face d'Ava, sur la rive opposée de l'Iraouady, ne forme, avec cette capitale, qu'une seule cité, dont on évalue la population à plus de 300 mille habitants. — Pégou, au S. O. d'Ava, capitale du royaume du même nom. — Rangoun, près de l'embouchure d'une branche de l'Iraouady, le port le plus commerçant et l'arsenal des constructions maritimes de l'Empire.

Quelles sont la position, la population, les divisions et les principales villes du royaume de Siam?

Le royaume de Siam, situé à l'E. de l'Empire Birman, au N. et à l'O. du golfe du même nom, renferme une population de 3 millions d'habitants. — Il comprend, outre le royaume de Siam proprement dit, une partie du *Laos* et du *Cambodje*,

---

* Le *Laos* n'est point un royaume, mais un pays comprenant huit ou dix petits États, dont plusieurs dépendent des Birmans, cinq du royaume de Siam, et le reste de l'empire d'Annam.

et les royaumes de *Ligor*, *Bondelon*, *Patani*, *Kalantan* et *Tringano*, dans la péninsule de Malakka.—Ses villes principales sont : — Siam ou Siouthaja, dans une île formée par le Meï-nam, autrefois la capitale du royaume, mais qui a cédé ce titre à Bangkok, port de mer très-commerçant, avec d'importants chantiers de construction, près de l'embouchure du même fleuve. — Vieng-Channe, appelée à tort *Lantchang*, sur le Meï-nam, capitale du plus important des États du Laos. — Les royaumes de la presqu'île de Malakka portent le nom de leurs capitales : celui de *Patani* est le plus grand, le plus fertile et le plus peuplé.

*Quelles sont la position, la population, les divisions et les villes principales de l'empire d'*Annam?

L'empire d'Annam, en donnant à ce nom son acception la plus étendue, est situé à l'E. de ceux que nous venons de décrire, entre le royaume et le golfe de Siam, à l'O., et le golfe de Tonkin, à l'E. — Sa population est évaluée à 15 millions d'habitants. —Cet empire se divise en plusieurs royaumes ou provinces, savoir : le Laos, au N. O., composé de la partie orientale de ce pays, dont l'O. est partagé, comme nous l'avons vu, entre l'empire Birman et le royaume de Siam. — Le Cambodje, au S. E. du Laos, et dont l'ancienne capitale, qui portait le même nom, a été remplacée par Saïgong ou *Saigon*, ville très-commerçante dont on porte la population à 180 mille habitants; cependant *Panomping* située à 25 kilomètres au S. E. de Cambodje, est la résidence habituelle du souverain. — Le Tsiampa, au S. E., occupé en grande partie par des peuplades belliqueuses et indépendantes. — La Cochinchine, ou *Annam Méridional*, le long de la côte orientale; contrée extrêmement riche et fertile, dont l'ancienne capitale, Ke-Hoa, est maintenant remplacée par Hué, nommée aussi *Phuxuan* ou *Foutchouan*, près de la côte; ville considérable, munie de bonnes fortifications construites par des ingénieurs français, d'arsenaux et de chantiers de construction. C'est la capitale de tout l'empire et la résidence du souverain. — Le Tonkin, autour du golfe du même nom; capitale, Bac-kinh ou *Kécho*, qui, quoique aussi grande que Paris, ne renferme que 40 mille habitants.

Quelles sont les principales îles qui dépendent de l'Indo-Chine?

Parmi les îles qui dépendent de l'Indo-Chine, nous citerons :—celles d'Andaman et de Nicobar, qui forment une chaîne du N. au S., au S. E. du golfe du Bengale; les Européens ont tenté, à diverses reprises, de fonder dans ces îles des établissements que l'insalubrité du climat les a toujours forcés d'abandonner. — Celles de Condor, au nombre de dix, à l'embouchure du May-Kang, et dont la principale, nommée *Poulo-Condor*, est un lieu de relâche pour les vaisseaux qui se rendent en Chine, — l'archipel des Paracels, à l'E. de la Cochinchine.

Religion. — Gouvernement. — La majorité des habitants de l'Indo-Chine professe le bouddhisme; cependant l'Annam, qui paraît avoir été peuplé en partie par des colonies Chinoises, renferme un assez grand nombre de sectateurs de Confucius, philosophe Chinois, dont la doctrine n'admet qu'un seul Dieu. Le brahmisme domine dans l'Assam, et le mahométisme dans l'Arakan et dans la presqu'île de Malakka, dont les habitants appartiennent à une race qui paraît avoir peuplé la plus grande partie de l'Océanie, et dont la langue est fort répandue dans les Indes.—Les Birmans, le royaume de Siam, l'Annam et le Malakka indépendant obéissent à des souverains despotiques. Les Possessions Anglaises dépendent de la *Compagnie des Indes Orientales*, qui les fait administrer par ses délégués.

Climat, productions. — L'Indo-Chine jouit généralement d'un climat humide et chaud. Le sol y est fertile en riz, sucre, café, thé, coton, indigo et épices, et renferme des mines d'or, d'argent, d'étain, de rubis, de saphirs et de marbres. Les animaux sont à peu près les mêmes que dans l'Hindoustan.

EMPIRE CHINOIS.

Quelles sont les bornes de la Chine, *et des pays qui en dépendent ?*

L'Empire Chinois, le plus vaste de l'Asie, et, après celui de Russie, de l'univers entier, embrasse cette immense étendue de pays comprise entre les 18e et 57e degrés de latitude N. et entre les 67e et 143e degrés de longitude E. — Il a pour limites la Sibérie, au N.; le Turkestan et l'Afghanistan, à l'O.; les deux Indes et la mer de la Chine, au S.; la mer Orientale, la mer Jaune et la mer du Japon, à l'E. — Ces pays, dont la longueur, de l'O. à l'E., est d'environ 5,550 kilomètres, et la largeur, du N. au S., d'environ 3,550, comprennent, outre la Chine proprement dite : la Mandchourie, la Corée et la Mongolie, au N., séparées de la Chine par une grande muraille, longue de 2,000 kilomètres et haute de 8 mètres, construite par les Chinois pour se préserver des incursions des Tartares du Nord; la Kalmoukie, à l'O.; le Grand et le Petit Tibet, avec le Boutan, au S. O.

Quels sont la population, les productions, le gouvernement et les divisions de la Chine?

La population de la Chine proprement dite, qui forme environ le tiers des pays que nous venons de nommer, est portée, par des renseignements donnés comme officiels pour l'année 1812, mais qu'il est cependant bien difficile de ne pas croire exagérés, à 361 millions et demi d'âmes. Celle des contrées qui dépendent de cet empire est évaluée à 17 millions. — Les productions de ce pays, dix fois plus étendu que la France, et où l'agriculture est fort en honneur, sont nécessairement très-variées; celles qui s'en exportent sont le thé, le sucre, le nankin, des porcelaines, de la cannelle, de la rhubarbe et autres drogueries. — Le gouvernement de la Chine est absolu : l'empereur est en même temps le chef de la religion; des officiers, nommés *mandarins*, sont chargés du gouvernement des villes et des provinces. La Chine se divise en dix-huit provinces, sans compter les pays tributaires, mais en y comprenant la *Mantchourie*, qui, bien que située au delà de la grande muraille, cesse d'être considérée comme province tributaire, et est devenue, au contraire, en quelque sorte la province dominante, depuis que les Mandchoux ont fait, en 1641, la conquête de la Chine, que leurs souverains gouvernent ainsi depuis plus de deux siècles. — Dix des provinces de l'empire sont situées dans la partie septentrionale, et huit dans la partie méridionale.

Quelles sont les principales villes de la Chine?

Les principales villes de la Chine sont : — PÉ-KING ou PÉKIN, au N. E., capitale de tout l'empire et de la province de *Tchili*; résidence de l'empereur, qui y habite un palais magnifique. Cette ville, composée de deux villes, l'une Tartare et l'autre Chinoise, renferme, non pas de 2 à 5 millions d'habitants, comme on l'a souvent répété, mais peut-être plus d'un million. — FOUNG-THIEN ou *Moukden*, au N. E. de Pékin, capitale de la Mandchourie et ancienne résidence des souverains mandchoux, avant qu'ils eussent fait la conquête de la Chine. NAN-KING ou NANKIN, sur la rive gauche du Yang-tseu-Kiang, au S. E. de Pékin, dans la province de *Kiang-Sou*, l'une des plus riches de l'empire, dont cette ville est l'ancienne capitale; fameuse par sa tour à neuf étages, revêtue de porcelaine : c'est la ville savante de la Chine ; on estime sa population à 500 mille habitants. Le coton jaune avec lequel on fabrique le nankin, croît dans ses environs. — SOU-TCHÉOU, au S. E. de Nankin, sur le *canal Impérial,* magnifique ouvrage de 1,100 kilomètres, qui traverse presque toute la Chine du N. au S., et qui rend une des plus florissantes de l'empire cette ville, dont on estime la population à 500 mille habitants. — CANTON, capitale de la province du même nom, au S. de la Chine, l'une des villes les plus peuplées et les plus opulentes de l'empire, et pendant longtemps le seul port où les Européens fussent admis. Sa population, portée à un million 500 mille âmes, paraît devoir être réduite à 250 mille. — MACAO, beau port et établissement Portugais, sur une presqu'île, au S. de Canton. C'est là, dit-on, que le Camoëns, fameux poëte portugais, composa son beau poëme des *Lusiades,* où il célèbre la découverte des Indes. — Chang-Hai, Ning-Po, Fou-Tchéou et Hiamen, ports sur la côte comprise entre Nanking et Canton, et qui forment avec ce dernier les cinq ouverts au commerce étranger.

Quelles sont les principales îles qui dépendent de la Chine?

Les principales îles qui dépendent de la Chine sont : —Formose, à l'E. de la Chine, dont elle est séparée par le canal de son nom, large de 150 kilomètres. Cette île doit à sa beauté et à sa fertilité le nom de *Formose*, que lui donnent les Européens : les Chinois lui donnent celui de *Thaï-Ouan*, que porte aussi sa capitale, ville fort riche et fort peuplée, située dans la partie occidentale de l'île, la seule qui soit réellement soumise à la Chine. La partie orientale, habitée par des sauvages indépendants, est presque inconnue. — Haï-Nan, au S. O. de la province de Canton, dont elle fait partie; elle est riche en mines d'or, en sel et en bois précieux, mais l'intérieur est occupé par des sauvages indépendants; capitale, *Kioung-Tchéou*, au N.

Pays regardés comme tributaires de la Chine?

Quelles sont la position et les villes principales de la Corée, *de la* Mongolie *et de la* Kalmoukie?

La Corée, vaste presqu'île, située au S. de la Mantchourie, et à peu près égale à l'Italie en étendue, a pour capitale Hanyang-Tching, nommée précédemment *King-Ki-Tao*, résidence d'un roi tributaire de la Chine. — La Mongolie, située au N. de la grande muraille, à l'O. de la Mandchourie, et le berceau du grand empire du fameux Tchinghiz-Khan, n'est habitée, en grande partie, que par des tribus nomades : aussi ne renferme-t-elle pas de villes importantes. Nous citerons seulement *Karakoroum*, qui n'est qu'un village, mais qui a servi longtemps de résidence aux souverains. — A l'O. s'étend le vaste désert pierreux et sablonneux de Gobi ou Chamo, de 2,200 kilomètres de long et à l'O. duquel se trouvent : la Kalmoukie, ou *Thian-chan-pé-lou*, qui comprend la *Dzoungarie* avec une portion du *Pays des*

Kirghiz, au F. O.; la Petite Boukharie ou *Thian-chan-nan-lou*, au S. O., et le pays des *Torgot* avec celui des *Mongols* et *Eleuts* du *Koukhou-noor*, au S. E. Ces vastes contrées, dont la soumission à la Chine, qui ne date que de la seconde moitié du siècle dernier, est aujourd'hui fort mal assurée, au moins dans l'O. sont riches en mines d'argent. — Parmi les villes qu'elles renferment, on distingue : — Gouldja, capitale de la Dzoungarie, et l'un des entrepôts du commerce de l'Asie ; — Yarkiang, regardée comme la capitale de la Petite-Boukharie, dont le gouverneur militaire réside cependant à Ac-sou, située plus au N. E. — Kachgar, au N. O. du même pays, ville très-commerçante.

Quels sont la position, la religion, le gouvernement et les villes principales du Tibet *et du* Boutan ?

Le Tibet, situé au S. O. de la Chine, est un pays fort peu connu, qui renferme, à ce qu'il paraît, les plus hautes montagnes du globe et la source de presque tous les grands fleuves de l'Asie. — C'est aussi le siège principal d'une religion qui domine sur toute l'Asie centrale, et dont le chef, nommé *Dalaï-Lama*, est en même temps le souverain légitime du pays, où les empereurs de la Chine ont cependant acquis une puissance absolue. — Ses villes principales sont : — H'lassa, capitale du Tibet, située vers le S., dans un des plus beaux pays du monde, voisine de la montagne sacrée du *Marbouri*, sur laquelle se trouve le magnifique couvent de *Botala*, résidence d'été du Dalaï-Lama, qui, pendant les autres saisons, habite le temple superbe qu'il a à H'lassa. Population, 80 mille habitants. — Jikarna-Goungar, qui est, dit-on, la plus grande ville du Tibet. — Jikadzé, autre grande ville, qui peut, comme la précédente, renfermer environ 100 mille habitants. — Le Boutan, situé au S. du Tibet, est aussi sous la souveraineté d'un chef religieux appelé *Dharma-radjah*; mais il est gouverné par un prince nommé *Deb-radjah*, et a pour capitale Tassisuden, au S. O. de H'lassa.

Quelles sont les îles tributaires de la Chine ?

Les principales îles tributaires de la Chine sont : — l'archipel des îles Liou-Tchou, situées au S. du Japon ; elles forment deux groupes composés de 36 îles, dont la principale a 150 kilomètres de long sur 50 à 35 de large, et renferme, au N. O. : — Napakiang, port de la ville de King-tching, qui est la résidence d'un souverain tributaire de la Chine, et dont la domination s'étend sur tout cet archipel. Les îles les plus méridionales portent le nom de Madjiko-Simah. — L'île de Tarrakaï, appelée aussi *Séghalien* ou *Sakhalian*, *Tchoka* et *Karafta*, à l'E. de la Mandchourie, dont elle est séparée par un canal, fort étroit dans certaines de ses parties, nommé *Manche de Tartarie*, et mieux de *Tarrakaï*. Les Chinois ne possèdent que la partie septentrionale de cette île, longue de 940 kilomètres et dont le S. appartient au Japon.

Il faut encore mentionner parmi les îles qui se rattachent naturellement à la Chine, celle de *Hong-Kong*, voisine de Canton, mais appartenant aux Anglais qui se la sont fait céder, en 1842, à l'issue de la guerre qu'ils ont faite à l'empire Chinois.

Notions diverses. — L'empire Chinois est le plus grand de l'Asie et le plus vaste du monde, après celui de Russie. Sa population appartient à la race jaune, et la majorité professe le bouddhisme, sous le nom de religion de Fô ; cependant l'empereur et la classe des *Mandarins*, ou lettrés, qui occupent tous les emplois publics, suivent la religion de Confucius. Quoique l'autorité de l'empereur soit absolue, son pouvoir est néanmoins tempéré par le droit de représentation, dont jouissent certaines classes de magistrats, et ne s'étend que sur la Chine propre ; les autres pays compris dans l'empire Chinois obéissent à des rois ou à des khans, qui payent tribut ou reconnaissent la protection de la Chine. Tous les peuples du Nord sont quelquefois compris sous le nom de *Tartares*, et leur pays sous celui de *Tartarie Chinoise*.

Climat, productions. — La Chine proprement dite renferme de vastes plaines qui produisent en abondance le blé, le riz et tous les autres grains ; on y voit croître, selon les différentes latitudes, le mûrier, l'oranger, le coton, l'indigo, la canne à sucre, le thé, etc. La Corée est couverte en partie de montagnes riches en or et en argent ; les plaines de la Mongolie produisent la rhubarbe ; les hautes montagnes du Tibet nourrissent les chèvres dont le poil très-fin sert à fabriquer les précieux tissus de cachemire ; elles renferment aussi de riches mines d'or. Outre ces productions et sa porcelaine, la Chine exporte encore du papier et une encre renommée.

JAPON.

De combien d'îles se compose l'empire du JAPON ? *Quelles en sont les productions et la population ?*

L'empire du Japon, séparé, à l'O., de la Chine par la mer qui porte son nom, se compose de quatre grandes îles, et d'un nombre assez considérable de petites. — Ses productions sont à peu près les mêmes que celles de la Chine, c'est-à-dire de la porcelaine fort renommée, du thé, et particulièrement du cuivre, de l'or et de l'argent. La population est évaluée à 50 millions d'habitants.

Quelles sont les villes principales de l'île de NIPHON ?

L'île de Niphon, la plus grande du Japon, et fort sujette aux ouragans, qui la dévastèrent à la fin de 1860, renferme les deux villes principales de l'empire, savoir : — YEDO, au fond d'une baie, à l'E. Cette grande ville, à laquelle on donne plus d'un million d'habitants, renferme le palais du Koubo, qui formerait à lui seul une ville considérable, puisqu'il a, dit-on, 22 kilomètres de tour. — MIACO, au S. O. d'Yédo, résidence du Daïri, dont la cour se compose de tous les gens de lettres. C'est aussi le centre du commerce ; sa population est évaluée à 500 mille habitants. — Au S. O. de cette ville se trouve celle d'*Osaka*, le port de Miaco et l'une des plus florissantes de l'empire.

Quelles sont les la position et villes principales des autres îles du Japon ?

Les autres îles importantes du Japon sont : — celle de KIUSIU ou *Zimo*, au S. O. de Niphon, dans laquelle se trouvent le port de NANGASAKI, le seul du Japon dans lequel il soit permis aux étrangers de jeter l'ancre pour faire le commerce, et la ville de SANGA, célèbre par sa porcelaine presque transparente. — L'île de SIKOKF ou *Nicoco*, à l'E. du détroit qui sépare les îles de Niphon et de Kiusiu. Cette île, qui est peu connue, formait autrefois un royaume. AWA en est la ville la plus importante. — L'île de Yesso, au S. de laquelle se trouve une forteresse nommée *Matsmaï*. On a cru longtemps que cette île et celle de Tarrakaï, dont la partie méridionale appartient aussi au Japon, n'en formaient qu'une seule ; mais elles sont séparées par le canal de *La Pérouse*, découvert par ce célèbre et infortuné navigateur. — Au N. E. de l'île de Yesso, commence l'archipel des Kouriles, dont toute la partie méridionale, qui se compose des *Grandes Kouriles*, est réclamée par le Japon. Le *canal de la Boussole* les sépare, au N., des Kouriles Russes.

Notions diverses. — Le Japon occupe au N. E. de l'Asie une position semblable à celle des îles Britanniques, au N. O. de l'Europe. Toutes les îles dont se compose cet important archipel sont hérissées de montagnes volcaniques, dont quelques-unes seulement lancent des flammes. Un grand nombre sont assez hautes pour rester couvertes de neiges éternelles; celle de *Fousi*, sur la côte méridionale de l'île de Niphon, passe pour la plus élevée. — De ces montagnes découlent une multitude de petits fleuves qui vont se perdre dans les mers qui entourent le Japon, mais dont aucun n'a un cours assez étendu pour que nous nous y arrêtions davantage.

Habitants et religions du japon. — Les habitants des diverses îles du Japon, qui paraissent appartenir à la même race que les Chinois, sont partagés entre deux religions qui dominent dans ce pays : 1° la religion de *Sinto*, qui est la religion primitive de l'empire, auquel elle est particulière, et qui a pour base le culte des génies; 2° le Bouddhisme, qui a été apporté au Japon vers le milieu du vi° siècle, et qui y est aujourd'hui la religion la plus répandue. On y trouve aussi quelques sectateurs de Confucius.

Gouvernement. — Le gouvernement de l'empire appartenait autrefois exclusivement au *Daïri*, regardé comme le descendant des anciennes divinités du pays, et encore aujourd'hui révéré presque comme un dieu, surtout par les partisans de la religion de Sinto, dont il est le chef visible. Vers le milieu du xii° siècle, le *Koubo*, qui n'avait été jusqu'alors que le commandant de la force militaire, s'empara d'une partie de l'autorité, et depuis la fin du xvi° siècle, il l'a entièrement usurpée, sans cesser cependant de montrer la plus haute vénération pour la personne sacrée du *Daïri*, dont il se dit le premier sujet.

AFRIQUE*.

QUELLES *sont la forme, l'étendue et les bornes de l'Afrique?*

L'Afrique, celle des parties de la terre dont l'intérieur est le moins connu, forme une grande presqu'île triangulaire d'environ 8,000 kilomètres de long sur 7,500 de large, qui ne tient au reste du continent, au N. E., que par l'isthme de Suez, qui a environ 115 kilomètres de largeur. Elle est coupée par l'équateur en deux parties presque égales. — Elle est, en y comprenant les îles qui s'y rattachent, renfermée entre le 40° degré de latitude N. et 35° degré de latitude S. et entre le 32° degré de longitude O. et le 61° degré de longitude E. —Elle est bornée au N. par la Méditerranée, à l'O. par l'Océan Atlantique, au S. par le Grand Océan Austral, et à l'E. par la mer des Indes, la mer Rouge et l'isthme de Suez.

Quels sont les habitants et les productions de l'Afrique?

Les habitants de l'Afrique, dont on évalue le nombre à 66 millions, appartiennent à plusieurs races différentes, dont les principales sont : les *Maures*, et les *Arabes*, qui suivent la religion de Mahomet, au N.; les *Abyssins*, les *Nubiens* et les *Coptes*, à l'E.; les Nègres idolâtres, répandus dans tout le reste de ce vaste continent, et parmi lesquels les *Cafres* et les *Hottentots* présentent des différences remarquables. Les nombreuses colonies européennes, répandues le long des côtes de l'Afrique et dans les îles qui en sont voisines, renferment un assez grand nombre de chrétiens appartenant pour la plupart à l'Église catholique romaine.—Tout l'intérieur de cette partie du monde est rempli de sables brûlants et peuplé de bêtes féroces; les côtes, au contraire, sont extrêmement fertiles, et la végétation y montre une vigueur extraordinaire.

Quelles sont les divisions de l'Afrique?

L'Afrique se divise en quatorze contrées principales, savoir :

---

* Consulter, dans mon *Atlas à l'usage des Collèges*, la carte de l'AFRIQUE.

l'*Égypte*, la *Nubie* et l'*Abyssinie*, au N. E. ; la *Barbarie et le Sahara*, au N. O. ; la *Sénégambie*, la *Guinée*, le *Congo*, sur la côte occidentale ; le *Soudan* et la *Cafrerie*, au centre ; le gouvernement du *Cap*, au S. ; la capitainerie-générale de *Mozambique*, le *Zanguebar* et l'*Ajan*, sur la côte orientale.

NOTIONS DIVERSES. — L'Afrique a 28 millions et demi de kilomètres carrés environ; mais le quart au moins de cette immense étendue est occupé, surtout vers le N., par de vastes déserts sablonneux, où l'on ne trouve que quelques cantons fertiles nommés *Oasis*, dispersés de loin en loin, au milieu de ces océans de sables mouvants, soulevés de temps à autre par des vents brûlants, et qui engloutissent les caravanes de voyageurs qui s'exposent à les traverser pour aller commercer dans l'intérieur.

Jusque vers la fin du siècle dernier, les côtes seules de l'Afrique étaient connues des Européens ; mais, depuis cette époque, les explorations hardies d'un grand nombre de voyageurs français et anglais nous ont fait connaître une partie considérable de l'intérieur de cette vaste péninsule.

L'Afrique, coupée à peu près vers le milieu par l'équateur, est brûlée par les rayons du soleil, qui, pendant toute l'année, y tombent perpendiculairement. On n'y connaît que deux saisons : la saison sèche, pendant laquelle la chaleur est presque insupportable ; et celle des pluies, qui, entre les tropiques, durent presque sans interruption pendant trois mois. Ces pluies font déborder tous les fleuves qui prennent leurs sources dans ces régions: mais ces débordements, loin de nuire à la végétation, portent sur les terres un limon qui les féconde : aussi tous les pays qu'ils arrosent sont-ils, surtout près des côtes, d'une incroyable fertilité. Parmi les arbres qui y croissent, on remarque le *baobab*, dont le tronc a quelquefois 33 mètres de tour.

L'Afrique est la plus riche des trois parties de l'ancien continent en métaux précieux ; mais c'est aussi celle qui renferme le plus d'animaux nuisibles, tels que le tigre, le lion, le léopard, l'hyène, le chacal, etc. Les fleuves nourrissent d'énormes crocodiles, et les forêts recèlent de monstrueux serpents, parmi lesquels le *boa* est le plus remarquable. On trouve en outre dans l'Afrique, l'éléphant, le rhinocéros, l'hippopotame, la girafe, le buffle, le chameau, etc.

Quels sont les principaux golfes de l'Afrique ?

Les principaux golfes de l'Afrique sont : — ceux de *Tunis*, de *Cabès* (ancienne Petite-Syrte) et de la *Sidre* (ancienne Grande-Syrte), sur la côte septentrionale de la Barbarie. — Ceux de *Guinée*, de *Bénin* et de *Biafra*, sur la côte de la Guinée. — La baie de *Lagoa*, au S. de la capitainerie de Mozambique.

Quels sont les principaux détroits de l'Afrique ?

Outre les détroits de Gibraltar et de Bab-el-Mandeb, dont nous avons déjà parlé, on trouve en Afrique : — le canal de *Mozam-*

bique, entre la capitainerie de Mozambique, à l'O., et l'île de Madagascar, à l'E.

Quels sont les principaux lacs de l'Afrique ?

Comme tous les lacs de l'Afrique sont situés dans l'intérieur, ils sont très-peu connus ; on cite : — le lac *Dembea* traversé par le Nil, en Abyssinie. — Le lac *Tchad*, qui forme, dans le royaume de Bornou, une mer intérieure où tombent le *Chary*, qui vient du S. E., le *Yéou*, qui vient de l'O., et d'autres grandes rivières. — Le lac *Maravi*, qu'on dit être situé au S. E. de la Cafrerie, mais dont l'existence est fort douteuse.

Quels sont les principaux caps de l'Afrique ?

Les principaux caps de l'Afrique sont : — les caps *Bon*, au N. de la Barbarie ; — *Cantin*, à l'O. de l'empire de Maroc ; — *Bojador* et *Blanc*, à l'O. du Sahara ; — *Vert*, à l'O. de la Sénégambie ; — *Palmas*, des *Trois-Pointes*, *Formose* et *Lopez*, dans la Guinée ; — de *Bonne-Espérance* et des *Aiguilles*, au S. de l'Afrique ; — *Guardafui*, sur la côte d'Ajan.

Quelles sont les principales chaînes de montagnes de l'Afrique ?

Les principales chaînes de montagnes de l'Afrique sont : — le mont *Atlas*, au S. de la Barbarie. Cette chaîne de montagnes est célèbre dans la Fable, qui en fait un géant qui porte le ciel sur ses épaules. Elle est habitée par des peuplades féroces et indépendantes, nommées les *Berbers*. — Les montagnes de *Kong*, entre la Guinée et le Soudan. — Les monts *Al-Kamr* ou de la *Lune*, au S. O. de l'Abyssinie.

Quels sont les principaux fleuves de l'Afrique ?

Les principaux fleuves de l'Afrique sont : — Le *Nil*, qui traverse l'Abyssinie, la Nubie et l'Égypte, et se jette dans la Méditerranée par plusieurs embouchures. On ne connaît pas bien la source de ce fleuve, que la plupart des géographes font sortir des montagnes de la Lune. — Le *Sénégal* et la *Gambie*, qui arrosent le Sénégambie de l'E. à l'O., et se jettent dans l'Océan Atlantique. — Le *Niger* ou *Dialli-Bâ*, qui prend sa source dans les montagnes de Kong, parcourt une partie de la Nigritie de l'O. à l'E., passe devant *Ten-Boktoue*, et, après avoir fait encore un assez grand circuit à l'E., tourne au S., et va se jeter par plusieurs embouchures dans le golfe de Bénin. — Le *Congo*, ou *Zaïre*, qui parcourt, de l'E. à l'O., le N. du Congo, et se jette dans l'Océan Atlantique. — Le *Couama* ou *Zambèze*, qui a sa source dans l'intérieur de l'Afrique, et se jette dans le canal de Mozambique, au S. E.

ÉGYPTE.

Quelles sont les bornes de l'Égypte ?

L'Égypte forme une grande vallée de 1,050 kilomètres de long sur 18 à 35 de large, fertilisée par les inondations périodiques du Nil, qui arrivent tous les ans, vers le solstice d'été, et qui sont occasionnées par les pluies qui tombent à cette époque entre les tropiques, où le Nil et ses principaux affluents prennent leurs sources. Elle est bornée au N. par la Méditerranée ; à l'O., par les déserts de Barcah et de Libye ; au S., par la Nubie, et à l'E., par la mer Rouge et l'isthme de Suez. Mais les possessions du souverain qui règne aujourd'hui sur ce pays s'étendent bien au delà de ces limites à l'O. et au S. de l'Égypte : elles embrassent les *oasis*, répandues dans les déserts qui avoisinent l'Égypte, à l'O.; la *Nubie* et le *Kordofan*, au S.; elles étaient même bien plus étendues encore, ainsi que nous l'avons indiqué en décrivant la Turquie d'Asie et l'Arabie, avant les événements survenus vers la fin de l'année 1840.

Quels sont la population, les habitants et le gouvernement de l'Égypte ?

La population des États qui obéissent au vice-roi d'Égypte peut être évaluée à 6 millions d'habitants, et celle de l'Égypte proprement dite à 4 millions, qui appartiennent à quatre races différentes, savoir : les *Coptes*, qui paraissent descendre des anciens habitants, dont ils ont conservé le langage, quoique avec beaucoup d'altération : ils professent la religion grecque ; les *Arabes*, les *Mamelouks* et les *Turcs*, qui l'ont subjuguée successivement. Les Français l'avaient conquise en 1798, et l'ont possédée pendant quatre ans ; après avoir été ensuite pendant plusieurs années en proie à la plus violente anarchie, elle a été soumise par Mohammed-Ali, qui, envoyé dans ce pays par le Grand-Seigneur comme vice-roi, a su en obtenir la possession héréditaire, et travaille à affermir, par les arts de la civilisation, une puissance qu'il a acquise par son habileté et par son courage.

Quelles sont les divisions et les villes principales de l'Égypte?

L'Égypte se divise en trois régions, savoir : — la *Haute*, nommée aussi Saïd, au S.; capitale Syout ou *Assyout*, que l'on considère comme ayant remplacé, dans ce rang, Girgéh, sur la rive gauche du Nil. — La *Moyenne* ou Ouestanièh, au centre, et dans laquelle se trouve LE CAIRE, sur la rive droite et à environ un kilomètre du Nil, un peu au-dessus de l'endroit où il se partage en plusieurs branches; capitale de la Moyenne-Égypte et de toute l'Égypte, peuplée, dit-on, de 350 mille habitants. — A l'O. de cette ville se trouvent les *Pyramides*, qui existent depuis 4000 ans, et dont la plus élevée a 146 mètres. — Enfin la *Basse* ou Bahary, au N., dans laquelle on trouve Alexandrie, à l'une des embouchures occidentales du Nil, qui n'est plus navigable; près de la Méditerranée, non loin du fameux *phare*; elle est l'entrepôt du commerce de l'Égypte avec tout le Sud de l'Europe. — Rosette (ancienne Canope), située à l'E. sur une des embouchures du Nil, lui sert en quelque sorte de port. — Damiette (à 9 kilomètres au S. de l'ancienne *Thamiatis*), sur la branche orientale du Nil, a aussi un bon port et 30 mille habitants. — Aboukir, située au N. E. d'Alexandrie, est célèbre par le combat naval de 1798, dans lequel Nelson détruisit la flotte française, et par une victoire remportée sur terre par les Français, en 1799. — Suez, sur l'isthme qui en porte le nom; mauvais port sur la mer Rouge.

Quelles sont les oasis qui dépendent de l'Égypte?

Parmi les oasis qui dépendent de l'Égypte, on distingue : — celle de Syouah (ancien Ammon), au S. O. du Caire, qui forme un petit État soumis par le pacha d'Égypte; — la Petite-Oasis ou *El-Bahariéh*, au S. E. de la précédente, et qui produit les meilleures dattes de l'Égypte; — celles de *Dakhel* et d'*El-Kardjéh*, ou Grande-Oasis, au S. E. de la précédente.

NUBIE.

Quelles sont la position et les bornes de la Nubie?

La Nubie (partie septentrionale de l'ancienne Éthiopie au-dessus de l'Égypte) est située au S. de l'Égypte, et forme, comme elle, une étroite vallée traversée par le Nil; elle a le Soudan à l'O., l'Abyssinie au S., et la mer Rouge à l'E.

Comment se divise la Nubie, et quelles en sont les villes principales?

La Nubie se divise en un grand nombre de contrées peuplées par des tribus nomades, qui vivent presque indépendantes, quoiqu'elles soient censées sous l'obéissance du vice-roi d'Égypte depuis que le fils de ce souverain, Ismaïl-Pacha, en a fait la conquête en 1822. Les villes les plus remarquables de ces diverses contrées sont:—DÉYR, dans la *Basse-Nubie*, sur la rive droite du Nil, importante par son commerce d'esclaves et des dattes renommées qui croissent dans ses environs. — MARAKAH, ou *Nouveau-Dongolah*, sur la rive gauche du Nil, au S. O. de Deyr. Cette ville a remplacé depuis quelques années *Vieux-Dongolah*, situé plus au S. E., sur la rive droite du Nil, et longtemps capitale d'un puissant royaume qui fournissait beaucoup de poudre d'or et de plumes d'autruche. — CHENDY, au S. E. de Vieux-Dongolah, dans l'ancienne île ou presqu'île de *Méroé*, autrefois capitale d'un royaume et l'un des entrepôts du commerce de la Nubie. — KHARTOUM, non loin du confluent du Bahr-el-Azrak ou fleuve Bleu, avec le Bahr-el-Abiad, ville bien peuplée et très-commerçante. — SENNAAR, au S. de Chendy, sur la rive gauche du Bahr-el-Azrak, ville très-commerçante, mais dont la population, portée à 100 mille habitants, paraît devoir être réduite à 9 mille. Elle est la capitale d'un royaume dont le souverain, ou *mélik*, est tributaire du vice-roi d'Égypte. — SOUAKIM, sur la mer Rouge, dont il est le port le plus commerçant. — OBÉÏD ou *Ibéit*, capitale du *Kordofan*, l'une des contrées soumises par le vice-roi d'Égypte.

ABYSSINIE.

*Quels sont les bornes, la population, la religion et le gouvernement de l'*Abyssinie?

L'Abyssinie (partie méridionale de l'ancienne Éthiopie au-dessus de l'Égypte), située au S. et à l'E. de la Nubie, a, à l'O., le Soudan; au S., la Cafrerie et la côte d'Ajan, qui, avec la mer Rouge, la borne encore à l'E. — Elle a environ 1,000 kil. de long sur près de 900 de large. — Les habitants de ce pays, dont on porte le nombre à 2 millions et demi, professent la religion chrétienne, défigurée par plusieurs pratiques juives et superstitieuses. — L'Abyssinie formait autrefois un empire puissant gouverné par un monarque absolu appelé le *Grand-Négus*, et que l'on a quelquefois désigné sous le nom de *Prêtre-Jean*. Cet empereur, qui prétend descendre de Salomon, ne conserve plus qu'une ombre de pouvoir, depuis l'invasion en Abyssinie de la féroce nation des *Gallas*, venue de l'intérieur de l'Afrique, et dont les chefs se sont partagé presque toutes les provinces de l'Abyssinie, où ils règnent en souverains indépendants.

Comment se divise l'Abyssinie?

On n'a que des notions fort incomplètes sur les divisions politiques actuelles de ce pays, où nous nous contenterons d'indiquer les États suivants, savoir : — le royaume de Gondar, à l'O. dans lequel se trouve le lac *Dembéa*, au N. E. duquel est située la ville de *Gondar*, ancienne capitale du royaume, où végète encore le Grand-Négus, et remplacée aujourd'hui, comme capitale, par *Devra-Tabour*, résidence d'un prince Galla. — Le Tigré, au N. E., le plus puissant et le plus florissant des États de l'Abyssinie, et le seul qui, par la valeur de ses habitants, ait su repousser le joug des Gallas. Il a pour capitale Enchetcab, résidence actuelle du souverain, mais *Chélicout* en est la ville la plus peuplée. On trouve encore dans ce royaume la ville commerçante d'*Adouéh* et l'antique cité d'Axum, qui fut la métropole de l'Abyssinie dans le temps de sa splendeur, c'est-à-dire jusqu'en 925. — On peut citer encore le riche et populeux royaume formé des provinces de *Choa* et d'*Efat*, situées plus au S., et qui a pour capitale ANKOBER, où règne un prince galla. — Les autres états ont peu d'importance.

NOTIONS DIVERSES SUR L'ÉGYPTE, LA NUBIE ET L'ABYSSINIE. — Nous réunissons ici ces trois contrées, parce qu'elles comprennent tout le bassin du Nil, et que c'est à ce fleuve qu'elles doivent leur importance et leur fertilité. L'Abyssinie renferme presque toutes ses sources orientales qui découlent des nombreuses chaînes de montagnes qui la traversent en tous sens. Elle doit à ces circonstances une foule de beautés naturelles, une température très-douce et une grande variété de productions, parmi lesquelles on distingue le blé, le millet, le riz, la canne à sucre, le coton, le café, le bois d'ébène et de sandal; on en exporte en outre de l'ivoire, des plumes d'autruche et de la poudre d'or. La Nubie est également bien arrosée dans sa partie méridionale, surtout par les grands affluents du Nil, descendant de l'est, et principalement par le *Bahr-el-Azrak*, ou rivière Bleue, et par l'*Atborah*, qui viennent se joindre au courant principal arrivant du S. O. et nommé le *Bahr-el-Abiad* ou rivière Blanche, pour former par leur réunion le grand fleuve du Nil. Elle est, comme l'Abyssinie, d'une grande fertilité et offre les mêmes productions. Dans la Nubie inférieure et dans l'Égypte, le Nil coule dans une vallée resserrée par deux chaînes de montagnes, au delà desquelles s'étendent, à l'E. et à l'O., de vastes déserts sablonneux et arides; mais cette vallée, qui s'élargit en approchant de la mer, est fertilisée par les inondations périodiques du fleuve, qui suppléent aux pluies, très-rares dans ce pays: aussi l'Égypte produit-elle en abondance le blé, le coton, le riz, le lin, le chanvre, la canne à sucre, les palmiers, les dattiers, les orangers, et le *papyrus*, de l'écorce duquel les anciens faisaient une espèce de papier. — Toute la vallée du Nil, surtout en Égypte et en Nubie, est couverte des monuments les plus curieux de l'antiquité: obélisques, pyramides, ruines de villes et de temples magnifiques. — Dans la mer Rouge se trouvent de nombreuses îles, parmi lesquelles la plus remarquable est celle de *Dahalac*, la plus grande de cette mer, vis-à-vis les rivages de l'Abyssinie.

COTE DE BARBARIE.

Quelles sont la position, les divisions et les religions de la Côte de Barbarie ?

On comprend sous le nom de côte de Barbarie, ou d'États Barbaresques, tous les pays qui occupent le N. de l'Afrique, le long de la côte de la Méditerranée, et auxquels nous joindrons les déserts qui la bornent à l'E. et au S.—Ces pays sont : la régence de *Tripoli*, qui tient sous sa dépendance le pays de *Barcah* et le *Fezzan*; la régence de *Tunis*; l'*Algérie*; et l'empire de *Maroc*. Au S. de ces pays s'étendent les vastes déserts de *Libye* et du *Sahara*. — Le mahométisme dominait exclusivement dans tous ces pays, lorsque la conquête de l'Algérie par les Français y a reporté la religion catholique, qui y avait longtemps brillé d'un vif éclat.

RÉGENCE DE TRIPOLI.

Quels sont les bornes, la population, le gouvernement et les villes principales de la régence de Tripoli ?

L'État de Tripoli (ancienne Tripolitaine), séparé de l'Égypte, à l'E., par le pays de Barcah, est borné au N. par la Méditerranée, à l'O. par la régence de Tunis, et au S. par le Fezzan. C'est le plus faible des États Barbaresques, quoique l'un des plus étendus : on n'estime sa population qu'à 900 mille habitants : il est gouverné par un *Bey*, qui est presque entièrement sous la dépendance du Grand-seigneur. — La capitale de ce pays est Tripoli, port sur la Méditerranée; ville très-ancienne, d'où s'exportent de la poudre d'or, des plumes d'autruche, etc.

Quels sont les États qui dépendent de Tripoli ?

Les principaux États qui dépendent de Tripoli, sont : —1° le pays de Barcah (ancienne Libye maritime), à l'E., dont toute la côte est très-fertile et assez populeuse. Il est gouverné par deux beys, nommés par celui de Tripoli, auquel ils ne gardent qu'une obéissance équivoque : l'un de ces beys réside à Derne (Darnis) et l'autre à Ben-Ghazi, les principales villes de ce pays; la dernière a un assez bon port. -- Au S. de cette contrée se trouve l'oasis d'AUDJÉLAH, résidence d'un bey dépendant aussi de Tripoli. Au S. de ces pays s'étend le désert de Libye. — 2° Le FEZZAN, situé à l'O. du désert de Libye et au S. de l'État de Tripoli ; il renferme environ 60 mille habitants, et a pour capitale MOURZOUK, ville très-commerçante. — 3° Le pays de GHADAMÈS, au N. O. du Fezzan, et qui doit son nom à sa capitale.

RÉGENCE DE TUNIS *.

Quels sont les bornes, la population, le gouvernement, la capitale et les dépendances de la régence de TUNIS ?

L'État de Tunis (anciennes Byzacène et Zeugitane), situé à l'O. du précédent, borné à l'O. par l'Algérie et au S. par le Sahara, renferme une population de 1 million 800 mille habitants ; il est gouverné par un bey, et a pour capitale TUNIS (Tunes), à peu de distance des ruines de l'ancienne Carthage, avec un bon port et de bonnes fortifications ; elle est très-commerçante. — Au S. se trouve le pays de TOUZER ; capitale, TOUZER, sur la côte occidentale du lac *Laoudéah*.

ALGÉRIE.

*Quels sont les bornes, les divisions, le gouvernement, la population et les villes principales de l'*ALGÉRIE ?

L'ancienne régence d'Alger (autrefois Numidie et Mauritanie Césarienne) avait pour bornes la Méditerranée, au N.; l'empire de Maroc, à l'O.; le mont Atlas, au S., et la régence de Tripoli, à l'E. — Ce pays, dont les Français ont commencé en 1830 la conquête qu'ils poursuivent avec persévérance, est administré par un gouverneur militaire. — Quoique l'étendue de l'Algérie égale presque la moitié de la France, sa population n'est évaluée qu'à quatre millions d'habitants. — Les principales villes sont : — ALGER, bâtie en amphithéâtre, au fond d'une rade fortifiée dont les nombreuses batteries n'ont pu empêcher les Français de s'en emparer. Population, 30 mille âmes, dont 8 mille Européens. — CONSTAN-

---

* Consulter, dans mon *Atlas à l'usage des colléges*, pour ce pays et les suivants, outre la carte de l'AFRIQUE, celle de l'EUROPE.

TINE, au S. E. d'Alger, capitale de la plus belle province de l'Algérie ; prise d'assaut par les Français en 1837. — ORAN, port, au S. O. d'Alger, avec un fort occupé autrefois par les Espagnols, et aujourd'hui par les Français. — MAZAGRAN, plus au N. E., illustré en 1840 par l'héroïque et invincible résistance de 123 Français, commandés par le capitaine Lelièvre, contre 12 mille Arabes. — BOUGIE, autre port, à l'E. d'Alger. — PHILIPPEVILLE, plus à l'E. encore ; ville nouvelle construite par les Français, et déjà très-florissante. — BONE (ancienne Hippone) et LA CALLE, à l'E. de l'Algérie, sur un golfe dans lequel le corail se trouve en abondance et fournit à ces deux ports un important objet de commerce. — MASCARA, au S. O. d'Oran, enlevée par les Français au bey indigène Abd-el-Kader, qui en avait fait sa résidence, qu'il transporta ensuite à TEKEDEMPT, située plus au S. E.

EMPIRE DE MAROC.

Quels sont les bornes, les divisions, la population et le gouvernement de l'empire de MAROC?

L'empire de Maroc (Mauritanie Tingitane) est situé à l'O. de l'État d'Alger, et borné au N. par la Méditerranée, à l'O. par l'Océan Atlantique, et au S. par le Sahara. — On peut le diviser en quatre parties : les provinces septentrionales ou *royaume de Fez*, les provinces centrales ou *royaume de Maroc*, les provinces méridionales ou *royaume de Suz* ou *Souze*; enfin les provinces orientales ou *royaume de Tafilet*, au S. E. de la chaîne de l'Atlas. — On estime sa population à 8 millions et demi d'habitants. — Le gouvernement est despotique et absolu, et le peuple cruel et perfide.

Quelles sont les principales villes de l'empire de Maroc ?

Les principales sont : — MAROC, capitale de tout l'empire, et résidence ordinaire de l'empereur, qui y occupe un vaste palais; ville commerçante en maroquin, en soie et en papier. Population, 30 mille habitants. — MÉQUINEZ, au N. E. de Maroc, dans une plaine renommée par la salubrité de son climat ; ce qui lui a procuré l'avantage d'être la résidence de l'empereur actuel ; 56 mille habitants. — Fez, capitale du royaume de ce nom, ville riche et commerçante, qui jouissait autrefois en Afrique d'une brillante réputation littéraire ; 88 mille habitants. — Ceuta, Penon-de-Velez et Melilla, forteresses appartenant à l'Espagne, sur la côte de la Méditerranée. — Tanger (Tingis), jolie ville sur le détroit de Gibraltar, résidence de la plupart des consuls européens; bombardée en 1844, ainsi que *Mogador*, dont nous allons parler plus bas, par une flotte française commandée par le prince de Joinville. — Larache (ancienne *Lixus*), assez bon port sur l'Océan Atlantique. — Slaa ou *Salé* et Rabatt, sur l'Océan Atlantique ; villes importantes, très-voisines l'une de l'autre, et qui étaient autrefois alliées pour la piraterie qu'elles exerçaient d'une manière redoutable pour les États chrétiens. — Mogador, port sur l'Océan, la principale place de commerce de l'empire. — Tarodant, capitale de la province de Suz. — Gourland paraît être maintenant la ville la plus importante du royaume de Tafilet, dont la capitale est au S. E. de l'Atlas. — Près de la frontière N. E. de l'empire coule la petite rivière de l'*Isly*, sur les bords de laquelle une faible armée Française commandée par le maréchal Bugeaud remporta une brillante victoire sur une nombreuse armée Marocaine, en 1844.

Notions diverses. — La chaîne de l'Atlas, qui traverse la Barbarie de l'O. à l'E., partage ce pays en deux contrées qui jouissent d'un climat bien différent. Le N., préservé par les montagnes des effets les plus funestes du vent brûlant du désert, offre, partout où il est bien arrosé, une admirable végétation, et fournit en abondance du blé à plusieurs contrées de l'Europe; l'olivier, l'amandier, le figuier, le citronnier, l'oranger, la vigne, y produisent des fruits exquis. Le *Béled-el-Djerid* ou *pays des Dattes*, situé au S. de l'Atlas, participe déjà à la nature aride du désert, et ses plaines unies, imprégnées de sel et presque stériles, sont, de plus, fréquemment ravagées par des nuées de sauterelles. La Barbarie renferme tous les animaux nuisibles de l'Afrique : le lion de l'Atlas en est le plus terrible ; parmi les animaux utiles, on remarque le dromadaire, dont la légèreté est telle, qu'on assure qu'il peut faire jusqu'à 330 kilomètres dans une journée.

DÉSERT DU SAHARA.

Quels sont les bornes, les ports et les habitants du Sahara?

Le désert du Sahara (ancienne Libye Intérieure), qui se rattache à ceux de Barcah et de Libye, dont nous avons déjà parlé, est situé au S. de tous les pays que nous venons de décrire, et occupe presque toute la largeur de l'Afrique, de l'O. à l'E., sur près de 1,200 kilomètres d'étendue du N. au S. Il est parsemé d'oasis où se reposent les caravanes qui, partant des côtes de Barbarie, traversent le désert pour se rendre dans les villes du Soudan. — Dans ces oasis habitent des peuplades à demi sauvages, parmi lesquelles on distingue : les TIBBOUS, à l'E.; — les TOUARIKS, qui occupent tout le centre et le S., où ils possèdent une ville commerçante nommée *Agadés*, résidence du plus puissant de leurs chefs; — les TOUATS, qui s'étendent à l'O. jusqu'à l'empire de Maroc, et dont *Agably* est la ville principale. — Sur la côte de l'Océan Atlantique se trouvent quelques ports et mouillages, tels que le golfe d'*Arguin*, dans lequel se trouve un banc de sable trop fameux par les naufrages qu'il a occasionnés.

NOTIONS DIVERSES. — Le Sahara, ou Grand-Désert, occupe une étendue qu'on peut évaluer à plus de 4 millions de kilomètres carrés, c'est-à-dire près de la sixième partie de la superficie de l'Afrique, et plus de huit fois celle de la France. L'intérieur en est mal connu, ainsi que sa population, que l'on croit pouvoir réduire à 250 mille habitants d'origine maure et berbère, qui professent le mahométisme et obéissent à un grand nombre de chefs indépendants. Les peuplades voisines de la côte, parmi lesquelles on cite les *Ladbesséhas*, les *Oulad-Délims* et les *Monselmines*, passent pour très-féroces, et font subir d'horribles traitements aux malheureux naufragés dont les tempêtes ou les courants font échouer les vaisseaux sur les dangereux bancs de sable et de rochers qui bordent ce rivage et s'étendent assez loin dans l'Océan.

Aucune rivière de quelque importance ne traverse le Sahara : à peine en pourrait-on citer deux ou trois qui, telles que le *Rio de Ouro* et les rivières de *Saint-Cyprien* et de *Saint-Jean*, arrivent jusqu'à l'Océan Atlantique; dans l'intérieur on ne trouve que quelques cours d'eau de peu d'étendue, qui, après avoir parcouru de petites vallées dont ils forment de fertiles oasis, se perdent bientôt dans les sables. C'est dans ces oasis que sont bâtis les villes et les villages des peuples du Sahara; mais la plupart vivent sous des tentes, et vont d'oasis en oasis faire paître leurs troupeaux de chameaux, de chèvres et de moutons. Souvent ils sont obligés de disputer l'approche des sources, qu'ils y cherchent, aux lions, aux panthères et à d'énormes serpents, qui sont les habitants les plus nombreux de ces immenses solitudes, où errent aussi des autruches et quelques gazelles. Les seuls arbres précieux qui croissent dans le Sahara sont les palmiers-dattiers, dont le fruit nourrit les habitants des oasis, et l'espèce d'acacia qui produit la gomme arabique.

7.

SÉNÉGAMBIE.

Quels sont les bornes et les habitants de la SÉNÉGAMBIE?

La Sénégambie, ainsi nommée des deux fleuves qui l'arrosent, est bornée au N. par le Sahara, à l'O. par l'Océan, au S. par la Guinée et à l'E. par le Soudan.—Ce pays renferme une foule de petits royaumes; les uns sont habités par les *Nègres* indigènes, dont les peuplades principales sont celles des *Foulahs*, des *Mandingues*, des *Ghiolofs* et des *Féloups*; les autres sont envahis par les Maures. — La population totale est évaluée à 2 millions 700 mille habitants.

Quels sont les principaux établissements des Européens dans la Sénégambie?

Les Européens possèdent de nombreux établissements dans la Sénégambie, savoir :

Les Français : les forts de SAINT-LOUIS et de DAGHANA, sur le Sénégal; de SAINT-CHARLES, dans l'intérieur; l'île de GORÉE, près du cap Vert; et les comptoirs de JOAL, sur la côte de l'Océan Atlantique, et d'ALBRÉDA, vers l'embouchure de la Gambie.

Les Anglais : BATHURST, le fort JAMES, PISANIA, et plusieurs comptoirs sur la Gambie.

Les Portugais : les établissements sur les rives du RIO-GRANDE, au S. de la Gambie, et dont CACHÉO, petite ville avec un fort, est le chef-lieu.

ILES. — Sur la côte se trouvent les îles fertiles des BISSAGOS, dont la plus grande a environ 170 kilomètres de tour.

NOTIONS DIVERSES.—Sur les côtes peu élevées de la Sénégambie et sur les bords de ses fleuves, fécondés, comme l'Egypte, par des débordements et par les pluies périodiques qui tombent du mois de juillet au mois d'octobre, la végétation prend un développement extraordinaire. C'est là que le baobab atteint les proportions gigantesques qui en font le roi des végétaux. Les palmiers, les cocotiers, les citronniers, les orangers y charment la vue de toutes parts ; mais des chaleurs insupportables, l'insalubrité de l'air et l'aspect hideux des crocodiles et des reptiles les plus dangereux diminuent les agréments de ce pays. On en tire de la poudre d'or, de l'ambre, des plumes d'autruche, du poivre, de la cire, des cuirs et de la gomme apportée par les tribus sauvages du Sahara.

GUINÉE.

Quels sont les bornes, les divisions, les productions et les établissements européens de la GUINÉE?

La Guinée s'étend, au S. de la Sénégambie, le long de la côte de l'Océan jusqu'au Congo; à l'E. elle touche les pays peu connus du centre de l'Afrique.—Ce pays se subdivise en plusieurs parties, dont les principales sont de l'O. à l'E. :—1° la côte des GRAINES, ainsi nommée à cause du poivre que les Anglais en tirent en abondance. Ce peuple avait fondé, au N. O., sur les bords de la rivière de *Sierra-Leone*, qui forme l'un des meilleurs ports de l'Afrique, un établissement que l'insalubrité de cette côte a fait transférer dans l'île de *Fernando-Pó*, dans le golfe de Guinée.—Les Américains des États-Unis ont fondé au S. E. de Sierra-Leone, sous le nom de LIBERIA, un autre établissement pour ceux de leurs nègres qu'ils ont rendus à la liberté; *Monrovia*, à l'E. de l'embouchure du fleuve *Mesurado*, est le chef-lieu de cette colonie. — 2° La côte d'IVOIRE ou des DENTS, ainsi nommée des dents d'éléphant qu'elle fournit en abondance. — 3° La côte d'OR, qui tire son nom de la poudre d'or, objet principal de son commerce. Les Européens y avaient de nombreux établissements, parmi lesquels on distingue encore : LA MINE, aux Hollandais; le CAP-CORSE, aux Anglais; et CHRISTIANSBORG, aux Danois. Dans l'intérieur se trouve le puissant royaume d'ACHANTI, qui a pour capitale COUMASSIE. —4° La côte des ESCLAVES, ainsi nommée du trafic honteux qui s'y fait encore quoique toutes les nations de l'Europe y aient renoncé d'un commun accord. Les petits états de cette côte obéissent au roi de DAHOMEY, dont la capitale, nommée ABOMEY, est située à 120 kilomètres dans l'intérieur.—5° Le royaume de BÉNIN, dont le souverain peut mettre 100 mille hommes sur pied; les Anglais en font aujourd'hui le principal commerce; capitale, BÉNIN, sur un bras du Dialli-Bà. — 6° Le royaume d'OUARY, au S. de Bénin; capitale, OUARY, sur le golfe de Bénin. — Au S. E. habitent des peuples sauvages et peu connus.

CONGO.

Quelles sont la position, les divisions et les villes principales du CONGO?

LE CONGO, nommé aussi *Guinée méridionale*, est situé au S. de la Guinée, et divisé en plusieurs royaumes, dont les principaux sont :—1° celui de LOANGO; capitale, LOANGO, dans une position charmante. — 2° du CONGO PROPRE; capitale, SAN-SALVADOR, bâtie par les Portugais. — 3° d'ANGOLA; capitale, SAINT-PAUL DE LOANDO ou *Loando*, chef-lieu des établissements des Portugais, dont la domination s'étend sur toute cette partie de l'Afrique. — 4° de BENGUELA; capitale SAINT-PHILIPPE, lieu d'exil pour les criminels Portugais.

NOTIONS DIVERSES SUR LA GUINÉE ET LE CONGO. — La Guinée et le Congo, ou les deux Guinées, ont une population que l'on évalue à 7 millions 600 mille habitants, tous nègres et idolâtres. Les tentatives qu'ont faites les missionnaires portugais pour répandre la religion chrétienne parmi ceux qui sont soumis au Portugal, les ont seulement amenés à mêler à leurs croyances superstitieuses quelques pratiques du christianisme.

La chaleur étouffante qui règne dans les deux Guinées, surtout pendant la saison des pluies, dont la durée est souvent de six mois, en rend le climat pernicieux pour les Européens; mais elle fait éclore les fleurs les plus admirables, et donne à toute la végétation un développement extraordinaire, surtout sur les côtes, qui sont généralement basses et formées du limon fertile charrié et accumulé depuis un grand nombre de siècles par les nombreuses rivières qui descendent des hautes montagnes qui bornent les deux Guinées au N. et à l'E.

Les éléphants, les gazelles, les antilopes, les singes, y vivent en troupes innombrables; on y rencontre aussi la girafe, le rhinocéros, un grand nombre de serpents, et particulièrement l'énorme boa.

La poudre d'or, l'ivoire et le poivre sont les productions principales de ces contrées, d'où l'on a transporté dans les diverses parties de l'Amérique un grand nombre d'esclaves nègres, commerce horrible qui dure encore, malgré les efforts que font pour l'abolir des principales nations de l'Europe.

SOUDAN.

Quelles sont la position, les divisions et les villes principales du Soudan?

Le Soudan, improprement appelé la Nigritie, occupe tout le N. de la partie centrale de l'Afrique, des deux côtés du Niger, et renferme plusieurs royaumes fort peu connus, dont les principaux sont, de l'O. à l'E. : 1° Le Bambarah; capitale, Ségo. — 2° Le royaume de Ten-Boktoue, avec une capitale du même nom, située près du Niger, et l'une des villes les plus commerçantes de l'Afrique centrale. — 3° Celui de Sackatou, dont le souverain paraît être le plus puissant de la Nigritie. Ses sujets, nommés *Fellatahs*, forment une race particulière, entièrement différente, pour la couleur et pour les traits, des Nègres, avec lesquels ils ne s'allient jamais; ils paraissent fort industrieux. — 4° Le royaume de Bornou, dont l'ancienne capitale, détruite au commencement de ce siècle par les Fellatahs, et nommée aujourd'hui *Vieux-Birnie*, renfermait, dit-on, 200 mille habitants. Elle a été remplacée par le Nouveau Birnie ou Bornou, situé plus au S. E.; mais Kouka, près du lac Tchad, est la résidence du souverain de ce pays, qui entretient une nombreuse cavalerie bardée de fer. — 5° Le Dar-Four; capitale, Cobbéh.

Notions diverses. — Le Soudan ou Nigritie paraît être séparé, au S., de la Cafrerie par une haute chaîne de montagnes qui unissent les monts de Kong à ceux de la Lune. Il est divisé en un grand nombre de royaumes plus ou moins étendus et fort mal connus des Européens. Cependant quelques voyageurs qui sont parvenus, dans ces dernières années, à pénétrer dans le Soudan, y ont trouvé des peuples beaucoup plus civilisés qu'on ne l'avait supposé jusqu'ici, et parmi lesquels se distinguent les Fellatahs, qui appartiennent à la race maure, sont mahométans, et ont fait la conquête des plus belles contrées du Soudan. Ces pays, arrosés par de nombreuses rivières qui se rendent dans le lac Tchad, qui en occupe le centre, ou dans le Niger, sont bien cultivés et fertiles en riz, en *dourrah*, espèce de millet, en coton, chanvre, indigo, etc. On y trouve aussi de l'or et du fer, et presque tous les animaux de l'Afrique.

CAFRERIE.

Quels sont la position et les habitants de la CAFRERIE ?

Nous comprenons ici sous le nom de Cafrerie toute la partie presque entièrement inconnue de l'Afrique centrale, qui s'étend depuis le Soudan, au N., jusqu'au gouvernement du Cap, vers le S. Cette immense région peut se diviser en quatre parties, savoir : 1° La vaste *contrée tout à fait inconnue* de l'Afrique centrale ; — 2° La *Cimbébasie*, qui occupe la côte stérile comprise entre le Congo et le gouvernement du Cap, et qui doit son nom à la peuplade noire et sauvage des *Cimbébas*, qui erre sur le rivage ; — 3° La *Cafrerie* proprement dite, entre le Congo et la capitainerie-générale de Mozambique, et qui s'étend au S. E. le long de la *côte de Natal*, comprise entre le gouvernement du Cap et la capitainerie de Mozambique. Les Anglais ont formé sur cette côte un établissement nommé *Port-Natal* ; l'intérieur renferme plusieurs peuplades considérables ; — 4° La *Hottentotie*, au N. du gouvernement du Cap, et qui doit son nom aux *Hottentots*, nation nègre, de couleur brun-rouge, qui se divise en plus de vingt peuplades, dont plusieurs sont très-féroces.

NOTIONS DIVERSES. — Le nom de *Cafres* signifie infidèles, et fut donné par les Arabes mahométans établis sur les côtes orientales de l'Afrique aux peuplades païennes de l'intérieur. Parmi celles de ces nations sur lesquelles les voyageurs nous ont donné quelques renseignements, nous pouvons nommer les *Cazembes* et les *Maravis*, dans le N. ; ils possèdent des provinces de l'empire, aujourd'hui démembré, du *Monomotapa*, et ont tous deux leurs capitales sur le fleuve Zambèze. *Zimbaoë* est le nom de celle des Maravis. — Les *Béchuanas* ou *Betjouanas*, au S., divisés en un grand nombre de peuplades, se distinguent des autres nègres de la Cafrerie par leurs belles proportions, par la douceur de leurs mœurs et par leur industrie : ils forgent avec habileté le fer et le cuivre, qu'ils tirent des mines abondantes situées dans leur pays, qui est agréablement entrecoupé de montagnes assez élevées, de vallées et de plaines fertiles, et où l'on trouve des villes assez importantes, parmi lesquelles on distingue *Kourritchané*, *Quáqué*, *Machaou* et le *Nouveau-Litakou*. — La Hottentotie ne renferme que des villes de peu d'importance, parmi lesquelles on peut citer *Griqua* ou *Klarrwater* et *Philippopolis*. Des missionnaires travaillent à convertir ces derniers peuples au christianisme.

COLONIE DU CAP.

Quelles sont la position, la population et les principales villes de la colonie du Cap?

La colonie du cap de Bonne-Espérance, fondée par les Hollandais en 1650, et appartenant maintenant aux Anglais, qui s'en sont emparés en 1795, occupe toute la pointe méridionale de l'Afrique, jusqu'à 840 kilomètres dans l'intérieur des terres. — Malgré sa vaste étendue, cette contrée ne renferme qu'environ 160 mille habitants, dont 100 mille blancs: elle est très-fertile; la vigne y réussit très-bien et produit l'excellent vin de *Constance*. — La capitale de ce pays est LE CAP, sur la baie de la Table, un peu au N. du cap de Bonne-Espérance. — UITENHAGEN, à l'E., est, après Le Cap, la ville la plus importante. Cette colonie est très-importante par sa position sur la route de l'Inde.

NOTIONS DIVERSES. — La colonie du Cap jouit d'un climat doux et tempéré; cependant le pays est exposé pendant l'été à un vent brûlant qui détruit quelquefois toute végétation, et, depuis le mois de mai jusqu'au mois d'août, il est inondé par des pluies continuelles. Les productions de l'Europe se trouvent réunies dans cette contrée à celles de l'Afrique.

Le cap de Bonne-Espérance, qui donne son nom au pays dont nous parlons, fut d'abord nommé *cap des Tourmentes*, par les Portugais, qui y furent assaillis par d'horribles tempêtes, lorsqu'ils le découvrirent, en 1483, et qui n'osèrent le doubler que quinze ans après, sous la conduite de Vasco de Gama, qui ouvrit ainsi aux Européens la route des Indes.

MOZAMBIQUE.

Quelles sont les bornes, les divisions et les villes principales de la capitainerie-générale de MOZAMBIQUE, *et à quel peuple appartient-elle?*

La capitainerie-générale de Mozambique, qui comprend toutes les possessions des Portugais sur la côte orientale de l'Afrique, s'étend le long du canal auquel elle donne son nom, entre la Cafrerie, au N. O., à l'O. et au S. O., et le Zanguebar, au N. E. — Les Portugais divisent ce pays en sept gouvernements, qui sont, du S. O. au N. E. : 1° celui de *Lorenzo Marquez*, autour de la baie de ce nom; 2° celui d'*Inhambane*, avec un fort du même nom; 3° celui de *Sofala*, dont la capitale, autrefois très-florissante, n'est plus aujourd'hui qu'un village; 4° celui des *Rivières de Séna*, arrosé par le Zambèze, sur lequel se trouvent : TÈTE, son chef-lieu; *Séna*, plus au S. E., et *Chicova*, au S. O.; 5° celui de *Quilimane*, avec un chef-lieu du même nom, sur le rivage de la mer; 6° celui de *Mozambique*, dont le chef-lieu, MOZAMBIQUE, est en même temps la capitale de toute la capitainerie : elle est située dans une île très-voisine du continent, et bien fortifiée; son port, un des meilleurs de ces mers, est fréquenté par les vaisseaux qui font le commerce de l'Inde et de la mer Rouge, et qui y prennent des épices et des pierres précieuses; 7° celui du *Cap Delgado* ou *Cabo-del-Gado*, composé seulement des îles *Quérimbes*, situées au S. E. de ce cap.

NOTIONS DIVERSES. — La capitainerie-générale de Mozambique, en y comprenant les peuplades indigènes renfermées dans ses limites, et qui sont gouvernées par des chefs à peu près indépendants, peut compter au moins 3 millions d'habitants, dont 287 mille seulement obéissent aux Portugais. Cette vaste contrée, arrosée par le Zambèze et un grand nombre d'autres rivières, est très-fertile, surtout en riz; les forêts, où l'on trouve l'arbre nommé *malampava*, qui a jusqu'à 23 mètres de tour, sont remplies d'éléphants, qui fournissent au commerce une grande quantité d'ivoire. L'objet le plus important de commerce est ensuite la poudre d'or, qui s'y trouve encore en assez grande quantité pour justifier l'opinion de ceux qui placent sur la côte de Sofala le pays d'*Ophir*, où les vaisseaux de Salomon allaient chercher l'or et l'ivoire.

COTE DE ZANGUEBAR.

Quelles sont les bornes, les divisions, les villes et les îles principales de la côte de ZANGUEBAR?

La côte de Zanguebar, située au N. E. de celle de Mozambique, sur le rivage de la mer des Indes qui la baigne à l'E., a la côte d'Ajan au N. E. et la Cafrerie à l'O.— Elle comprend un grand nombre de petits états qui portent le nom de leurs capitales, et presque tous tributaires de l'iman de Maskate en Arabie, dont la domination a remplacé sur cette côte celle des Portugais, qui, après y avoir régné pendant près de deux siècles, en ont été expulsés par les naturels depuis une centaine d'années. Parmi ces états, les plus connus sont, du S. O. au N. E. : 1° celui de QUILOA, gouverné par un roi nègre, dont la capitale est située dans une petite île, voisine du rivage; 2° celui de ZANZIBAR, composé d'une portion de côte assez considérable et de l'île de *Zanzibar* ou *Souayéli*, la plus grande, la plus peuplée et la plus commerçante de cette côte; il est gouverné par un cheikh nommé par l'iman de Maskate; 3° celui de MOMBAZA, dont la capitale, située dans une petite île près de la côte, a été quelque temps occupée par les Anglais; 4° celui de MÉLINDE, dont la capitale, aujourd'hui bien déchue, fut extrêmement florissante sous la domination portugaise; 5° celui de BRAVA, ville commerçante qui forme une petite république aristocratique; 6° enfin celui de MAGADOXO ou *Makadshou,* dont la capitale est grande et fort commerçante. — On distingue encore sur cette côte l'île de *Monfia*, aujourd'hui inhabitée, et celle de *Pemba*.

NOTIONS DIVERSES. — On suppose que le Zanguebar renferme environ un million et demi d'habitants, en partie Arabes mahométans, et le reste nègres idolâtres divisés en plusieurs tribus, parmi lesquelles on distingue les *Mongallos*, au S. E. les *Mosségueyos* et les *Maracatos* dans l'intérieur des terres. Les plaines marécageuses et malsaines qui occupent la plus grande partie de ce pays sont couvertes de forêts, où vivent de nombreuses troupes d'éléphants, qui fournissent beaucoup d'ivoire. L'île de *Zanzibar*, sur la côte occidentale de laquelle se trouve un excellent port, fait un grand commerce d'esclaves, de gomme et d'ivoire.

COTE D'AJAN.

*Quelles sont les bornes, les divisions et les villes principales de la côte d'*AJAN?

La côte d'Ajan, située au N. E. de celle de Zanguebar, sur la même mer, s'étend au N. jusqu'au détroit de Bab-el-Mandeb, et a à l'O. la Cafrerie et le S. de l'Abyssinie. — Elle peut se diviser en deux parties, la *côte d'Ajan proprement dite*, située le long de la mer des Indes, et qui n'est qu'un désert aride et stérile où errent seulement quelques autruches, et l'ancien royaume d'*Adel*, comprenant la *côte des Somaulis*, le long du golfe d'Aden, et le petit royaume mahométan de HURRUR ou *Arrar*, situé plus au S. O. sur les frontières de l'Abyssinie. — Les *Somaulis*, dont les nombreuses tribus parcourent toute la contrée qui s'étend depuis le Magadoxo jusqu'au golfe d'Aden, sont un peuple mahométan, actif et industrieux, qui fait un commerce important dans toutes les contrées qui avoisinent la mer Rouge et le golfe d'Aden, sur lequel ils possèdent plusieurs ports dont les deux plus fréquentés sont : —BARBORA au *Berbera*, sur la côte méridionale, et qui paraît être maintenant la principale place de commerce de ce pays, et ZEILAH (l'ancien *Avalites portus*), au fond du golfe, capitale de l'ancien royaume d'Adel. — HURRUR, située au S. O., est celle du royaume du même nom.

NOTIONS DIVERSES. — On évalue à 400 mille habitants la population des contrées que nous comprenons sous le nom de côte d'Ajan. Les Somaulis ont le teint olivâtre et teignent en jaune leurs longs cheveux. Ils sont pasteurs et possèdent des troupeaux de moutons dont l'énorme queue pèse jusqu'à 12 ou 13 kilogrammes. Les principaux objets de leur commerce sont les esclaves, le beurre fondu, les bestiaux, et même des aromates, qui croissent sur les côtes du golfe d'Aden, où il ne pleut presque jamais.

ILES QUI DÉPENDENT DE L'AFRIQUE.

Comment se divisent les îles de l'Afrique?

Les îles de l'Afrique se divisent naturellement en îles situées dans l'Océan Atlantique et îles de l'Océan Indien.

Quels sont les principaux groupes situés dans l'Atlantique?

Les principaux groupes sont : —1° les Açores, qui, par leur position à l'O. du Portugal auquel elles appartiennent, devraient faire partie de l'Europe; elles sont au nombre de dix, peuplées de 200 mille habitants, et jouissent d'un climat délicieux. La principale est Terceira, qui a environ 70 kilomètres de tour et une capitale, nommée *Angra*, où réside le gouverneur portugais. —2° Madère, au S. E. des Açores, de 70 kilomètres de long sur 30 de large, et peuplée de 80 mille habitants; fameuse par son vin. Les Anglais s'en sont emparés en 1807; capitale, Funchal. — Au N. E. se trouvent les petites îles de *Porto-Santo*. —3° Les Canaries (anciennes *îles Fortunées*), au S. de Madère, groupe composé de sept grandes îles et de plusieurs petites, aux Espagnols; elles sont très-fertiles, et peuplées de 174 mille habitants. Les principales sont Ténériffe, la plus considérable par son commerce, par ses richesses et par sa population, qui est de 60 mille habitants, et fameuse par son pic, qui s'élève, au S. O. de l'île, à 3,719 mètres de hauteur, et qui renferme un volcan redoutable. On a découvert, au pied de cette montagne, des cavernes où les *Guanches*, anciens habitants de ces îles, déposaient leurs cadavres. Capitale, *Laguna*; mais *Santa-Cruz* en est le port principal. Canarie, qui a donné son nom au groupe; capitale, *Palma*. Fer, où passait le premier méridien, d'après la déclaration de Louis XIII du 1er juillet 1634. — 4° Les îles du Cap-Vert, au N. O. du cap de ce nom, au nombre de vingt, la plupart pierreuses, et peuplées de 45 mille habitants, aux Portugais. La principale, nommée San-Yago, a environ 200 kilomètres de long sur 45 de large : elle est fertile, mais l'air y est malsain; capitale, *Porto-Praya*.

On peut citer encore : 1° Dans le golfe de Guinée : FERNANDO-PÔ, aux Anglais, qui y ont un établissement destiné à réprimer la traite des nègres et à faire pénétrer parmi eux les bienfaits de la civilisation; ANNOBON, aux Espagnols; l'île du PRINCE et SAINT-THOMAS, aux Portugais. Elles sont fertiles, mais l'excessive chaleur y rend l'air malsain. — 2° SAINT-MATTHIEU, à l'O. des précédentes. — 3° L'ASCENSION, au S. O. de Saint-Matthieu, rocher stérile, où l'on trouve en abondance des tortues excellentes et monstrueuses. — 4° SAINTE-HÉLÈNE, au S. E. de l'Ascension, de 35 kilomètres de circuit, entourée de rochers escarpés qui la rendent imprenable, et peuplée de 3 mille habitants. Elle est fameuse par la détention et la mort de Napoléon. Capitale, *James-Town*, aux Anglais. — 5° Les îles de TRISTAN d'ACUNHA, au S. O. de la précédente ; peu connues, et dont la principale a environ 20 kilomètres de tour; aux Anglais.

Quelles sont les îles remarquables de l'Océan Indien ?

Les îles remarquables de l'Océan Indien sont : 1° MADAGASCAR, séparée de l'Afrique par le canal de Mozambique, l'une des plus grandes îles du globe, de 1,500 kilomètres de long sur 550 de large ; traversée du N. au S. par une chaîne de montagnes, et riche en bois précieux. Sa population est évaluée à 2 millions d'habitants, divisés en plusieurs royaumes, dont le plus puissant est celui des HOVAS, au centre de l'île ; capitale, *Tananarive*; 50 mille habitants. Les Madécasses ont toujours détruit les établissements européens formés sur leurs côtes, qui sont fertiles, mais malsaines ; cependant les Français en possèdent un dans la petite île de *Nos-Béh*, près de la côte N. O. de Madagascar. — 2° BOURBON, à l'E. de Madagascar, de 220 kilomètres de tour, et peuplée de 89 mille habitants, aux Français, qui s'y sont établis en 1665. Elle est fertile, particulièrement en café d'excellente qualité. On trouve sur ses côtes de l'ambre gris, du corail et de beaux coquillages. Capitale, *Saint-Denis*. — L'ILE DE FRANCE, ou *île Maurice*, au N. E. de Bourbon, de 200 kilomètres de circuit ; peuplée de 40 mille habitants et fertile en sucre, indigo, muscade, etc. : capitale, *Port-Louis*; aux Anglais, qui l'ont prise à la France, ainsi que l'île *Rodrigue*, située plus à l'E.

On peut citer encore : — les SEYCHELLES, au N. E. de Madagascar, divisées en deux groupes, savoir : les îles de MAHÉ, ainsi nommées de MAHÉ, la plus grande de toutes, et les AMIRANTES, au S. O.; aux Anglais. — SAINTE-MARIE, sur la côte orientale de Madagascar ; aux Français, qui y ont élevé le fort *Saint-Louis*.

AMÉRIQUE.

*Quand l'*AMÉRIQUE *a-t-elle été découverte? Quelle en est l'étendue? Comment se divise-t-elle, et à combien d'habitants estime-t-on sa population?*

Ce vaste continent, qui forme la quatrième partie du monde, fut découvert, en 1492, par Christophe Colomb, Génois, qui aborda à l'une des îles de Bahama, et ensuite à Saint-Domingue. En 1497, le Florentin Améric Vespuce, ayant découvert la partie méridionale, publia une relation de son voyage dans cette partie du monde, qui prit de lui le nom d'*Amérique*. — Son étendue, du N. au S., dépasse 14,000 kilomètres.—Elle se divise naturellement en deux grandes péninsules, réunies entre elles par l'isthme de *Panama*, et qui portent les noms d'*Amérique du Nord* et d'*Amérique du Sud*. — On estime la population de l'Amérique et des îles qui en dépendent à 47 millions d'habitants.

NOTIONS DIVERSES. — On évalue la superficie de l'Amérique à près de 40 millions de kilomètres carrés ; mais elle est de toutes les parties du monde la moins peuplée, relativement à son étendue. Des 47 millions d'habitants qu'elle renferme, 25 millions au moins appartiennent à la race blanche européenne, 10 millions à la race jaune américaine, 7 millions et demi à la race nègre africaine, et le reste aux races mélangées issues des trois autres. Sur ce nombre, 29 millions environ sont catholiques, 15 millions protestants, et le reste idolâtre.

L'immense étendue de l'Amérique permet d'y retrouver tous les climats et toutes les productions des autres parties du monde. Il faut cependant remarquer qu'elle est moins chaude que l'ancien continent : ce qu'il faut attribuer surtout aux montagnes élevées qui s'y trouvent, et qui donnent naissance à un nombre prodigieux de rivières et de fleuves considérables. Nulle part les métaux précieux ne sont plus abondants.

AMÉRIQUE DU NORD *.

*Quelles sont les bornes et les divisions de l'*AMÉRIQUE DU NORD ?

L'Amérique du Nord est bornée, à l'O., par le Grand-Océan; au S., par l'isthme de Panama et la mer des Antilles; à l'E., par l'Océan Atlantique; au N. s'étendent des contrées inconnues et des mers toujours glacées, qu'aucun vaisseau n'a encore pu traverser. — Cette partie de l'Amérique se divise en sept grandes contrées, qui sont les *Terres Arctiques*, la *Nouvelle-Bretagne*, l'*Amérique Russe*, les *États-Unis*, le *Mexique*, le *Guatémala* et les *Antilles*.

Quels sont les principaux GOLFES *de l'Amérique du Nord ?*

Les principaux sont :

La baie d'*Hudson*, à l'O. du Labrador : elle forme, au S., celle de *James*, et communique, au N., avec la mer *Christiane*. — Le golfe *Saint-Laurent*, entre l'île de Terre-Neuve et les États-Unis. — La baie de *Fundy*, entre la Nouvelle-Écosse et les États-Unis. — Le golfe du *Mexique*, entre la Floride et le Mexique. — Le golfe *Kamichaz* ou de *Bristol*, celui de *Norton* et celui de *Kotzebue*, sur les côtes de l'Amérique Russe.

Quels sont les principaux DÉTROITS *de l'Amérique du Nord ?*

Les principaux sont ceux :

De *Davis*, entre la mer des Eskimaux et celle de Baffin; — de *Lancastre* et de *Barrow*, entre la mer de Baffin et la mer Polaire; — d'*Hudson*, à l'entrée de la baie de ce nom; — de *Belle-Ile*, entre Terre-Neuve et le Labrador; — le vieux et le nouveau canal de *Bahama*, entre les îles Lucayes ou de Bahama, Cuba et la Floride; — de la *Floride*, entre ce pays et Cuba.

Quels sont les principaux LACS *de l'Amérique du Nord ?*

Les principaux lacs de cette partie du monde, qui sont très-nombreux et fort considérables, sont : 1° entre le Canada et les États Unis, les lacs : *Supérieur*, de 2,200 kilomètres de circuit, le plus grand de tous ceux de l'Amérique; *Michigan*, de 412 kilomètres de long sur 90 de large; *Huron*, de 330 kilomètres de long sur 265 de large; *Erie*, de 330 kilomètres de long sur 40 à 60 de large; et *Ontario*, d'environ 900 kilomètres de tour. Ces cinq lacs se dé-

---

* Consulter, dans mon *Atlas à l'usage des colléges*, la carte de l'AMÉRIQUE DU NORD.

chargent l'un dans l'autre ; les deux derniers sont réunis par le *Niagara*, qui, à 18 kilomètres au-dessus de son embouchure dans le lac Ontario, se précipite de 50 mètres de haut : le bruit de cette magnifique cataracte se fait entendre de 12 kilomètres. — 2° Le lac *Champlain*, au N. des États-Unis ; il a 265 kilomètres de long sur 50 de large, et communique avec le fleuve Saint-Laurent par la rivière *Sorrel*. — 3° Les lacs *des Bois*, grand et petit *Ouinipeg*, *des Rennes*, *Wollaston*, *des Montagnes*, *de Fonte* ou *de l'Esclave*, et *Grand-Ours*, peu connus, au nord de l'Amérique!

Quelles sont les principales PRESQU'ILES *de l'Amérique du Nord ?*

Les principales sont :

Le *Labrador*, au N. E., entre le golfe Saint-Laurent et la baie d'Hudson. — La *Nouvelle-Écosse*, entre la baie de Fundy et l'Océan. — La *Floride Orientale*, au S. des États-Unis, entre l'Océan et le golfe du Mexique. — Le *Yucatan*, au N. O. du Guatémala, dans le golfe du Mexique. — La *Vieille-Californie*, à l'O. du Mexique, entre le golfe de Californie et le Grand-Océan. — L'*Alaska*, qui forme avec les îles Aléoutiennes une espèce de chaîne qui rattache l'Amérique à l'Asie.

Quels sont les principaux CAPS *de l'Amérique du Nord ?*

Les principaux sont :

Le cap *Farewell*, au S. du Groenland ; — le cap *Hatteras*, à l'E. des États-Unis ; — le cap *Sable*, au S. de la Floride ; — le cap *Corrientes*, à l'O. du Mexique ; — le cap *San-Lucas*, au S. de la Californie.

Quelles sont les principales chaînes de MONTAGNES *de l'Amérique du Nord ?*

Les principales sont :

Les monts *Océaniques*, qui suivent la côte du Grand-Océan et vont se terminer au cap San-Lucas ; le mont *Saint-Élie*, de 5,444 mètres de hauteur, est le sommet le plus élevé de cette chaîne. — Les montagnes *Rocheuses*, qui paraissent traverser toute l'Amérique du Nord, depuis les rivages de l'Océan Glacial Arctique. Cette chaîne prend le nom de *Sierra Madre* en entrant dans le Mexique, où elle se maintient à une hauteur de 1,300 à 2,000 mètres. Elle contient plusieurs volcans, dont les principaux sont : le *Popocatepetl* et le pic d'*Orizaba*, qui ont plus de 5,400 mètres de hauteur. Cette partie de la chaîne renferme des mines d'or et d'argent, qui produisent annuellement 120 millions de francs. — Outre ces deux chaînes, on trouve, à l'E., celle des monts *Alléghany*, nommés aussi *Apalaches* dans leur partie méridionale, et dont la chaîne la plus orientale porte le nom particulier de *Montagnes Bleues*. Elles traversent les États-Unis du N. E. au S. O., dans une longueur d'environ 1,300 kilomètres sur 90 à 270 de largeur.

Quelles sont les principales RIVIÈRES *de l'Amérique du Nord?*

Les plus considérables sont :

Le *Saint-Laurent*, qui sort du lac Ontario, grossi des eaux de tous les grands lacs de cette partie de l'Amérique, traverse une partie du Canada, et va se jeter dans le golfe auquel il donne son nom, par une embouchure de 130 kilomètres de largeur.—Le *Mississipi*, qui prend sa source au N. des États-Unis, qu'il traverse dans toute leur longueur, et se jette dans le golfe du Mexique, après un cours estimé à 6,500 kilomètres, et dans lequel il reçoit à sa gauche l'*Ohio*, qui sort des monts Alléghanys, et à sa droite le *Missouri*, l'*Arkansas* et la rivière *Rouge*, qui sortent des montagnes Rocheuses. Le Missouri, dont le cours n'a pas moins de 4,300 kilomètres, devrait être considéré comme le fleuve principal, et le Mississipi comme l'un de ses affluents.—Le *Rio Bravo del Norte*, qui sort aussi des montagnes Rocheuses et tombe dans le golfe du Mexique.—La *Columbia* ou *Orégon*, qui arrose la partie la plus occidentale des États-Unis, et se jette dans le Grand-Océan, grossie de la rivière de *Lewis*. — La *Mackenzie*, qui porte à l'Océan Glacial les eaux d'une grande partie du N. de l'Amérique.

TERRES ARCTIQUES.

Quelles sont les contrées que l'on comprend sous le nom de TERRES ARCTIQUES?

Nous comprenons sous le nom de Terres Arctiques toutes les terres qui forment, entre les côtes septentrionales de l'Amérique du Nord et le pôle Arctique, et peut-être sous le pôle lui-même, un immense archipel encore imparfaitement connu, parce que les mers où il est situé sont en tout temps obstruées par les glaces. Parmi ces terres, couvertes elles-mêmes de glaces pendant la plus grande partie de l'année, nous décrirons seulement le *Groenland*, qui en est la plus considérable, et le *Spitzberg*, qui par sa position appartient à l'Europe, mais que son climat et son peu d'éloignement du pôle font ordinairement comprendre parmi la Terre-Arctique.

Quels sont la position, les habitants, les établissements européens et la population du GROENLAND?

Le Groenland, dont le nom signifie *Terre verte*, est situé entre la mer de Baffin, à l'O., et l'Océan septentrional, au S. et à l'E.; ses bornes au N. sont inconnues. L'hiver, qui y dure neuf mois, est très-rigoureux; mais les chaleurs de l'été y font éclore une belle végétation. La pêche de la baleine, qui abonde sur ses côtes, y a fait fonder par les Danois une douzaine d'établissements, dont le principal est *Gothaab*, au S. O.; le poste le plus voisin du pôle est sous le 72e degré de latitude. On estime la population de ce pays à 20 mille habitants, dont 6,000 Européens, formant dix-sept colonies, et le reste appartenant aux *Eskimaux*, qui occupent toutes les régions septentrionales de l'Amérique.

Où est situé le SPITZBERG?

Le Spitzberg, situé au N. de l'Europe et à l'E. du Groenland, tire son nom d'une chaîne de rochers escarpés qui le bordent; il est très-peu connu, et n'est fréquenté que par ceux qui vont à la pêche de la baleine dans ces parages, et particulièrement par les Russes, qui y ont formé un établissement.

8

NOUVELLE-BRETAGNE.

Quelles sont les bornes et les divisions de la NOUVELLE-BRETAGNE ?

Nous comprenons sous le nom de Nouvelle-Bretagne tous les pays peu connus qui occupent le nord de l'Amérique septentrionale, depuis les limites de l'Amérique Russe et le Grand-Océan, à l'O., jusqu'à l'Océan Atlantique, à l'E.—Cette immense contrée, qui embrasse plus de vingt degrés du N. au S., et plus de 70 de l'O. à l'E., peut se diviser en sept pays ou régions distinctes, savoir : le *Labrador*, la *Nouvelle-Écosse*, et le *Nouveau-Brunswick*, au N. E.; le *Canada*, au centre; la *Nouvelle-Galles*, à l'O. de la baie d'Hudson; la *région des Lacs*, dans laquelle nous comprenons tous les pays situés à l'O. de la Nouvelle-Galles et du Canada, et couverts de lacs dont les eaux s'écoulent dans la baie d'Hudson, ou dans l'Océan Arctique; enfin, la *Nouvelle-Calédonie*, composée des contrées comprises entre les montagnes Rocheuses et l'Océan, et dont les côtes ont reçu les noms de *Nouveau-Norfolk*, *Nouveau-Cornouailles* et *Nouvel-Hanovre*. Ces deux dernières régions sont très-peu connues, et n'ont d'importance que par les fourrures qu'on en tire.

Quels sont la position et les habitants du LABRADOR ?

Le Labrador, entre l'Océan Atlantique à l'E., le détroit d'Hudson au N., la baie de ce nom à l'O., et le Canada au S., est un pays très-froid, habité par des Eskimaux, qui vivent de leur pêche. La secte protestante des *Frères Moraves* a formé parmi eux quelques établissements, dont le plus remarquable est celui de *Nain*, sur la côte orientale.

Quelles sont la position, la population et les villes principales de la NOUVELLE-ÉCOSSE *et du* NOUVEAU-BRUNSWICK ?

La Nouvelle-Écosse, qui forme, au S. du golfe Saint-Laurent, une presqu'île importante par le grand nombre de bons ports qui s'y trouvent, et par son commerce de pelleteries, a été cédée aux Anglais, en 1763, par les Français qui y avaient formé, en 1604, plusieurs établissements, dont *Le Port-Royal*, aujourd'hui *Annapolis*, était le principal. Elle renferme environ 125 mille habitants, et a pour capitale HALIFAX, au S. E.

Le Nouveau-Brunswick, situé au N. E. de la Nouvelle-Écosse, renferme 60 mille habitants, et a pour capitale FREDERICKSTOWN, au S. O.; mais *Saint-Jean*, situé au S. E., en est la ville la plus importante.

Quelles sont la position, la population, les divisions et les villes principales du CANADA ?

Le Canada, qui s'étend au N. des États-Unis et de tous les grands lacs de l'Amérique, embrasse une immense étendue de pays fort peu connus, dont quelques parties sont très-fertiles; il appartenait à la France, qui l'a cédé à l'Angleterre en 1763 ; il renferme environ 900 mille habitants.—On le divise en *Haut-Canada*, à l'O., et *Bas-Canada*, à l'E. Le premier a pour villes principales : YORK, capitale, sur le lac Ontario, et *Kingston*, sur le fleuve Saint-Laurent ; le second renferme *Mont-Réal*, dans une île du même fleuve ; *Les Trois-Rivières*, petite ville, ainsi nommée de trois rivières qui se jettent dans le même fleuve ; et enfin QUÉBEC, aussi sur le Saint-Laurent, ville belle et forte, capitale de tout le Canada, et résidence du gouverneur.

A l'embouchure du fleuve se trouve l'île stérile d'*Anticosti*, qui dépend du Canada, et sur les côtes de laquelle on pêche de la morue : elle a environ 180 kilomètres de long sur 45 de large.

Quelles sont les principales îles situées sur les côtes de la Nouvelle-Bretagne ?

Les principales sont : — TERRE-NEUVE, séparée du continent par la baie de Saint-Laurent et le détroit de Belle-Ile : elle est presque triangulaire, et a 520 kilomètres dans sa plus grande longueur. Elle renferme aujourd'hui 70 mille habitants et les villes de *Plaisance* et de *Saint-John*. A 230 kilomètres à l'E. s'étend le grand banc de sable de 1,100 kilomètres de long sur 350 de large, fameux par la pêche de la morue. Les Français ont abandonné Terre-Neuve à l'Angleterre, en se réservant le droit de pêche sur une partie des côtes et deux autres petites îles nommées *Saint-Pierre* et *Miquelon*, au S. — Saint-Jean, dans le golfe Saint-Laurent : chef-lieu, *Charlotte-Town*.—L'île Royale ou du *Cap-Breton*, à l'E. de la précédente, séparée de la Nouvelle-Écosse par un détroit de 4 kilomètres : chef-lieu, *Louisbourg*. Ces deux îles appartiennent aussi à l'Angleterre, qui possède encore les Bermudes, situées au S. E., à 900 kilomètres environ de la côte des États-Unis. — On doit encore considérer comme faisant partie de la Nouvelle-Bretagne les îles situées dans le Grand-Océan vis-à-vis des côtes de la Nouvelle-Calédonie, et dont les plus remarquables sont : l'île de la *Reine-Charlotte*, et celle de *Quadra et Vancouver*, capitale *Nootka*, habitées par un grand nombre de tribus indépendantes, et qui sont toujours en guerre entre elles.

Notions diverses sur les Terres Arctiques et la Nouvelle-Bretagne. — Les Terres Arctiques et la Nouvelle-Bretagne comprennent ensemble plus de la moitié de l'Amérique du Nord ; mais, sur toute cette vaste étendue de terre, il n'y a réellement que le Canada méridional et les contrées comprises entre ce pays et la mer qui soient fertiles, et habitées par des Européens, la plupart Français et catholiques, quoique ces pays appartiennent à l'Angleterre. Tout le reste de ces immenses régions, où l'hiver dure jusqu'à neuf mois, et qui, dans les parties les plus septentrionales, demeurent plongées, pendant quatre mois et plus, dans les ténèbres de la nuit, est habité par les *Eskimaux*, race misérable, qui ne vit que de la chasse ou de la pêche, et passe l'hiver dans des tanières creusées sous terre. Une secte de la religion protestante, nommée les *Frères Moraves*, a converti une partie de ceux qui habitent le Groenland. Ces tristes contrées n'ont d'importance qu'à cause des riches fourrures qu'elles fournissent au commerce des Anglais, des Danois et des Russes. Les glaces qui couvrent presque constamment les bras de mer et détroits qui s'étendent entre les Terres Arctiques, ont apporté jusqu'ici des obstacles insurmontables aux navigateurs qui ont essayé de pénétrer, par le Nord, de l'Atlantique dans le Grand-Océan.

AMÉRIQUE RUSSE.

Quels sont les bornes, la population, le gouvernement et les divisions de l'AMÉRIQUE RUSSE?

L'Amérique Russe occupe tout le N. O. de l'Amérique et a pour bornes, au N., l'Océan Glacial Arctique; à l'O., le détroit et la mer de Behring; au S. O., le Grand-Océan; au S. E. et à l'E., la Nouvelle-Bretagne.—Cette vaste contrée n'est habitée que par de misérables peuplades dont quelques-unes sont restées jusqu'ici indépendantes de la compagnie de marchands russes à laquelle l'empereur de Russie a concédé la souveraineté de ce vaste pays, qui n'a quelque importance qu'à cause des riches fourrures qu'on en tire; car sa population ne s'élève qu'à 61 mille individus.—L'Amérique Russe se compose de deux parties distinctes, savoir : la *partie continentale*, qui ne renferme pas de villes, mais seulement quelques établissements de peu d'importance, tels que *Simiona* et *Alexandrov-Skaïa*, sur les côtes méridionales, et les *îles*, où se trouvent les principaux établissements.

Quelles sont les îles les plus remarquables de l'Amérique Russe?

Les îles remarquables de l'Amérique Russe se composent de trois groupes principaux, savoir : 1°—Les îles ALÉOUTIENNES ou *Aléoutes*, qui forment une chaîne qui semble lier l'Amérique à l'Asie. Les plus orientales sont aussi désignées sous le nom d'*îles aux Renards*, et l'on comprend quelquefois parmi elles l'île *Kadiak*, la plus grande du groupe, peuplée de 14 mille habitants, dont 150 Russes, et dans laquelle se trouve le port d'*Alexandria-Saint-Paul*, l'un des principaux établissements de la compagnie Russe. — 2° L'archipel du *Roi Georges*, dont l'île principale porte le même nom, et quelquefois aussi celui de *Sitka*, qui était celui du premier établissement Russe, détruit en 1808 par les naturels, et remplacé par le fort de la *Nouvelle-Arkhangelsk*, chef-lieu de toutes les possessions Russes en Amérique, et résidence du gouverneur. — 3° L'archipel du *Prince de Galles*, situé au S. de celui du Roi Georges, et qui fait, comme ce dernier, partie du grand archipel de QUADRA ET VANCOUVER, qui comprend toutes les îles de cette côte.

NOTIONS DIVERSES. — On peut appliquer à l'Amérique Russe ce que nous avons dit des parties septentrionales de la Nouvelle-Bretagne, sous le rapport du climat et des habitants, qui sont généralement dans un état complet d'abrutissement et de misère; cependant ceux des côtes méridionales se font remarquer par leur industrie à construire des pirogues, et par leur habileté à la pêche et à la chasse. De hautes montagnes, d'immenses forêts de pins, des neiges presque éternelles, tel est le triste aspect qu'offrent ces vastes contrées, que l'homme fuirait si sa cupidité n'était excitée par le profit qu'il retire des fourrures précieuses des animaux qui les habitent.

ÉTATS-UNIS.

Quels sont les bornes, les divisions, le gouvernement, la population et les religions des ÉTATS-UNIS?

Les États-Unis, qui sont d'anciennes colonies anglaises qui ont secoué le joug de la mère-patrie en 1776, occupent toute la partie centrale de l'Amérique du Nord. — Ils ont pour limites, au N., la Nouvelle-Bretagne; à l'O., le Grand-Océan; au S. O., le Mexique; au S., le golfe du Mexique; et à l'E., l'Océan Atlantique. — Ces États, aujourd'hui au nombre de vingt-six, forment une république fédérative avec un gouvernement général et fédéral, composé d'un président élu pour quatre ans, et entre les mains duquel est remis le pouvoir exécutif; d'un sénat composé de deux députés de chaque État, et d'une chambre des représentants. Chaque État a, en outre, son gouvernement particulier. — La population, qui s'accroît très-rapidement, était en 1840 de plus de 17 millions d'habitants (*Voyez* le tableau p. 221), dont près de 2 millions et demi de nègres esclaves. — La plus grande partie de cette population suit la religion réformée, divisée en sectes extrêmement multipliées. Les catholiques y sont cependant aussi assez nombreux et possèdent plusieurs évêchés.

Quelles sont les principales villes des États-Unis?

Les plus remarquables sont, du N. au S.: — Boston, très-bon port, patrie de Franklin, l'une des villes les plus belles et les plus commerçantes des États-Unis. Population, 70 mille habitants. — New-York, située dans une position extrêmement avantageuse, à l'embouchure du fleuve *Hudson*, la ville la plus commerçante et la plus peuplée des États-Unis; brûlée pendant la guerre de l'indépendance, et rebâtie depuis. Elle possède un beau collège, un arsenal et des chantiers pour la construction des vaisseaux. Population, 205 mille habitants. — Philadelphie, dans la *Pensylvanie*, ainsi nommée de Guillaume Penn, chef des quakers, qui vint s'y établir en 1681. Cette ville, une des plus belles et des plus florissantes de l'Amérique, a été, jusqu'en 1800, le siège du congrès. Population, 161 mille habitants. — Baltimore, port très commerçant. Population, 80 mille habitants. — WASHINGTON, capitale du district de *Colombia*; ville nouvelle, fondée, en 1792, en l'honneur du général Washington, libérateur de l'Amérique, pour être le siége du congrès, qui y a tenu sa première séance en 1800. Elle est située à 420 kilomètres de la mer, sur le *Potomac*, que les gros vaisseaux remontent jusque-là avec la marée. — La Nouvelle-Orléans, au S., sur le golfe du Mexique; capitale de la *Louisiane*, vaste pays de l'Amérique qui a longtemps appartenu à la France : cédée par cette puissance, en 1763, à l'Espagne, qui ne la conserva que peu de temps, cette belle province fut définitivement vendue en 1803 par le gouvernement français à l'Union Américaine, dans laquelle elle a pris rang comme État en 1812.

On doit encore considérer comme faisant partie des États-Unis l'État du Texas, situé sur la côte N. O. du golfe du Mexique. Composé de la partie N. E. de l'ancienne province mexicaine de *Cohahuila* et *Texas*, qui s'est violemment séparée du Mexique et qui a bravement défendu contre lui son indépendance les armes à la main, il forme aujourd'hui un état qui s'est annexé aux États-Unis en 1845 et dont on estime la population à 500 mille habitants. — Austin, sur le *Rio-Colorado*, en est la capitale; mais Galveston, sur le golfe du Mexique, en est le port le plus commerçant.

Notions diverses. — L'immense territoire des États-Unis, qui comprend une superficie égale à onze fois et demie celle de la France, réunit les climats et les productions les plus variés. Cette vaste contrée se divise naturellement en 3 régions : 1° Celle qui est comprise entre les monts Alléghany et l'Atlantique, découpée par des golfes profonds et sillonnée par des fleuves nombreux et navigables qui permettent aux vaisseaux de remonter au loin dans l'intérieur. C'est là que sont réunies la majeure partie de la population et la plupart des grandes villes et des ports de commerce. 2° Le large bassin du Mississipi, compris entre les monts Alléghany et les montagnes Rocheuses, et dont l'incroyable fertilité a déjà attiré de nombreux colons. 3° Enfin la région comprise entre les montagnes Rocheuses et le Grand-Océan, arrosée par la Columbia et ses affluents, et dont le sol, couvert d'une végétation vigoureuse, n'attend que des habitants plus nombreux pour égaler par la richesse de ses productions les États de l'Union les plus favorisés sous ce rapport.

MEXIQUE.

Quels sont les bornes, les divisions, le gouvernement, la religion et la population du GUATÉMALA?

Le Mexique, la plus riche des anciennes colonies Espagnoles dans le Nouveau-Monde, est borné au N. E. et au N. par les États-Unis; à l'O. et au S. O., par le Grand-Océan, et au S. E. par le Guatémala, le golfe du Mexique et le Texas. Il se compose de vingt États, dont nous ferons connaître les principaux en nommant leurs capitales. — Le Mexique, qui s'est, depuis 1820, déclaré indépendant de la mère patrie, forme aujourd'hui une république fédérative gouvernée par un congrès. — Les habitants professent la religion catholique; ils sont au nombre de 8 millions environ, dont 2 millions et demi appartiennent à l'ancienne nation des *Aztèques*, peuple puissant et civilisé qui possédait le Mexique quand Fernand Cortès en fit la conquête.

Quelles sont les villes remarquables du Guatémala?

Les villes remarquables du Mexique sont: — SAN CARLOS DE MONTE-REY, capitale de l'État de la *Nouvelle-Californie*, situé au N. O. du Mexique. — LORETO, capitale de l'État de la *Vieille-Californie*, au S. E. du précédent; ville forte. — SANTA-FÉ, capitale de l'État du *Nouveau-Mexique*, situé à l'E. des précédents; pays très-fertile, mais peu habité. — GUADALAXARA, beaucoup plus au S., capitale du fertile et riche État de *Xalisco*; population, 70 mille habitants. — GUANAXUATO, au N. E. de Guadalaxara, capitale de l'État du même nom, fameuse par la richesse de ses mines d'or et d'argent. — MEXICO, ancienne capitale des Aztèques, sur lesquels elle fut prise, en 1521, par Fernand Cortès, et encore aujourd'hui l'une des villes les plus belles et les plus considérables du Nouveau-Monde; capitale de l'État de Mexico et siége du gouvernement du Mexique. Population, 155 mille habitants. — On trouve, dans le même État, *Acapulco*, port très-commerçant, sur le Grand-Océan, mais presque entièrement détruit en 1837 par un violent tremblement de terre. — LA PUÉBLA, au S. E. de Mexico, ville très-manufacturière, peuplée de 68 mille habitants. — LA VERA-CRUZ, bon port sur le golfe du Mexique, entrepôt du commerce de l'Europe avec le Mexique, défendu par la célèbre forteresse de *Saint-Jean d'Ulloa*, prise d'assaut par les Français en 1839. — OAXACA, au S. O. de la Vera-Cruz, dans une vallée très-fertile, que Charles-Quint avait donnée aux descendants de Fernand Cortès. Elle est, comme les deux précédentes, la capitale d'un État qui porte le même nom. — MÉRIDA, capitale de l'État du *Yucatan*, dont les Anglais possèdent une petite partie au S., qui a pour capitale *Balise*. — Au S. O. de Mérida se trouve *Campêche*, qui fait un grand commerce de bois de teinture.

NOTIONS DIVERSES. — Le Mexique était la plus riche des colonies Espagnoles dans le Nouveau-Monde, tant par ses mines, qui fournissent plus d'or et d'argent que toutes les autres de l'Amérique, que par les productions précieuses de son sol fertile en blé, sucre, cacao, vanille, coton, indigo, tabac et bois recherchés. L'élévation de ce beau pays, traversé par de nombreuses chaînes de montagnes, en rend la température généralement douce et salubre. Les côtes seules sont chaudes et malsaines.

GUATÉMALA.

Quels sont les bornes, les divisions, le gouvernement, la religion et la population du GUATÉMALA?

Le Guatémala, qui, sous la domination de l'Espagne, faisait partie de la vice-royauté du Mexique, est borné au N. par le golfe de Honduras et par le Mexique, à l'O. et au S. par le Grand-Océan, et à l'Est par la mer des Antilles.—Il se compose de 5 États, qui forment, comme le Mexique, une république fédérative, qui porte encore le nom d'*États-Unis de l'Amérique centrale*, et est gouvernée par un congrès.—La religion catholique y est seule reconnue.—On estime sa population à 2 millions d'habitants, dont la moitié appartient à des tribus indiennes indépendantes, parmi lesquelles se distinguent les *Mosquitos*, sur la côte orientale.

Quelles sont les villes remarquables du Guatémala?

Les villes remarquables du Guatémala sont :—GUATÉMALA, près du Grand-Océan; capitale de l'État du même nom, et siége du gouvernement de la république. Population, 40 mille habitants.—COBAN ou *Vera-Paz*, plus au N. E., ancienne capitale d'une province fertile, mais exposée à des pluies qui durent neuf mois de l'année.—COMAYAGUA, au S. E. de Guatémala, capitale de l'État de *Honduras*, au N. duquel se trouve le port de *Truxillo*, sur le golfe qui donne son nom à la province, et sur les côtes duquel les Anglais ont quelques établissements.—LÉON, au S. E. de Comayagua, capitale de l'État de *Nicaragua*, où se trouve le lac de ce nom.—CARTAGO, au S. E. de Léon, capitale de l'État de *Costa-Rica*, sur les côtes duquel on pêche le coquillage qui fournit la pourpre.

NOTIONS DIVERSES.—Le Guatémala, par sa situation entre les deux Océans et les deux Amériques, occupe certainement la position la plus heureuse du monde pour devenir un État riche par son commerce. Son climat et ses productions sont à peu près les mêmes que ceux du Mexique; la fertilité de son sol en ferait la contrée la plus agréable de l'Amérique, s'il n'était exposé à de violents tremblements de terre.

ANTILLES.

Où sont situées les ANTILLES, *et comment se divisent-elles?*

Les Antilles forment une chaîne qui s'étend depuis la pointe de la Floride orientale jusque vers l'embouchure de l'Orénoque; elles se divisent en trois groupes, savoir : les *Lucayes*, ou îles de *Bahama*, au N.; les *Grandes-Antilles*, au S., et les *Petites-Antilles*, au S. E. des grandes, et qui se divisent elles-mêmes en *îles du Vent*, au N. E., et *îles sous le Vent*, au S. O.

A qui appartiennent les LUCAYES, *et quelles en sont les principales?*

Les îles Lucayes ou de Bahama appartiennent aux Anglais, et sont au nombre de 500, dont les principales sont : BAHAMA, qui donne son nom au détroit qui la sépare de la Floride.— ABACO ou *Lucaye*, au S. E. de Bahama.— HETERA, au S. E. d'Abaco.— La PROVIDENCE et ST-ANDRÉ, au S. O. des précédentes. — SAN-SALVADOR ou *Guanahani*, à l'E., la première terre que Christophe Colomb découvrit dans le Nouveau-Monde, en 1492.

Quelles sont les îles comprises sous le nom de GRANDES-ANTILLES, *et quelles en sont les villes remarquables?*

Les Grandes-Antilles sont au nombre de quatre, savoir : — 1° CUBA, à l'O., de 930 kilomètres de long sur 160 de large, découverte par Christophe Colomb, en 1494; elle est très-fertile, et renferme des mines d'or. Population, 725 mille habitants. Les villes principales sont : LA HAVANE, au N. O., capitale, très-commerçante, avec un excellent port et 83 mille habitants. *Santiago*, au S. E.; aux Espagnols.— 2° La JAMAÏQUE, au S. de Cuba, de 200 kilomètres de long sur 90 de large, découverte en 1494 par Christophe Colomb, et prise, en 1655, sur les Espagnols par les Anglais, dont elle est, par son admirable fertilité, une des plus riches colonies. Population, 402 mille habitants, dont 25 mille Anglais. Villes principales : Kings-town, port principal; *Spanishtown*, capitale de l'île sous les Espagnols. — 3° Haïti, ou Saint-Domingue, à l'E. des précédentes, de 780 kilomètres de long sur 150 de large; la plus riche des Antilles, découverte, en 1492, par Christophe Colomb, qui l'appela *Hispaniola*. Elle était divisée en deux parties, dont l'une, à l'O., appartenait aux Français, qui l'ont perdue, en 1793, par l'insurrection des nègres, dont ils ont reconnu l'indépendance en 1825, et qui sont aussi devenus les maîtres de l'autre partie, située à l'E., et qui appartenait aux Espagnols. L'île entière renferme 935 mille habitants, et a pour villes principales : Port-au-Prince, port au fond d'un golfe de la côte occidentale, capitale de toute la république, dont elle est la ville la plus commerçante et la plus peuplée; ancienne capitale de la partie française; 17 mille habitants. — *Cap Haïtien*, port de la côte septentrionale, dans les environs duquel croit le meilleur sucre. — *Santo-Domingo*, bon port au S. E., ancienne capitale de la partie espagnole. — Toutes ces villes ont été presque entièrement détruites par un affreux tremblement de terre, en 1842. — 4° Porto-Rico, à l'E. de Saint-Domingue, de 180 kilomètres de long sur 90 de large; elle est très-fertile, et renferme 225 mille habitants, dont 17,500 blancs; capitale San-Juan, au N., avec un bon port défendu par plusieurs forts; aux Espagnols.

*Quelles sont celles des Petites-Antilles qui appartiennent à l'*Angleterre*?*

Les Anglais possèdent, parmi les Petites-Antilles, les îles Vierges, dont deux, savoir : *Saint-Thomas* et *Saint-Jean*, ont été restituées par eux aux Danois, en 1814. — Saint-Christophe, d'environ 110 kilomètres de tour. Population, 42 mille habitants, dont 6 mille blancs. — Antigua, capitale, *Saint-Jean*; 37 mille habitants, dont 7 mille blancs. — La Dominique, de 150 kilomètres de long sur 25 de large; île fertile, qui a pour capitale *Les Roseaux*, peuplée de 5 mille habitants. — La Barbade, de 70 kilomètres de long sur 20 de large. Population, 80 mille habitants; capitale, *Bridgetown*. — Sainte-Lucie, cédée par la France à l'Angleterre, en 1814. Population, 25 mille habitants.—SAINT-VINCENT, de 55 kilomètres de long sur autant de large; capitale, *Kingstown*, 15 mille habitants, dont 1,400 blancs. Les Caraïbes, qui s'y trouvaient en plus grand nombre que dans aucune autre des Antilles, s'y soulevèrent, en 1774, contre les Anglais, qui les déportèrent à la Terre-Ferme. — La GRENADE, de 45 kilomètres de long sur 45 de large, cédée par les Français aux Anglais en 1785; capitale, *Port-Royal*. — TABAGO, originairement aux Portugais, prise et reprise plusieurs fois par les Français et les Anglais; elle est restée à ces derniers en 1814. Population, 8,400 habitants; capitale, *Scarborough*. — La TRINITÉ, de 490 kilomètres de circuit, près de la côte de Terre-Ferme; cédée définitivement par les Espagnols aux Anglais en 1810. Population, 28 mille habitants; capitale, *Saint-Joseph*.

Quelles sont celles des Petites-Antilles qui appartiennent à la FRANCE?

Parmi les Petites-Antilles, les Français possèdent la GUADELOUPE, de 1,580 kilomètres carrés de superficie, divisée par un petit bras de mer en deux îles fertiles et bien cultivées. *La Basse-Terre* en est la capitale; mais sa ville la plus riche et la plus peuplée était *La Pointe-à-Pitre*, située dans la plus grande des deux îles, nommée la *Grande-Terre*, et qu'un affreux tremblement de terre a complètement détruite au mois de février 1843. — Autour de la Guadeloupe sont disséminées plusieurs petites îles, qui en sont considérées comme des dépendances, savoir: — La DÉSIRADE et MARIE-GALANTE, à l'E. de la précédente. — Les îles de la PETITE-TERRE, au S. E., et les SAINTES, au S. Ces diverses îles renferment, avec la Guadeloupe, une population de près de 128 mille habitants, dont 52 mille au plus jouissent de la liberté. — La MARTINIQUE, de 749 kilomètres carrés de superficie, la principale des Antilles Françaises; très-fertile et importante par son commerce; prise, en 1809, par les Anglais, qui l'ont restituée à la France en 1814. Population, 118 mille habitants, dont 41 mille sont libres. Capitale, *Le Fort-Royal*, résidence du gouverneur des Antilles, renversée, en 1839, par un affreux tremblement de terre. — SAINT-MARTIN, dont une partie appartient aux Hollandais. La population de toutes les Antilles Françaises s'élève à 243,603 habitants, dont 174,396 esclaves.

Quelles sont celles des Petites-Antilles qui appartiennent à la HOLLANDE, *à la* SUÈDE *et à l'*ESPAGNE ?

Parmi les Petites-Antilles, les Hollandais possèdent : SABA, SAINT-EUSTACHE, dans les îles du Vent. — CURAÇAO, île sous le Vent, d'où l'on tire le meilleur curaçao. Sa capitale porte le même nom.

Les Suédois possèdent : SAINT-BARTHÉLEMY, ou *San-Bartholomé*, l'une des îles du Vent.

Les Espagnols de la Colombie possèdent : SAINTE-MARGUERITE, l'une des îles sous le Vent, peuplée de 14 mille habitants; capitale, *l'Assomption*.

NOTIONS DIVERSES — La superficie des Antilles est évaluée à 350 mille kilom. carrés, et leur population à 3 millions d'habitants, la plupart catholiques et appartenant à trois races, les *blancs* européens ou d'origine européenne, les *noirs* transportés de l'Afrique, et les *gens de couleur*, nés du mélange des blancs et des noirs. On ne connaît aux Antilles que deux saisons : la saison sèche, qui dure depuis la fin d'octobre jusqu'en avril, et celle des pluies tout le reste de l'année. Pendant la première, le ciel des Antilles est le plus serein de la terre, mais la dernière est signalée par de violents orages et d'affreux ouragans. Les plus riches productions de l'Asie, de l'Afrique et de l'Amérique couvrent le sol de ces îles ; le sucre, le café, l'indigo, sont les plus abondantes.

AMÉRIQUE DU SUD *.

*Quelles sont les bornes et les divisions de l'*AMÉRIQUE DU SUD ?

L'Amérique du Sud est bornée, au N., par la mer des Antilles et par l'*isthme de Panama*, qui la joint à l'Amérique du Nord. Elle a à l'E. l'Océan Atlantique, à l'O. le grand-Océan, et au S., le détroit de Magellan, qui la sépare de la Terre de Feu, au S. de laquelle s'étend le Grand-Océan Austral.—Cette partie de l'Amérique se divise en huit grandes contrées, savoir : la *Colombie*, au N. ; le *Pérou*, le *Haut-Pérou* ou *Bolivia*, le *Chili*, à l'O. ; la *Plata*, avec le *Paraguay* et l'*Uraguay*, au centre ; la *Guyane* et le *Brésil*, à l'E. ; et la *Patagonie*, au S.

Quels sont les principaux GOLFES *de l'Amérique du Sud ?*

Les principaux sont :— les golfes de *Darien* et de *Maracaïbo*, au N. de la Colombie ;—la baie de *Todos os Santos* ou de *Tous les Saints*, à l'E. du Brésil ; — les golfes de *Saint-Antoine*, *Saint-Georges*, la *Grande-Baie*, à l'E. de la Patagonie ; — le golfe de *Los Chonos*, au S. du Chili ; — celui de *Guyaquil*, au S. O. de la Colombie ;—la baie *del Choco*, à l'O. du même pays, et la baie de *Panama*, au N. O.

Quels sont les principaux DÉTROITS *de l'Amérique du Sud ?*

Les principaux sont ceux : — de *Magellan*, qui sépare la Terre de Feu de l'Amérique ; — de *Lemaire*, entre la Terre de Feu et celle des États.

Quels sont les principaux LACS *de l'Amérique du Sud ?*

Les principaux sont ceux :—de *Maracaïbo*, d'environ 180 kilomètres de long, au N. de la Colombie, et communiquant au N. avec le golfe du même nom ; — de *Los Patos* et *Mérim*, au S. E. du Brésil ;—de *Titicaca*, ayant 350 kilomètres de tour, dans le Pérou.

Quels sont les principaux CAPS *de l'Amérique du Sud ?*

Les plus remarquables sont : —les caps *Gallinas*, au N. de la Colombie ; — *Nassau* et *Orange*, dans la Guyane ; — *San Roque*, *San Thomé*, *Frio*, dans le Brésil ;— *Saint-Antonio* et *Corrientes*, à l'E. des Provinces-Unies de la Plata ;—de *Horn*, au S.

---

*Consulter, dans mon *Atlas à l'usage des colléges*, la carte de l'AMÉRIQUE DU SUD.

AMÉRIQUE DU SUD.   185

de la Terre de Feu ; — les caps ou pointes de *Aguja* et *Parina*, les plus occidentales de l'Amérique du Sud, au N. O. du Pérou ;— le cap *San Lorenzo*, au S. O. de la Colombie.

Quelles sont les principales MONTAGNES *de l'Amérique du Sud ?*

La principale chaîne est celle qu'on nomme la *Cordillère des Andes*, qui traverse l'Amérique du Sud dans toute sa longueur, à peu de distance de la côte occidentale ; elle renferme les plus hautes montagnes du monde, après celle du Tibet, savoir : le *Chimboraco*, haut de 6,500 mètres ; le *Cayembé*, 5,983 ; l'*Antisana*, 5,833. Sur cette dernière se trouve, à 4,101 mètres au-dessus du niveau de la mer, une métairie, qui est un des lieux les plus élevés qui soient habités sur le globe.

Quelles sont les principales RIVIÈRES *de l'Amérique du Sud ?*

C'est dans cette partie de l'Amérique que se trouvent les plus grands fleuves du monde ; ils descendent presque tous de la chaîne des Andes, et se jettent dans l'Océan Atlantique. Les principaux sont : —l'*Orénoque*, qui prend sa source dans la Colombie, qu'il traverse du S. O. au N. E., et se jette dans l'Océan Atlantique, par un grand nombre d'embouchures, après un cours de 2,600 kilomètres.—La rivière des *Amazones* ou *Maragnon*, qui prend sa source dans le Pérou, traverse l'Amérique méridionale dans toute sa largeur, et se jette dans l'Atlantique par deux embouchures, presque sous l'équateur, après un cours de 6,700 kilomètres. Elle reçoit dans son cours un grand nombre de rivières considérables, dont les principales sont : la *Madeira*, qui a plus de 3,600 kilomètres de cours ; le *Topayos* et le *Xingu*, qui ont au moins 2,000 à 2,500 kilomètres, et le *Tocantin*, grossi de l'*Araguay*, qui se réunit à l'embouchure méridionale de l'Amazone pour former la rivière de *Para*. Toutes ces rivières tombent dans l'Amazone par sa rive droite : les plus remarquables de celles qui y entrent par la rive gauche sont l'*Yapura* et le *Rio Negro*, qui la fait communiquer avec l'Orénoque par le *Cassiquiare*, l'un des affluents de ce dernier.—*La Plata*, formée par la réunion du *Parana*, grossi du *Paraguay*, avec l'*Uruguay*, qui tous trois prennent leur source dans le Brésil. Elle coule vers le S., traverse la république de la Plata, et se jette dans l'Atlantique au-dessous de Buenos-Ayres, par une large embouchure, après un cours de 4,430 kilomètres. — Le *San-Francisco*, qui arrose le Brésil du S. O. au N. E., et qui, quoique bien moins considérable que ceux dont nous venons de parler, égale presque les plus grands de l'Europe, puisque son cours est de 2,430 kilomètres.

COLOMBIE.

Quels sont les bornes, les divisions, le gouvernement, la religion et la population de la Colombie?

On comprend sous le nom de Colombie les anciennes provinces espagnoles de *Caracas*, de la *Nouvelle-Grenade* et de la *Guyane Espagnole*, qui, après avoir lutté pendant plusieurs années contre la mère patrie, sont parvenues à s'en rendre indépendantes depuis 1822. — La Colombie est bornée, au N. et au N. O., par la mer des Antilles, à l'O., par le Guatémala et par le Grand-Océan; au S., par le Pérou; au S. E., par la Guyane, et à l'E., par l'Océan Atlantique. — Cette vaste contrée, après avoir formé pendant plusieurs années une seule république, s'est partagée, en 1830, en trois républiques indépendantes, savoir: celle de *Vénézuéla*, au N. E.; celle de la *Nouvelle-Grenade*, au N. O., et la république de l'*Équateur*, au S. — La religion catholique y est seule permise. — La population de toute la Colombie est estimée à environ 5 millions d'habitants.

Quelles sont les villes remarquables de la république de Vénézuéla?

Les plus importantes sont: — Maracaïbo, au N. O., port sur le canal qui fait communiquer ensemble le golfe et le lac auquel cette ville donne son nom; chef-lieu du département de *Zulia*. — CARACAS, à l'E. de Maracaïbo, à 20 kilomètres de la mer des Antilles, sur laquelle elle a un port nommé *La Guayra*, capitale de la république de Vénézuéla, et chef-lieu du département qui porte le même nom, et, sous la domination espagnole, capitale de la *Capitainerie générale de Caracas*, archevêché. Sa population, qui a beaucoup diminué par suite des fréquents tremblements de terre qui l'ont dévastée depuis quelques années, paraît être d'environ 35 mille habitants. — Cumana, à l'E. de Caracas, à l'entrée d'un petit golfe formé par la mer des Antilles, chef-lieu du département de l'*Orénoque*, dans lequel se trouve comprise l'ancienne *Guyane Espagnole*, qui a pour capitale *San Thomé de Nueva Guyana*, sur l'Orénoque.

Quelles sont les villes importantes de la NOUVELLE-GRENADE?

Les plus importantes sont : — PANAMA, port sur la baie de ce nom, chef-lieu du département de l'*Isthme*. —CARTHAGÈNE, port sur la mer des Antilles, le meilleur de l'Amérique, chef-lieu du département de la *Magdalena*, traversé par la rivière de ce nom. — SANTA FE DE BOGOTA, au S. O. des précédentes, au pied des Andes, dans une plaine fertile, élevée de 2,700 mètres au-dessus du niveau de la mer; elle est le chef-lieu du département de *Cundinamarca*, et la capitale de la république de la Nouvelle-Grenade. Population, 40 mille habitants. —POPAYAN, au S. O. de Bogota, ville très-commerçante, chef-lieu du département de *Cauca*, riche en or et en pierres précieuses.

Quelles sont les principales villes de la république de l'ÉQUATEUR.

Les plus importantes sont : — QUITO, bâtie sur le penchant du Pichincha, à 2,908 mètres au-dessus du niveau de la mer; renversée, en 1755, par un tremblement de terre; ville considérable par son commerce et sa population, qui est de 70 mille habitants, dont 10 mille Espagnols; chef-lieu du département de l'*Équateur*, capitale de la république du même nom, et autrefois du royaume auquel elle donnait le sien. Ce pays renferme des mines d'or et d'argent, et produit le véritable quinquina.— GUAYAQUIL, sur le golfe de son nom; vaste chantier pour la construction des vaisseaux; chef-lieu du département de *Guayaquil*.

NOTIONS DIVERSES. — La Colombie renferme les volcans les plus redoutables des Andes. Le climat, doux et salubre dans les parties élevées, est humide et malsain sur les côtes. Le sol produit en abondance du cacao, de l'indigo, du quinquina, du tabac, etc.; il recèle de l'or, de l'argent, du platine, et les mines d'émeraudes les plus riches que l'on connaisse.

PÉROU.

Quels sont les bornes, les divisions, le gouvernement, la population et la religion du PÉROU?

Le Pérou, situé au S. O. de la Colombie, et borné à l'O. par le Grand-Océan, au S. par le Chili, et à l'E. par le Brésil, s'étend des deux côtés de la chaîne des Andes, dans laquelle se trouvent de nombreuses mines d'or et d'argent. — Il formait, avant sa découverte par les Espagnols, un empire puissant, gouverné par des princes nommés *Incas*. Depuis 1821, ce pays, aidé par la Colombie, est parvenu à se soustraire à la domination espagnole, et s'est constitué en république. — Il se divise en sept intendances, qui portent le nom de leurs capitales, et renferme un million 700 mille habitants, qui professent la religion catholique, la seule reconnue au Pérou.

Quelles sont les villes remarquables du Pérou?

Les villes remarquables du Pérou sont : — LIMA, à 9 kilom. de la mer, sur laquelle se trouve son port, nommé *Callao*; capitale du Pérou, ville considérable et commerçante, mais souvent bouleversée par les tremblements de terre; 80 mille habitants. — CUZCO, au S. E. de Lima, grande ville, ancienne capitale de l'empire des Incas, chef-lieu d'une intendance; 46 mille habitants. — ARÉQUIPA, au S. des précédentes, détruite en 1784, par un tremblement de terre; chef-lieu d'une intendance; 50 mille habitants.

NOTIONS DIVERSES. — Les deux tiers des habitants du Pérou forment les faibles restes de la population du riche empire des *Incas*, regardés comme les fils du soleil, et où l'or était si abondant, que les Espagnols, à leur arrivée, le trouvèrent employé aux plus vils usages. La chaîne des Andes, couverte de neiges éternelles, procure au Pérou les températures, et, par conséquent, les productions les plus variées. Le pays compris entre cette chaîne et la mer n'est qu'une côte sablonneuse et aride, où la pluie est inconnue; à l'E., s'étendent d'immenses plaines chaudes et humides, arrosées par les nombreuses rivières qui se rendent dans l'Amazone.

HAUT-PÉROU ou BOLIVIA.

Quels sont les bornes, les divisions, le gouvernement, la religion et la population du HAUT-PÉROU?

Le Haut-Pérou, nommé aussi *république de Bolivia*, est borné au N. O. par le Pérou, au S. O. par le Grand-Océan et le Chili, au S. E. par la Plata, et au N. E. par le Brésil. — Il se divise en cinq provinces, qui, sous la domination espagnole, étaient comprises dans la *vice-royauté de la Plata*. — Après avoir, pendant plusieurs années, fait partie de la république fédérative qui s'est formée dans cette vice-royauté, il s'en est détaché en 1825, et s'est érigé en république indépendante; depuis il avait formé avec le Pérou la confédération Péru-Bolivienne; mais ces contrées sont de nouveau déchirées aujourd'hui par les dissensions politiques.—La Bolivia renferme environ un million 400 mille habitants, qui professent tous la religion catholique.

Quelles sont les principales villes du Haut-Pérou?

Les villes principales du Haut-Pérou sont : — LA PAZ, à l'O., capitale de la province du même nom, qui renferme de riches mines d'or. — POTOSI, au S. E. de La Paz, capitale de la province du même nom, célèbre par ses mines inépuisables d'argent, qui ont occupé jusqu'à 30 mille ouvriers, et la ville la plus élevée du monde (à 4,166 mètres au-dessus du niveau de la mer).—LA PLATA ou *Chuquisaca*, au N. E. de Potosi, capitale de la province de *Charcas*, et regardée comme la capitale de toute la république. Elle tire son nom des riches mines d'argent qui se trouvent dans son voisinage*.

NOTIONS DIVERSES. — La portion du Haut-Pérou qui se trouve à l'O. des Andes est, comme dans le Pérou, un désert aride et inhabitable, connu sous le nom de désert d'*Atacama;* les contrées situées à l'E. de ces montagnes consistent en plaines immenses souvent inondées dans la saison des pluies, et qui produisent la vigne, l'olivier, le palmier, le cotonnier, la canne à sucre, etc. Les montagnes renferment, comme celles du Pérou, de riches mines d'or, d'argent, de mercure, d'émeraudes, etc.

* Le mot espagnol *plata* signifie argent.

CHILI.

Quels sont les bornes, les divisions, le gouvernement, la population et la religion du CHILI?

Le Chili, qui se compose d'une étroite lisière de pays entre la Cordillère des Andes, qui le séparent de la Plata, à l'E., et le Grand-Océan, à l'O., est borné au N. par le Haut-Pérou et au S. par la Patagonie. — Il se divise en trois parties : le *Chili propre*, l'*Araucanie* et les *îles de Chiloé*, situées au S. — Séparé de l'Espagne depuis 1818, il forme aujourd'hui une république, qui compte un million 400 mille habitants, en y comprenant les *Araucanos*, nation farouche et belliqueuse qui occupe toute la partie S. E., et que les Espagnols n'ont jamais pu réduire. — La religion catholique est seule reconnue dans l'État.

Quelles sont les villes remarquables du Chili?

Les villes remarquables du Chili sont : — SANTIAGO, capitale de tout le Chili, et particulièrement du Chili propre, fort sujette aux tremblements de terre, qui l'ont entièrement bouleversée au mois de janvier 1854. Population, 60 mille habitants. — VALPARAISO, au N. O. de Santiago, le meilleur port du Chili, ville très-commerçante. — LA CONCEPTION, au S. O. de Santiago, la seconde ville du Chili. — VALDIVIA, bon port au S. Un violent tremblement de terre a détruit cette ville en 1837. — SAN CARLOS et CASTRO, villes principales des îles Chiloé.

NOTIONS DIVERSES. — La côte qui forme le Chili est généralement sablonneuse et aride ; mais elle est sillonnée par un nombre infini de petites rivières qui descendent de la chaîne des Andes et qui traversent de belles vallées où la fertilité du sol répond à la douceur du climat ; on y trouve la vigne, les oliviers, et la plupart des productions des deux continents. Malheureusement ce beau pays est souvent bouleversé par les tremblements de terre produits par les volcans qui brûlent dans les Andes, dont les flancs recèlent aussi d'abondantes mines d'or, d'argent et de cuivre. — A 670 kilomètres de la côte, se trouvent les îles de *Juan Fernandez*, où avait été abandonné, en 1709, le matelot écossais Selkirk, dont l'histoire a donné lieu au roman de *Robinson Crusoé*.

LA PLATA, PARAGUAY ET URUGUAY.

Quelles sont les bornes des Provinces de la Plata, *et combien d'États forment ces provinces?*

Nous comprenons sous le nom de *Provinces de la Plata* tous les pays qui formaient l'ancienne vice-royauté Espagnole de Buenos-Ayres, qui secoua la première le joug de l'Espagne, en 1810. — Elles sont bornées au N. E. par le Brésil, au N. O. par le Haut-Pérou, à l'O. par le Chili, au S. O. par la Patagonie, et au S. E. par l'Océan Atlantique. — Ces vastes contrées forment aujourd'hui trois États distincts, savoir : la *république des Provinces-Unies de la Plata*, à l'O. et au S.; le *Paraguay*, au N. E.; et la *république orientale de l'Uruguay*, à l'E.

Quels sont les divisions, la population, la religion, le gouvernement et la capitale de la république des Provinces de la Plata ?

La république des Provinces-Unies de la Plata, nommée aussi république de Buenos-Ayres, du nom de sa capitale, et quelquefois *république Argentine*, est divisée en 14 provinces, dont on évalue la population à 760 mille habitants, professant la religion catholique. Ces provinces forment une république depuis longtemps en proie à l'anarchie. — Sa capitale est BUENOS-AYRES, sur la rive droite de la Plata, au milieu d'un pays fertile qui jouit d'un climat dont son nom, qui signifie *bon air*, indique la salubrité. C'est une des villes les plus commerçantes et les plus importantes de l'Amérique. Population, 80 mille habitants.

Quels sont la position, le gouvernement, la population, la religion et la capitale du Paraguay?

Le Paraguay se compose de l'ancienne province de ce nom, comprise entre les rivières du Paraguay et du Parana. C'est une république qui doit son organisation au docteur Francia, qui s'y était fait nommer dictateur à vie et qui l'a gouvernée avec une autorité absolue pendant 25 ans. Depuis sa mort, arrivée en 1859, le pouvoir y est exercé par des consuls.—La population, qui s'élève à 500 mille habitants, professe la religion catholique, qui y est seule tolérée. — La capitale est L'Assomption, sur le Paraguay, ville assez importante, dont on évalue la population à 12 mille habitants.

Quels sont la position, le gouvernement, la population, la religion et la capitale de l'Uruguay?

La république de l'Uruguay, formée de l'ancienne province de la vice-royauté de Buenos-Ayres nommée la *Banda Orientale*, est séparée de la république de la Plata par le Rio de la Plata et par l'Uruguay, l'un des affluents de ce fleuve.— Après avoir été pendant plusieurs années le sujet d'une guerre entre la république que nous venons de nommer et le Brésil, qui se l'était incorporé sous le nom de *province Cisplatine*, elle a été reconnue, en 1828, république indépendante.—Son territoire, en grande partie désert, ne compte que 200 mille habitants, professant la religion catholique, et dont 50 mille au moins dans sa capitale, nommée Monte-Video, bon port sur la rive gauche et près de l'embouchure de la Plata.

Notions diverses. — La portion de la Plata qui est traversée par le fleuve qui lui donne son nom, et celle qui se trouve entre ce fleuve et les Andes, sont généralement marécageuses. Au S. s'étendent d'immenses plaines salées et couvertes d'herbes fort hautes, connues sous le nom de *Pampas*; au pied des Andes se trouvent de fertiles vallées, où croissent toutes les productions des autres contrées de l'Amérique Les troupeaux, de bœufs surtout, sont très-nombreux dans ce pays, où l'on trouve aussi des crocodiles et des autruches.

GUYANE.

Quelles sont les bornes, les divisions, la population et les villes principales de la GUYANE?

La Guyane, comprise entre l'Orénoque, au N., et le fleuve des Amazones, au S., occupe une étendue de plus de 1500 kilomètres de côtes sur l'Océan Atlantique, et s'étend à 1420 kilomètres dans l'intérieur, jusqu'à la Colombie, à l'O. Elle se divise en cinq parties, savoir :—1° L'ancienne GUYANE ESPAGNOLE, comprise dans la Colombie, au N.—2° La GUYANE ANGLAISE, à l'E. de la précédente, traversée par les rivières *Esséquibo*, *Démérari* et *Berbice*, et démembrée de la Guyane Hollandaise par les Anglais, qui s'en sont emparés en 1803. Population, 110 mille habitants; capitale STABROEK, appelée par les Anglais *Georgestown*, sur le fleuve *Démérari*, dont on donne quelquefois le nom à toute la colonie.— 3° La GUYANE HOLLANDAISE ou SURINAM, à l'E. de la précédente, et peuplée de 90 mille habitants. Capitale, PARAMARIBO ou SURINAM, sur le fleuve de ce nom, à 30 kilomètres de son embouchure.—4° La GUYANE FRANÇAISE, au S. E. de la précédente, occupant environ 350 kilomètres de côtes entre les fleuves *Maroni*, à l'O., et *Oyapok*, au S. E., sur 550 kilomètres au moins de profondeur. Elle est peuplée de 24 mille habitants, et a pour capitale CAYENNE, port de mer, et résidence du gouverneur, dans une île de 90 kilomètres de tour, formée en partie par la rivière du même nom, et renfermant 11,500 habitants. — 5° La GUYANE PORTUGAISE, maintenant réunie au Brésil.

NOTIONS DIVERSES. — L'intérieur de la Guyane est peu connu. Il est généralement couvert de forêts et habité par des tribus indiennes, dont les *Galibis* forment la principale. La chaleur du climat est tempérée par les vents qui règnent sur les côtes, par de nombreuses rivières et par d'immenses forêts. Le café, le sucre, le coton, le cacao, sont les productions principales.

BRÉSIL.

Quels sont les bornes, le gouvernement, la population, la religion et les divisions du Brésil?

Le Brésil, découvert en 1500 par le Portugais Alvarès Cabral, s'étend le long de l'Océan Atlantique, qui le borne au S. E., à l'E. et au N. Il touche la Colombie au N. O., le Pérou et la Bolivia, à l'O., et la Plata, au S. O.— Le roi de Portugal, forcé d'abandonner ses États en 1808, était allé s'y établir avec sa famille : une révolution, qui y éclata après son retour en Europe, a séparé de la métropole cet immense pays, gouverné aujourd'hui sous la forme d'une monarchie constitutionnelle par un souverain qui porte le titre d'empereur du Brésil. — On porte la population à 5 millions et demi d'habitants, dont 900 mille Européens. — La religion catholique y est seule permise. — L'intérieur est peu connu. Il se divise en 17 provinces.

Quelles sont les principales villes du Brésil?

Les principales villes du Brésil sont : — RIO DE JANEIRO, sur la baie de ce nom, à 9 kilomètres de son entrée, capitale du Brésil et siége du gouvernement; elle a un bon port défendu par quinze ou vingt forts. Duguay-Trouin s'en rendit maître en 1711. 150 mille habitants. — PERNAMBOUC, nom sous lequel on comprend les deux villes d'*Olinda* et de *Récife*, éloignées l'une de l'autre de 4 kilomètres. Elles ont un port qui est un des plus commerçants du Brésil.—SAN SALVADOR OU BAHIA, sur la baie de Tous-les-Saints, ancienne capitale du Brésil, ville grande et très-importante par son commerce. 120 mille habitants.

NOTIONS DIVERSES. — Le Brésil a plus de 4000 kilom. de longueur sur 3,350 environ de largeur. Tout le N. se compose de plaines marécageuses souvent inondées par l'Amazone et ses affluents; on y trouve réunies, à toutes les productions végétales de l'Amérique, les productions minérales les plus précieuses, telles que l'or, les diamants, les topazes, etc. Le jaguar, les singes, les crocodiles, le serpent à sonnettes, les autruches, les perroquets, sont les animaux les plus remarquables.

PATAGONIE ET TERRES VOISINES.

Quels sont la position et les habitants de la PATAGONIE?

La Patagonie est un pays peu connu, qui occupe toute la pointe méridionale de l'Amérique, et qui fut découvert en 1529 par *Magellan*, d'où vient qu'on l'appelle quelquefois *Terre Magellanique*.—Ses habitants, divisés en plusieurs tribus, sont d'une taille élevée, assez doux, et vivent de leur chasse et de leur pêche.

Quelles sont les îles principales qui avoisinent la Patagonie?

Les principales sont:— 1° les MALOUINES ou îles *Falkland*, à l'E. de la Patagonie; elles tirent leur premier nom de quelques habitants de Saint-Malo qui s'y fixèrent en 1764. Les Espagnols et les Anglais y ont aussi formé, depuis, quelques établissements aujourd'hui abandonnés. — 2° La TERRE DE FEU, séparée du continent par le détroit de Magellan, navigateur qui la découvrit en 1520 : elle se compose de plusieurs îles assez rapprochées les unes des autres et qui forment un archipel de 650 kilomètres de long sur 550 de large. Le climat en est très-froid, et les habitants misérables. — Depuis quelques années les Anglais ont établi sur l'île d'*Hopparo*, située dans le S. E., un poste destiné à assurer un refuge aux vaisseaux qui se rendent dans ces parages pour la pêche de la baleine. — 3° La TERRE DES ÉTATS, à l'E. de la précédente, dont elle est séparée par le détroit de Lemaire, ainsi nommé lui-même du navigateur qui découvrit cette terre en 1616.

OCÉANIE *.

De quoi se compose l'Océanie, quelle en est la population, en combien de parties se divise-t-elle?

L'Océanie comprend presque toutes les îles répandues dans le Grand-Océan, depuis le 41e degré de latitude N. jusqu'au pôle antarctique, et depuis le 90e degré de longitude E. jusqu'au 105e degré de longitude O. — C'est celle des cinq parties du monde qui occupe sur le globe le plus grand espace, et cependant c'est, après l'Europe, celle qui renferme le moins de terres, et c'est celle qui a la population la moins considérable, puisqu'on ne l'évalue qu'à 23 millions et demi d'habitants. — L'Océanie doit, par suite des dernières découvertes faites dans les mers australes, être divisées en cinq parties, savoir: la *Malaisie* ou *Océanie Occidentale*, au N. O.; la *Mélanésie* ou *Océanie Centrale*, au S. O.; la *Micronésie* ou *Océanie Boréale*, au N., la *Polynésie* ou *Océanie Orientale*, à l'E. et l'*Antarctie* ou *Océanie Australe*, composée de toutes les terres récemment découvertes autour du pôle antarctique.

NOTIONS DIVERSES. — Les habitants de l'Océanie appartiennent à deux races essentiellement différentes, dont nous indiquerons bientôt la subdivision. Ces deux races sont: la race *Malaise*, l'une des variétés de la race jaune, répandue dans la Malaisie, la Micronésie et la Polynésie, où elle a formé des établissements considérables; et la variété de la race nègre connue sous le nom de *Nègres Océaniens*, qui paraissent, comme nous l'avons dit, les plus stupides de l'espèce humaine; elle occupe la Mélanésie.

---

* Consulter, dans mon *Atlas à l'usage des collèges*, la carte de l'Océanie, sur laquelle est tracée la division que je suis ici. Cette division, basée sur celle proposée par un de nos plus habiles et de nos plus illustres marins, l'infortuné contre-amiral DUMONT D'URVILLE, mérite d'être adoptée avec d'autant plus de confiance, qu'elle est le résultat de longues années d'études faites par ce savant navigateur sur les lieux mêmes, pendant plusieurs expéditions mémorables.

MALAISIE.

De quoi se compose la MALAISIE ?

La Malaisie ou *Océanie Occidentale*, connue aussi sous le nom d'*Indes Orientales*, et d'où la race malaise paraît s'être répandue dans l'Océanie, se subdivise, d'après les langues qu'on y parle, en deux parties : la *Malaisie méridionale*, comprenant les archipels de la *Sonde*, de *Bornéo*, de *Célèbes*, des *Moluques* et des îles *Timoriennes*, où règne la langue malaise; et la *Malaisie Septentrionale*, composée de l'archipel des *Philippines*, où l'on parle d'autres langues.

Où sont situées les îles de la SONDE, *et quelles en sont les principales* ?

Les îles de la SONDE, situées au S. E. de l'Indo-Chine, tirent leur nom du détroit de la Sonde, qui sépare les deux principales d'entre elles, savoir : celle de *Sumatra*, au S. O. de la presqu'île de Malakka, et celle de *Java*, au S. E.

Quelles sont les villes principales de l'île de SUMATRA ?

L'île de SUMATRA, séparée de l'île de Java au S. E. par le détroit de la Sonde, est coupée par l'équateur et traversée par une chaîne de montagnes; elle a environ 1,000 kilomètres de long sur 300 de large. — Cette île renferme plusieurs royaumes, dont les principales villes sont : *Achem*, capitale du royaume du même nom, le plus puissant de tous, situé dans la partie septentrionale de l'île. Cette ville, qui renferme 8 mille maisons, fait un assez grand commerce d'or et d'épiceries. — *Bencoulen*, au S. de l'île, autrefois chef-lieu des possessions des Anglais dans cette île, où ils avaient encore bâti le fort *Marlborough*, et qu'ils ont cédée aux Hollandais en 1824. — *Jambi*, près de la côte orientale, ville très-commerçante, capitale du royaume du même nom. — *Palembang*, au S. E. de Jambi, capitale du royaume du même nom, qui est en quelque sorte sous la tutelle des Hollandais. — Vis-à-vis de cette île se trouve celle de BANCA, capitale *Banca*, qui possède des mines d'étain inépuisables.

Quelles sont la population, les divisions, et les villes principales de l'île de JAVA?

JAVA, au S. E. de Sumatra, dont elle est séparée par le détroit de la Sonde, a 1,100 kilom. de longueur sur 180 ou 200 de largeur, et 2 millions d'habitants; elle renferme le royaume de BANTAM, à l'O., les possessions Hollandaises au centre, et le royaume de MATARAM, au S. — Les villes principales sont: *Bantam*, capitale du royaume du même nom, qui fournit beaucoup de poivre aux Hollandais. — *Batavia*, bon port à l'E. de Bantam, ville très-belle et très-considérable, mais fort malsaine; ancienne capitale du royaume de Jacatra, chef-lieu des possessions Hollandaises dans cette île, et même dans toute l'Asie et l'Océanie, et le centre de leur commerce. Sa population, que l'on portait autrefois à 180 mille habitants, paraît réduite aujourd'hui à 50 mille. — *Chéribon*, à l'E. de Batavia, capitale du royaume du même nom, qui est petit, mais très-fertile en riz, en sucre et en café. — *Samarang*, à l'E. de Chéribon, sur la côte septentrionale, mais capitale du pays appelé la *Côte Orientale*, qui dépend de la compagnie Hollandaise. — L'ancien royaume de Mataram, dont le souverain prenait le titre d'*empereur de Java*, est aujourd'hui partagé entre deux princes qui comptent chacun plus de 500 mille sujets, et ont pour capitale *Soura-karta* et *Djocjo-karta*. On trouve vers le N. E. de Java, l'île de MADURA, fertile en riz, et peuplée de 60 mille habitants, et à l'E. celle de BALLY, peuplée de 300 mille habitants, et divisée en 8 États, dont la principale ville est *Karang-Assim*, sur la côte orientale, avec un port fréquenté surtout par les Chinois.

Quelles sont la position, l'étendue et les villes remarquables de l'île de BORNÉO?

BORNÉO, la plus considérable des îles de l'archipel auquel elle donne son nom, est aussi située au N. E. de Sumatra et de Java. C'est la plus grande île connue après l'Australie: elle a 1,180 kilomètres de long sur 1,040 de large, et est coupée en deux parties inégales par l'équateur.—Cette île immense est peu connue, parce que la férocité des naturels et l'insalubrité de l'air ont toujours empêché les Européens de s'y établir. La compagnie Hollandaise est cependant parvenue, en 1748, à former au S. de l'île un établissement nommé *Banier-Massin*. La capitale, nommée aussi *Bornéo*, au N. O., est la résidence d'un sultan qui régnait autrefois sur toute l'île ; elle renferme 3 mille maisons. Les diamants et le poivre sont les productions les plus précieuses de ce pays.

Quelles sont la position et les villes principales de l'île de CÉLÈBES?

L'île de CÉLÈBES, qui est, comme Bornéo, la plus grande île de l'archipel auquel elle donne son nom, est située au S. des Philippines, et divisée en plusieurs presqu'îles par des golfes profonds : elle renferme des mines d'or et produit du riz, du coton et des bois précieux. L'*Upas*, d'où découle un poison terrible dans lequel les naturels trempent leurs flèches, croit aussi dans ce pays.— L'île se divise en plusieurs États, dont le plus puissant est celui de MACASSAR, au S. O., avec une capitale du même nom, à l'embouchure d'une grande rivière. Les Hollandais y ont un établissement. — Au S. E. se trouve BONTHAIN, près de laquelle est un fort bâti par les Hollandais, et aujourd'hui occupé par les Anglais. Il y a encore quelques établissements Hollandais au nord de l'île.

Comment se divisent les MOLUQUES, *et quelles en sont les plus remarquables?*

Les MOLUQUES propres, ou *Iles aux Épices*, se divisent en *Petites*, à l'O., au nombre de cinq, qui sont les véritables Moluques, et en *Grandes*, à l'E.—Les Petites sont :—TERNATE, MAKIAN, MORTY, qui obéissent au même sultan, qui possède encore plusieurs îles voisines, et qui peut lever 80 mille hommes.— TYDOR et BATCHIAN, avec chacune leur sultan, qui ont encore d'autres possessions dans les îles voisines. Tous ces souverains dépendent plus ou moins des Hollandais. — Les Grandes sont du N. au S. :—GUILOLO, dont le N. appartient au sultan de Ternate, et le S. à celui de Tydor. — OBY, où les Hollandais ont un fort. — CÉRAM, la plus grande après Guilolo. — AMBOINE, couverte de girofliers, avec une capitale du même nom. C'est, après Batavia, la possession la plus importante des Hollandais dans l'Océanie. — BANDA, groupe d'îles où il ne croît que des muscadiers ; les Anglais s'en sont emparés en 1803.

Où sont situées les îles TIMORIENNES, *et quelles sont les plus remarquables d'entre elles?*

Les îles TIMORIENNES sont situées au S. des précédentes; les principales sont de l'E. à l'O. : — TIMOR, où les Hollandais et les Portugais ont des établissements. — OMBAY. — SOLOR, où les Hollandais possédaient un fort. — FLORES, presque aussi grande que Timor, et où les Portugais possèdent un établissement nommé *Larantouka*. — SUMBAWA ou BIMA, divisée en deux royaumes, l'un à l'E., l'autre à l'O.

Quelles sont les principales îles de l'archipel des PHILIPPINES, *et à qui appartiennent-elles?*

Les PHILIPPINES, qui occupent, ainsi que nous l'avons dit, tout le N. de la Malaisie septentrionale, forment au N. des Moluques un archipel considérable, découvert en 1521 par Magellan, qui y fut massacré. Les Espagnols, auxquels elles appartiennent, s'y établirent en 1560, et leur donnèrent le nom de leur souverain Philippe II. Elles sont très-fertiles, mais remplies de volcans qui les bouleversent souvent. Leur population est de 2 millions 525 mille habitants, dont 4 mille blancs : ils sont doux et bienfaisants. Les principales îles sont : — 1° LUÇON ou *Manille,* la plus septentrionale et la plus considérable de toutes, divisée en deux presqu'îles réunies par un isthme étroit; elle produit de l'or, du cuivre, du fer et des bois de construction : la capitale, nommée *Manille,* est très-commerçante et renferme 58 mille habitants, dont 1,200 Espagnols. — 2° MINDANAO, au S. de la précédente, et la seconde des Philippines pour la grandeur et l'importance, est gouvernée par plusieurs princes, dont le plus puissant est le sultan de *Mindanao*. Les Espagnols ont un établissement à *Sambo-Anga*, au S. O. de l'île.

NOTIONS DIVERSES.—On retrouve dans la Malaisie tous les animaux et toutes les productions de l'Asie méridionale. Le climat y est, comme dans toute l'Océanie, tempéré par le voisinage de la mer. Les *Philippines* sont exposées à de violents tremblements de terre et à des ouragans furieux; mais le sol y est d'une fertilité peu commune en très-beau coton, cannes à sucre, cocotiers, etc.— Parmi les îles de la *Sonde*, Sumatra est remarquable par la haute chaîne de montagnes qui la traverse, et à laquelle elle doit, quoique sous l'équateur, son climat doux et tempéré, et les sources nombreuses qui, en l'arrosant, la rendent très-fertile. Java jouit à peu près des mêmes avantages; mais les torrents qui descendent des montagnes pendant la saison des pluies inondent ses vastes plaines et les rendent insalubres. Le camphre, le benjoin, le poivre, le sucre, le café, l'indigo, le riz, sont les productions principales de ces îles. — *Bornéo*, coupée par l'équateur, doit aussi aux hautes montagnes qui en couvrent l'intérieur un air constamment frais; elle renferme des mines d'or, de diamants, de fer; des tigres, des éléphants, de grands orangs-outangs; et produit du poivre, du camphre, du girofle, de la muscade, des bambous, etc. — *Célèbes*, où l'on trouve une douce température et d'admirables paysages, produit du coton, du camphre, d'excellent riz, du bois de sandal.—Les *Moluques* et les îles *Timoriennes* sont volcaniques, pittoresques et très-fertiles.

MÉLANÉSIE.

De quoi se compose la MÉLANÉSIE?

La MÉLANÉSIE, ou Océanie Australe, doit son nom à la couleur de ses habitants, qui sont tous d'un noir plus ou moins foncé, et généralement fort stupides. Elle se compose de trois grandes terres, qui sont : — 1° la *Nouvelle-Guinée*, au N. E.; 2° l'*Australie*, à l'O., et 3° la *Tasmanie*, au S. — On y rattache en outre un grand nombre d'archipels situés à l'E. des terres que nous venons de nommer.

Quels sont la position, l'étendue et les habitants de la NOUVELLE-GUINÉE.

La NOUVELLE-GUINÉE ou *Terre des Papous*, se compose de deux grandes îles, que l'on a crues longtemps réunies en une seule, séparée de la Nouvelle-Hollande par le détroit de Torrès; les naturels sont une des variétés les moins repoussantes et la plus industrieuse d'entre les nègres Océaniens. C'est inutilement jusqu'ici que les Européens ont tenté de fonder des etablissements dans cette contrée, où l'on trouve différentes espèces d'oiseaux de paradis.

*Quels sont la position, l'étendue et les habitants de l'*AUSTRALIE?

L'AUSTRALIE, dont le nom indique la position dans la partie méridionale du globe, avait été appelée *Nouvelle-Hollande* par les Hollandais, qui la découvrirent en 1605. Cette grande île, qui égale en étendue les quatre cinquièmes de l'Europe, mais qui, comme tous les pays situés au S. de l'équateur, a ses saisons dans un ordre opposé, jouit d'un climat agréable et très-salubre. On a jusqu'ici assez peu pénétré dans l'intérieur. Les naturels sont dans un état tout à fait sauvage; mais les Anglais ont formé sur les côtes d'importants établissements.

Quelles sont les villes principales des colonies anglaises de l'Australie *?

Les Anglais possèdent aujourd'hui, dans les diverses par-

---

* Consulter, dans mon *Atlas à l'usage des colléges*, la carte particulière de la NOUVELLE-GALLES MÉRIDIONALE.

ties de l'Australie, quatre colonies importantes, mais dont la première surpasse de beaucoup toutes les autres réunies. Ces colonies sont : — 1° La NOUVELLE-GALLES DU SUD ou *Australie Orientale*, occupant les côtes S. E., et subdivisée en 20 comtés, dont le plus important est celui de *Cumberland*, et en 9 districts. Cette colonie renferme déjà plusieurs villes, qui ont été peuplées, depuis l'année 1788, des criminels exilés d'Angleterre, auxquels se sont joints depuis un grand nombre de colons volontaires : aussi la population européenne, qui, en 1810, s'élevait déjà à 10 mille habitants, dépasse-t-elle aujourd'hui 80 mille. — Ses villes principales sont : — SYDNEY, sur une anse du port *Jackson*, l'un des plus beaux et des plus vastes du monde, et au N. de *Botany-Bay*, où la colonie avait d'abord été établie. Cette ville, capitale des établissements anglais dans l'Océanie, compte déjà plus de 26 mille habitants et fait un commerce considérable. — PARAMATHA, jolie ville de 3 mille âmes, au N. O. de Sydney. — BATHURST, à 180 kilomètres dans l'intérieur, à l'O. de la chaîne des *Montagnes Bleues*.— MELBOURNE, chef-lieu du district du *Port-Philippe* au S., la ville la plus importante de l'Australie après Sydney, avantage qu'elle doit à la bonté de son port, déjà fréquenté par une foule de navires. — 2° L'AUSTRALIE MÉRIDIONALE, nommée aussi par les Anglais *Australia Felix* ou Australie heureuse, capitale ADÉLAÏDE, sur la côte orientale du golfe Saint-Vincent; mais PORT-LINCOLN, excellent port, situé plus à l'O., la surpasse déjà en importance. — 3° L'AUSTRALIE OCCIDENTALE, nommée d'abord *Swan-River*, ou rivière des Cygnes, du nom du petit fleuve sur lequel est bâtie sa capitale appelée PERTH, chef-lieu de l'un des 14 comtés, entre lesquels est divisée cette colonie, qui occupe tout le S. O. de l'Australie. — 4° L'AUSTRALIE SEPTENTRIONALE, au N. de l'Australie, et à l'O. du grand golfe de Carpentarie, capitale *Victoria*, ville nouvellement fondée sur une petite baie qui forme le magnifique *Port-Essington*.

Quels sont la position, l'étendue et les établissements européens de la Tasmanie ?

La Tasmanie, nommée par les Hollandais *Terre de Diémen*, est située au S. de la Nouvelle-Hollande, dont elle est séparée par le détroit de Bass, et a 350 kilomètres de long sur 260 de large; les naturels sont doux et affables. La colonie qu'y ont formée les Anglais est un de leurs établissements les plus importants et renferme près de 20 mille habitants, dont 10,000 dans la capitale, nommée Hobart-Town.

Quels sont les principaux archipels qui se rattachent à la Mélanésie.

Les archipels qui se rattachent à la Mélanésie, dont ils occupent toute la partie orientale, sont au nombre de 8 principaux, qui sont du N. O. au S. E : — 1° Les îles de l'Amirauté, au N. de la Nouvelle-Guinée; elles tirent leur nom de la principale d'entre elles. — 2° L'archipel de la Nouvelle-Bretagne, au N. E. de la Nouvelle-Guinée, composé des îles de la *Nouvelle-Bretagne*, de la *Nouvelle-Irlande* et du *Nouvel-Hanovre*. — 3° L'archipel de Salomon, au S. E. de celui de la Nouvelle-Bretagne; plusieurs îles de cet archipel sont assez considérables et fertiles, quoique montagneuses. — 4° L'archipel de la Louisiade, au S. E. du précédent, composé d'un grand nombre d'îles entremêlées de récifs et presque toutes découvertes par les Français. — 5° Les îles de Vanikoro, qui ne sont pas en assez grand nombre pour mériter le nom d'*archipel de La Pérouse* qu'on leur donne quelquefois. Elles doivent leur nom à celle de *Vanikoro*, située au S. E., et où ont été retrouvés, en 1828, les débris des vaisseaux de La Pérouse, célèbre navigateur français envoyé par Louis XVI à la découverte des parties encore peu connues de l'Océanie, et dont les vaisseaux sont venus se briser contre les dangereux récifs qui entourent cette île. — 6° L'archipel du Saint-Esprit ou des *Nouvelles-Hébrides*, au S. E. des précédentes; les principales sont : celle qui a donné son nom au groupe, et qui a plus de 260 kilomètres de circuit, et celle de *Mallicolo*. — 7° La Nouvelle-Calédonie, au S. des précédentes : elle a

400 kilomètres de long sur 90 de large, et est peu connue. On peut rattacher à cet archipel les îles Loyalty, situées au N. E. — 8° L'archipel des îles Viti ou *Fidji*, le plus oriental de la Mélanésie, et habité par un peuple féroce et anthropophage.

Notions diverses. — On porte la population de la Mélanésie à 1 million d'habitants, appartenant pour la plupart à la race nègre. — La *Nouvelle-Hollande* paraît moins fertile et moins variée que les autres terres de l'Océanie : ses habitants, peu nombreux, semblent aussi être une des espèces les plus misérables du monde; ils ne sont pas même réunis en peuplades, et vivent dans un état tout à fait sauvage. — La *Nouvelle-Guinée* abonde en cocotiers, en muscadiers, en bois de fer et d'ébène. — La *Nouvelle-Bretagne* et les îles de l'*Amirauté*, dont une partie des indigènes sont cuivrés et d'une férocité remarquable, sont fertiles en cocotiers, muscadiers, gingembre, etc. — Les îles *Salomon*, entourées de récifs dangereux, possèdent un sol fertile et de riches mines d'or.

MICRONÉSIE.

De quoi se compose la MICRONÉSIE ?

La Micronésie se compose, ainsi que l'indique son nom, de *petites îles*, dont le nombre est extrêmement considérable, et parmi lesquelles on peut distinguer 5 archipels principaux, savoir : du N. O. au S. E. — 1° L'archipel de BONIN-SIMA ou de MAGELLAN, au S. E. des côtes du Japon, composé d'îles volcaniques qui forment plusieurs groupes, dont celui des îles Bonin-Sima proprement dites renferme les plus considérables. — 2° L'archipel des MARIANNES ou des *Larrons*, au S. de celui de Magellan. Ces îles, découvertes par Magellan en 1521, sont au nombre de 15, habitées par un peuple fort habile dans la construction des barques. La principale est celle de *Gouaham*, où les Espagnols possèdent un fort nommé *Agagna*. — 3° L'archipel des CAROLINES, au S. de celui des Mariannes, et comprenant à l'O. celui des *îles Pelew* ou *Palaos*, qui paraissent n'être que le commencement de cette chaîne, qui s'étend à l'E. sur une ligne de 5,000 kilomètres parallèle à l'équateur. Les plus importantes de ces îles, qui renferment un grand nombre d'habitants, sont : *Gouap*, à l'O.; le groupe d'*Hogoleu*, qui se distingue par sa position centrale, par son étendue et par sa population ; *Pounipet*, l'une des plus grandes îles de la Micronésie, et *Ualan*, remarquable par la civilisation et les mœurs pures de ses habitants, au S. E. — 4° L'archipel des îles *Marshall*, à l'E. des Carolines ; il comprend les îles *Mulgrave*, situées au S. — 5° Enfin l'archipel des îles GILBERT, au S. E. du précédent.

POLYNÉSIE.

De quoi se compose la POLYNÉSIE ?

La Polynésie, ou *Océanie Orientale*, peut se diviser en *Polynésie Septentrionale*, au N. de l'équateur, qui ne comprend que des îles assez petites et un seul archipel remarquable ; et *Polynésie Méridionale*, au S. E. de l'équateur, qui renferme un grand nombre d'archipels, dont le plus méridional se compose de deux îles qui ont une grande étendue.

Quel est l'archipel remarquable de la POLYNÉSIE SEPTENTRIONALE ?

Le seul archipel remarquable de la Polynésie Septentrionale est celui des îles HAWAII ou *Sandwich*, composé de 14 îles, découvertes en 1778, par le fameux capitaine Cook, qui fut tué, en 1779, dans celle de *Hawaii*, qui donne son nom à ce groupe, dont elle est la plus importante. Cette île, qui a 660 kilomètres de circuit, paraît destinée à devenir le foyer de la civilisation dans la Polynésie ; elle est la résidence d'un souverain puissant dont les vaisseaux vont commercer à la côte N. O. de l'Amérique. On estime sa population à 86 mille habitants, et celle de toutes les îles Sandwich à 130 mille.

Quels sont les principaux archipels de la POLYNÉSIE MÉRIDIONALE ?

La Polynésie Méridionale se compose de 7 archipels principaux, qui sont, du S. O. au N. E. : — 1° L'archipel de la NOUVELLE-ZÉLANDE, composé de deux grandes îles, *Tavaï-Pounamou*, au S. O., et *Ika-na-mawi*, au N. E., séparées entre elles par le détroit de Cook, et habitées par un peuple peu avancé en civilisation. On peut rattacher à cet archipel les îles *Auckland*, les îles *Maquarie* et les îles *Campbell*, situées vers le S.; l'île *Antipode*, qui doit son nom à sa position presque aux antipodes de Paris ; les îles *Bounty* au N. de l'île Antipode, et enfin les îles *Chatham*, au N. E. des Bounty à l'Angleterre. — 2° L'archipel de TONGA ou des *Amis*, au N. E. de la Nouvelle-Zélande. Ces îles tiennent à peu près le premier rang dans la Polynésie, par l'industrie de leurs habitants et par l'ordre politique qui y règne. La principale se nomme *Tongatabou*. — 3° L'archipel de HAMOA ou des *Navigateurs*, au N. de celui de Tonga ; ces îles, découvertes par Bougainville, tirent leur second nom de l'adresse avec laquelle les habitants conduisent leurs pirogues, qui forment des flottes nombreuses: elles sont très-fertiles et très-peuplées. Les principales sont : *Pola*, au N. O.; *Oïolava*, au centre, où La Pérouse vit le plus grand village de la Polynésie Méridionale ; *Maouna*, à l'E., où furent massacrés plusieurs des compagnons de ce navigateur. — 4° L'archipel MANGIA ou de *Cook*, à l'E. de celui de Tonga. — 5° L'archipel de TAÏTI ou *Iles de la Société*, au N. E. de celle de Mangia : elles sont célèbres par les nombreuses descriptions que l'on a faites de leur fertilité, de l'industrie et de l'espèce de civilisation de leurs habitants. La principale, nommée *Taïti*, a environ 170 kilomètres de circuit. La reine qui le gouverne s'est placée en 1842 sous la protection de la France. Cet archipel renferme 14 mille habitants, dont 8 mille dans l'île de Taïti. — 6° L'archipel des POMOTOU, nommé aussi archipel *Dangereux* et des *Iles Basses*, qui forme, au N. et à l'E. des précédentes, une longue chaîne terminée par les îles isolées de *Pâques* ou *Waïhou* et de *Sala y Gomez*, celles de toute la Polynésie qui se rapprochent le plus de la côte du Chili. — 7° Enfin, l'archipel de NOUKA-HIVA ou des *Marquises*, au N. de celui de Pomotou, et dont les habitants l'emportent sur tous ceux de la Polynésie par la belle proportion de leurs formes et la régularité de leurs traits. La France en a pris possession en 1842.

NOTIONS DIVERSES. — On estime la population de la Micronésie et de la Polynésie au plus à un million et demi d'habit., dont la plus grande partie appartient à la race malaise. Les brises de mer, qui rafraîchissent l'atmosphère des îles innombrables qui composent la Polynésie, tempèrent, même dans celles qui sont situées sous l'équateur, la chaleur à laquelle elles devraient être exposées par leur position. Cependant le climat y favorise une riche végétation, et presque toutes les îles sont couvertes d'une magnifique verdure et de belles forêts. Dans la plupart, la vue est charmée par l'aspect enchanteur qu'offrent leurs nombreux villages, situés au milieu de riants bosquets de palmiers, de cocotiers, d'arbres à pain, d'orangers, etc.

ANTARCTIE.

*De quoi se compose l'*ANTARCTIE ?

L'Antarctie, ou *Océanie méridionale*, se compose, comme l'indique son nom, de toutes les terres situées à l'entour et jusqu'à une distance assez considérable du pôle antarctique. — Ces terres, successivement découvertes depuis la fin du siècle dernier, et surtout depuis quelques années, semblent comprendre : — Un *continent austral*, dont feraient partie les *terres d'*ENDERBY, dans le S. de la mer des Indes, découverte par Biscoe, en 1830, SABRINA et ADÉLIE au S. de l'Australie, découvertes par Ballény et par Dumont d'Urville en 1840, et VICTORIA, au S. de la Nouvelle-Zélande, découverte en 1841 par le capitaine Ross, qui l'a reconnue jusque vers le 78e degré de latitude S., le point le plus méridional où l'on soit encore parvenu.—Peut-être faut-il rattacher encore à ce même continent les terres de GRAHAM, de la TRINITÉ, de PALMER et de LOUIS-PHILIPPE, au S. de l'Amérique du Sud, et dont la dernière a été découverte aussi par Dumont d'Urville, en 1840.—Une immense coupole de glaces inaccessibles, de 4,500 kilomètres de diamètre, défend l'abord de la plus grande partie des côtes de ce continent et semble le recouvrir tout entier. L'amiral Ross y a reconnu, sur la terre Victoria, le mont *Erebus*, formidable volcan de 3,781 mètres de hauteur.

Outre ce continent, l'Antarctie comprend encore un assez grand nombre de terres et d'îles dispersées dans les mers qui l'entourent, et parmi lesquelles nous citerons seulement : — Les îles BALLÉNY, au N. de la terre Victoria, au nombre de 3, dont la plus petite renferme deux volcans très-élevés ; — Les îles PIERRE Ier et ALEXANDRE Ier, au S. O. du cap Horn ; — Les SHETLAND MÉRIDIONALES, ou *New-South-Shetland*, plus au N. E. ; — Les ORCADES MÉRIDIONALES ou *South-Orkney*, plus au N. E. encore ; — L'archipel des îles SANDWICH, au N. E. des précédentes ; — La GÉORGIE MÉRIDIONALE, au N. O. des Sandwich, terre assez considérable, découverte par Cook en 1775, mais inhabitable à cause du froid, quoique bien moins rapprochée du pôle que les précédentes.

Nommons encore, dans les mers qui s'étendent au S. de l'Antarctie et de l'Afrique :—L'île KERGUELEN, ainsi nommée du marin français qui la découvrit en 1772, et appelée par Cook *Terre de désolation*, à cause de sa stérilité absolue ; — Les îles AMSTERDAM et SAINT-PAUL, plus au N. ; — Les îles MARION et l'île BOUVET, plus au S. O., etc.

TABLEAUX

INDIQUANT LA SUPERFICIE ET LA POPULATION

DES CINQ PARTIES DU MONDE

ET DE LEURS PRINCIPAUX ÉTATS.

PARTIES DU MONDE.

LEUR NOM.	SUPERFICIE en kilom. carrés.	POPULATION absolue.	par kil. car.
Europe.	9,669,762	242,767,082	25
Asie	42,009,800	622,011,179	15
Afrique.	28,479,400	65,901,000	2
Amérique. . . .	39,928,400	47,202,666	1
Océanie.	10,757,000	24,050,000	2
	130,844,362	1,001,931,927	7

TABLEAU DES ÉTATS DE L'EUROPE.

LEUR NOM.	SUPERFICIE en kilomètres carrés.	POPULATION absolue.	POPULATION par kil. carr.	REVENUS en francs.
EUROPE SEPTENTRIONALE. — 5 États, savoir :				
1 Emp. Britannique.	310,143	29,357,717	94	1,157,000,000
2 Danemark.....	56,155	2,131,988	38	40,000,000
3 Suède et Norvége.	755,378	4,228,235	5	42,520,000
4 Russie et Pologne.	5,449,764	54,989,532	10	517,000,000
5 Rép. de Krakovie.	1,282	140,000	109	861,000
EUROPE CENTRALE. — 41 États, réduits ici à 7, savoir :				
6 France.......	522,909	34,194,875	65	1,127,000,000
7 Pays-Bas......	35,697	2,662,489	74	85,000,000
8 Belgique......	28,140	4,262,260	151	87,558,000
9 Suisse.......	38,195	2,190,258	57	10,410,000
10 Conféd. germaniq.	233,860	15,234,400	65	234,936,000
11 Autriche......	674,612	34,426,611	51	324,000,000
12 Prusse.......	275,804	14,907,091	54	235,000,000
EUROPE MÉRIDIONALE. — 16 États, savoir :				
13 Portugal......	94,720	3,534,000	37	67,300,000
14 Espagne......	464,086	14,660,000	31	162,000,000
15 Rép. d'Andorre..	495	18,000	36	inconnus.
16 États Sardes....	73,662	4,300,000	58	65,000,000
17 Monaco......	137	6,500	55	100,000
18 Roy. Lombard-Vénitien compris dans l'empire d'Autriche.				
19 Parme.......	5,716	443,000	77	4,600,000
20 Modène......	5,329	385,000	72	4,000,000
21 Lucques......	1,072	144,500	135	1,500,000
22 Toscane......	21,745	1,283,000	59	17,000,000
23 États de l'Église..	44,649	2,850,000	64	35,000,000
24 Rép. de St-Marin .	58	7,000	120	70,000
25 Deux-Siciles....	109,307	7,492,000	68	113,177,000
26 Empire Ottoman..	418,833	8,000,000	19	360,000,000
27 Grèce.......	45,422	688,626	15	6,000,000
28 Iles Ioniennes...	2,592	230,000	88	3,656,000
	9,669,762	242,767,082	25	4,700,688,000

TABLEAU DES DIVISIONS DE L'ASIE.

LEUR NOM.	SUPERFICIE en kilomètres carrés.	POPULATION absolue.	par kilomèt. carré.
Asie septentrionale et occidentale. — 2 États, savoir :			
1 Russie Asiatique.	12,560,000	4,083,000	3
2 Turquie Asiatique.	1,235,000	12,000,000	10
Asie centrale. — 7 Divisions, savoir :			
3 Turkestan.	3,515,000	6,000,000	1.7
4 Perse	1,200,000	9,500,000	8
5 Royaume de Hérat.	125,000	1,000,000	8
6 Afghanistan.	300,000	3,000,000	10
7 Béloutchistan.	355,000	3,000,000	8
8 Empire Chinois	13,727,000	388,693,179	28
9 Japon.	553,000	30,000,000	54
Asie méridionale. — 12 États ou Divisions, savoir :			
10 Arabie.	2,570,000	12,000,000	4.6
11 Royaume des Seïks.	444,000	8,000,000	18
12 Hindoustan Anglais	3,140,500	119,200,000	38
13 — Portugais.	12,600	500,000	40
14 — Français.	1,400	200,000	143
15 — Danois.	300	35,000	116
16 Népal.	136,000	2,500,000	18
17 Empire Birman.	592,000	4,000,000	7
18 Royaume de Siam	395,000	3,000,000	7
19 Empire d'Annam.	780,000	13,000,000	17
20 Malakka indépendant.	180,000	1,000,000	5
21 Indo-Chine Anglaise.	188,000	1,300,000	7
	42,009,800	622,011,179	15

TABLEAU DES DIVISIONS DE L'AFRIQUE.

LEUR NOM.	SUPERFICIE en kilomètres carrés.	POPULATION absolue.	par kilomèt. carré.
AFRIQUE SEPTENTRIONALE. — 7 États ou Divisions, savoir :			
1 États du vice-roi d'Égypte.	1,660,000	6,200,000	3.8
2 Abyssinie et côtes d'Ajan.	1,500,000	3,000,000	2
3 Tripoli.	1,200,000	900,000	0.7
4 Tunis.	200,000	1,800,000	9
5 Algérie.	435,000	4,000,000	9
6 Maroc.	480,000	6,000,000	12
7 Sahara.	4,130,000	250,000	0.06
AFRIQUE OCCIDENTALE. — 3 États ou Divisions, savoir :			
8 Sénégambie.	1,000,000	2,700,000	2.7
9 Guinée.	2,000,000	5,400,000	2.7
10 Congo.	870,000	2,200,000	2.5
AFRIQUE CENTRALE ET MÉRIDIONALE. — 3 États ou Divisions, savoir :			
11 Soudan.	4,850,000	22,000,000	4.5
12 Cafrerie.	7,546,000	4,000,000	0.5
13 Colonie du Cap.	364,000	160,000	0.4
AFRIQUE ORIENTALE. — 2 États ou Divisions, savoir :			
14 Zanguebar.	550,000	1,500,000	2.7
15 Mozambique et Monomot.	1,230,000	3,220,000	2.6
16 Madagascar.	494,000	2,000,000	4
17 Iles Françaises.	3,000	110,000	36.7
18 Iles Anglaises.	6,000	115,000	19
19 Iles Espagnoles.	5,400	196,000	36
20 Iles Portugaises.	6,000	180,000	30
	28,479,400	65,901,000	2.3

TABLEAU DES DIVISIONS DE L'AMÉRIQUE.

LEUR NOM.	SUPERFICIE en kilomètres carrés.	POPULATION absolue.	par kilomèt. carré.
AMÉRIQUE DU NORD. — 12 États, savoir :			
1 Amérique Anglaise....	6,600,000	2,040,000	0.3
2 Amérique Russe.....	1,382,500	61,000	0.04
3 États-Unis........	6,987,000	17,468,666	2.4
4 Texas............	458,000	320,000	0.7
5 Mexique..........	4,000,000	8,000,000	2
6 Guatemala........	526,500	2,000,000	3.8
7 Haïti............	760,000	1,000,000	13
8 Possessions Danoises..	1,680,000	114,000	0.07
9 — Espagnoles.	148,000	1,400,000	9.5
10 — Françaises...	2,200	228,000	103.6
11 — Suédoises...	200	16,000	80
12 — Hollandaises.	2,000	21,000	10.5
AMÉRIQUE DU SUD. — 14 États, savoir :			
1 Nouvelle Grenade....	840,000	1,700,000	2
2 Répub. de l'Équateur...	960,000	600,000	0.6
3 Vénézuela.........	1,040,000	800,000	0.8
4 Guyane Anglaise....	38,000	110,000	3
5 — Hollandaise...	115,000	90,000	0.8
6 — Française....	115,000	24,000	0.16
7 Brésil...........	7,940,000	5,500,000	0.7
8 Pérou...........	1,278,000	1,700,000	1.3
9 Bolivia..........	1,075,000	1,400,000	1.3
10 Chili............	423,000	1,000,000	2.3
11 La Plata..........	2,333,000	760,000	0.3
12 Paraguay.........	198,000	300,000	1.5
13 Uruguay..........	2,960,000	200,000	0.7
14 Araucanie et Patagonie.	1,380,000	350,000	0.25
	39,928,400	47,202,666	1.2

TABLEAU DES DIVISIONS DE L'OCÉANIE.

LEUR NOM.	SUPERFICIE en kilomètres carrés.	POPULATION absolue.	par kilomèt carré.
Principaux États Indigènes.			
1 Royaume d'Achem......	58,300	500,000	8
2 — de Siak.....	68,600	600,000	9
3 — de Bornéo...	103,000	1,000,000	10
4 — de Mindanao.	41,000	400,000	10
5 — de Hawaii...	17,500	150,000	8
6 — de Taïti....	300	20,000	67
7 États divers.......	8,864,300	8,000,000	0.9
Possessions Européennes.			
1 Aux Hollandais......	700,000	9,500,000	13.6
2 Aux Espagnols......	275,000	3,500,000	12.7
3 Aux Anglais........	600,000	200,000	0.3
4 Aux Portugais......	27,500	150,000	5.4
5 Aux Français.......	1,500	30,000	20.0
	10,757,000	24,050,000	2

FRANCE ANCIENNE ET NOUVELLE.

TABLEAU présentant sa division comparative en 32 grands et 8 petits gouvernements anciens et en 86 départements.

GRANDS gouvernements.	CAPITALES.	DÉPARTEMENTS correspondants.
\multicolumn{3}{c}{GOUVERNEMENTS DU NORD, au nombre de 8, savoir :}		
I. Flandre Française.	Lille.	NORD.
II. Artois.	Arras.	Ardennes, le N. O. (Voir VI.) PAS-DE-CALAIS, le centre et l'E. (Voir III et XXXIII.)
III. Picardie.	Amiens.	SOMME. Pas-de-Calais, le N. O. (Voir II.) Aisne, le N. (Voir V.) Oise, le N. (Voir V.) Ardennes, le S. O. (Voir VI.)
IV. Normandie.	Rouen.	SEINE-INFÉRIEURE, moins l'extrémité N. O. (Voir XXXIV.) EURE, moins l'extr. S. (Voir X.) CALVADOS. MANCHE. ORNE, moins l'extr. S. (Voir X.) Eure-et-Loire, le N. O. (Voir XVI.)
V. Ile-de-France.	Soissons.	OISE, moins le N. (Voir III.) AISNE, le S. (Voir III.) SEINE-ET-OISE, moins le centre (Voir XXXV.) SEINE-ET-MARNE, moins le N. (Voir VI et XXXV.)
VI. Champagne.	Troyes.	ARDENNES, moins l'O. (Voir I et III.) MARNE. HAUTE-MARNE, moins l'extrémité S. (Voir XXIV.) AUBE, moins le S. E. (V. XXIV.) Seine-et-Marne, le N. (V. V.) Yonne, le N. (Voir XXIV.) Meuse, le S. (Voir VII et XXXVI.)

GRANDS gouvernements.	CAPITALES.	DÉPARTEMENTS correspondants.
VII. Lorraine.... Barrois.....	Nancy.... Bar-le-Duc..	MEUSE, le S. (Voir VI et XXXVI.) *Moselle*, le N. et l'E. (Voir XXXVII.) MEURTHE, moins le S. O. (Voir XXXVIII.) VOSGES.
VIII. Alsace.....	Strasbourg.	BAS-RHIN. HAUT-RHIN, moins une faible portion. (Voir *Pays réunis après* 1789.)

GOUVERNEMENTS DU CENTRE, au nombre de 17, savoir :

IX. Bretagne.....	Rennes...	ILLE-ET-VILAINE. CÔTES-DU-NORD. FINISTÈRE. MORBIHAN. LOIRE-INFÉRIEURE.
X. Maine......	Le Mans...	MAYENNE, moins le S. (V. XI.) SARTHE, moins le S. O. (V. XI.) *Orne*, l'extrémité S.
XI. Anjou......	Angers...	MAINE-ET-LOIRE, moins le S. E. (Voir XXXIX.) *Sarthe*, le S. O. (Voir X.) *Indre-et-Loire*, le N. O. (Voir XV.) *Mayenne*, le S. (Voir X.)
XII. Poitou......	Poitiers...	VENDÉE. DEUX-SÈVRES, moins le S. (Voir XIII et XIV.) VIENNE, moins le N. E. et l'E. (Voir XV et XVII.) *Indre-et-Loire*, l'extrémité S. O. (Voir XV.) *Haute-Vienne*, le N. O. (Voir XIX.) *Charente*, l'extrémité N. E. (Voir XIV.) *Charente-Inférieure*, l'extrémité N. E. (Voir XIII.) *Creuse*, l'extrémité N. O. (Voir XVIII.)

10

GRANDS gouvernements.	CAPITALES.	DÉPARTEMENTS correspondants.
XIII. Aunis..	La Rochelle.	CHARENTE-INFÉRIEURE, le N. (Voir XII et XIV.)
		Deux-Sèvres, l'extrémité S. O. (Voir XII.)
XIV. Saintonge. . . et Angoumois. . .	Saintes. . . Angoulême.	CHARENTE, moins l'E. (Voir XII et XVIII.)
		Deux-Sèvres, l'extrémité S. E. (Voir XII.)
		Charente-Inférieure, le centre et le S. (Voir XIII.)
		Dordogne, petite portion O. (Voir XXVI.)
XV. Touraine.. . .	Tours. . . .	INDRE-ET-LOIRE, moins le N. O. (Voir XI); l'extrémité S. O. (Voir XII), et l'extrémité N. (Voir XVI.)
		Vienne, le N. E. (Voir XII.)
		Loir-et-Cher, le S. O. (Voir XVI.)
XVI. Orléanais.. .	Orléans. .	LOIR-ET-CHER, moins le S. O. (Voir XV.)
		LOIRET, moins l'extrémité S. E. (Voir XVII.)
		EURE-ET-LOIR, le S. E. (Voir IV.)
		Yonne, le S. O. (Voir XXIV.)
		Indre-et-Loire, l'extrémité N. (Voir XV.)
		Indre, l'extrémité N. (Voir XVII.)
		Nièvre, l'extrémité N. O. (Voir XXIII.)
XVII. Berri.. . . .	Bourges.. .	INDRE, moins les extrémités N. et S. O. (Voir XVI et XVIII.)
		CHER, moins l'extrémité S. E. (Voir XXII.)
		Loiret, extrémité S. E. (Voir XVI.)
		Vienne, l'E. (Voir XII.)
		Haute-Vienne, l'extrémité N. E. (Voir XIX.)
		Creuse, portion du N. E. (Voir XVIII.)

GRANDS gouvernements.	CAPITALES.	DÉPARTEMENTS correspondants.
XVIII. Marche.	Guéret	Creuse, moins les extrémités N. O., N. E. et S. O. (Voir XII, XIX et XXII.)
		Haute-Vienne, l'E. (Voir XIX.)
		Indre, l'extrémité S. O. (Voir XVI, XVII.)
		Charente, l'extrémité N. E. (Voir XIV.)
XIX. Limosin.	Limoges	Haute-Vienne, moins le N. et l'E. (Voir XII, XVII et XVIII.)
		Corrèze.
		Creuse, le S. O. (Voir XVIII.)
		Dordogne, l'extrémité N. E. (Voir XXVI.)
XX. Auvergne.	Clermont.	Cantal.
		Puy-de-Dôme, moins le N. E. et le N. (Voir XXI et XXII.)
		Haute-Loire, le N. O. (Voir XXX.)
XXI. Lyonnais.	Lyon	Loire.
		Rhône.
		Haute-Loire, le N. E. (Voir XXX.)
		Puy-de-Dôme, le N. E. (Voir XX.)
XXII. Bourbonnais.	Moulins	Allier.
		Puy-de-Dôme, le N. (Voir XX.)
		Creuse, l'extrémité N. E. (Voir XVIII.)
		Cher, l'extrémité S. E. (Voir XVII.)
XXIII. Nivernais.	Nevers	Nièvre, moins l'extrémité N. O. (Voir XVI.)
XXIV. Bourgogne.	Dijon	Côte-d'Or.
		Saône-et-Loire.
		Ain, moins le S. O. (Voir Pays réunis après 1789.)
		Yonne, le S. E. (Voir VI et XVI.)
		Aube, l'extrém. S. E. (Voir VI.)
		Haute-Marne, l'extrémité S. Voir VI.

GRANDS gouvernements.	CAPITALES.	DÉPARTEMENTS correspondants.
XXV. Franche-Comté	Besançon.	HAUTE-SAÔNE. DOUBS, moins le N. E. (Voir *Pays réunis après 1789.*) JURA.

GOUVERNEMENTS DU MIDI, au nombre de 7, savoir :

XXVI. Guienne et Gascogne.	Bordeaux. Auch.	GIRONDE. DORDOGNE, moins les extrémités N. O. et N. E. (Voir XIV et XIX.) LOT-ET-GARONNE. LOT. AVEYRON. TARN-ET-GARONNE, moins le S. (Voir XXX.) GERS. LANDES, moins le S. (V. XXVII.) HAUTES-PYRÉNÉES. *Basses-Pyrénées*, l'O. (Voir XXVII.) *Haute-Garonne*, l'O. et le S. (Voir XXX.) *Ariége*, l'O. (Voir XXVIII.)
XXVII. Béarn	Pau.	BASSES-PYRÉNÉES, moins l'O. (Voir XXVI.)
XXVIII. Foix	Foix.	ARIÉGE, moins l'O. (Voir XXVI.)
XXIX. Roussillon	Perpignan.	PYRÉNÉES-ORIENTALES, moins le N. O. (Voir XXX.)
XXX. Languedoc	Toulouse.	HAUTE-GARONNE, le N. E. (Voir XXVI.) TARN. AUDE. HÉRAULT. GARD. LOZÈRE. HAUTE-LOIRE, moins le N. O. et le N. E. (Voir XX et XXI.) ARDÈCHE. *Tarn-et-Garonne*, le S. (Voir XXVI.) *Pyrénées-Orientales*, le N. O. (Voir XXIX.)

ANCIENNE ET NOUVELLE. 221

GRANDS gouvernements.	CAPITALES.	DÉPARTEMENTS correspondants.
XXXI. Dauphiné...	Grenoble...	ISÈRE. DRÔME, moins l'extrémité S. E. (Voir XXXII.)
XXXII. Provence...	Aix.....	HAUTES-ALPES. BASSES-ALPES. BOUCHES-DU-RHÔNE. VAR. *Drôme*, le S. E. (Voir XXXI.) *Vaucluse*, l'E. (Voir *Pays réunis après 1789*.)

PETITS GOUVERNEMENTS, au nombre de 8, savoir :

XXXIII. Boulonnais.	Boulogne..	*Pas-de-Calais*, le N. O. (Voir II.)
XXXIV. Le Havre..	Le Havre..	*Seine-Inférieure*, l'extrémité O. (Voir IV.)
XXXV. Paris.....	PARIS...	SEINE. *Seine-et-Oise*, le centre. (Voir V.) *Seine-et-Marne*, une petite portion. (Voir V.)
XXXVI. Verdunois..	Verdun...	MEUSE, le N. (Voir VII.)
XXXVII. Pays-Messin	Metz.....	MOSELLE, l'O. et le S. (V. VII.)
XXXVIII. Toulois..	Toul.....	*Meurthe*, le S. O. (Voir VII.)
XXXIX. Saumurois.	Saumur...	*Maine-et-Loire*, le S. E. (Voir XI.)
XL. Ile-de-Corse...	Bastia....	CORSE.

PAYS RÉUNIS A LA FRANCE APRÈS 1789.

1789. Principauté de Dombes...	Trévoux...	*Ain*, le S. O. (Voir XXIV.)
1791. Avignon et le Comtat Vénaissin.	Carpentras.	VAUCLUSE, l'O. (Voir XXXII.)
1793. Comté de Montbéliard.....	Montbéliard	*Doubs*, le N. E. (Voir XXV.)
1798. République de Muhlhausen ou Mulhouse.....	Mulhouse..	*Haut-Rhin*, petite portion du centre. (Voir VIII.)

FRANCE DIVISÉE PAR BASSINS ET PAR DÉPARTEMENTS.

TABLEAU présentant ses 86 départements, répartis en 5 bassins principaux, comprenant 17 bassins secondaires, et en 15 bassins côtiers.

Nota. Les noms en PETITES CAPITALES sont ceux des chefs-lieux de départements. — Le signe ‡ indique les *Archevêchés*, † les *Évêchés*, dont les noms sont écrits en *italiques*, quand ils ne sont pas en même temps chefs-lieux de département ou d'arrondissement. — Les lettres C. R. signifient *Cour royale*; A. indique les chefs-lieux d'*Académies*; D.M. les *Divisions militaires*.

DÉPARTEMENTS.	Superficie en kil. carrés.	POPULATION en 1841.	PRÉFECTURES et SOUS-PRÉFECTURES.	POPULATION en 1841.
			I. BASSIN DU RHIN, comprenant :	
			1° Le Bassin du *Rhin proprement dit*, renfermant 2 départements, savoir :	
Haut-Rhin....	3,833	464,466	COLMAR. C. R.	18,619
			Altkirch.	3,082
			Belfort.	5,617
Bas-Rhin.....	4,648	560,113	STRASBOURG, † A.- D. M.	61,150
			Saverne.	5,115
			Schélestadt.	7,424
			Wissembourg.	5,307
			2° Le Bassin secondaire de la *Moselle*, renfermant 3 départements, savoir :	
Vosges.......	5,880	419,992	ÉPINAL.	10,018
			Mirecourt.	5,385
			Neufchâteau.	3,509
			Remiremont.	5,099
			Saint-Dié. †	8,336
Meurthe......	6,435	414,603	NANCY. † A.-C. R.	35,901
			Château-Salins.	2,415
			Lunéville.	12,285
			Sarrebourg.	2,236
Moselle......	6,100	440,312	METZ. † A.-C. R.- D. M.	39,767
			Thionville.	5,548
			Briey.	1,900
			Sarreguemines.	4,243

DÉPARTEMENTS.	Superficie en kil. carrés.	POPULATION en 1841.	PRÉFECTURES et SOUS-PRÉFECTURES.	POPULATION en 1841.
	I. Bassin côtier de la MEUSE, renfermant 2 départements, savoir :
Meuse.	6,103	326,372	Bar-le-Duc.	12,230
			Commercy.	3,670
			Montmédy.	1,706
			Verdun. †	10,728
Ardennes.	5,232	319,167	Mézières.	3,707
			Réthel.	7,184
			Rocroy.	3,682
			Sedan.	12,235
			Vouziers.	2,299
	II. Bassin côtier de l'ESCAUT, renfermant 2 départements, savoir :
Nord.	5,679	1,085,298	Lille. D. M.	63,063
			Douai. A.-C.R.	17,501
			Dunkerque.	24,530
			Hazebrouck.	7,346
			Avesnes.	2,684
			Cambrai. ‡	17,522
			Valenciennes.	18,590
Pas-de-Calais. . .	6,600	685,021	Arras. †	20,451
			Bethune.	6,789
			Saint-Omer.	18,455
			Saint-Pol.	3,189
			Boulogne.	27,402
			Montreuil.	3,773
	III. Bassin côtier de la SOMME, renfermant 1 département, savoir :
Somme.	6,045	559,680	Amiens. † A.-C.R.	44,405
			Doullens.	4,001
			Montdidier.	3,749
			Péronne.	3,894
			Abbeville.	19,982
	II. BASSIN DE LA SEINE, comprenant :
	1° Le Bassin de la *Seine proprement dit*, renfermant 6 départements, savoir :
Aube.	6,106	258,180	Troyes. †	24,463
			Arcis-sur-Aube.	2,726
			Nogent-sur-Seine.	3,365
			Bar-sur-Aube.	4,133
			Bar-sur-Seine.	2,140

DÉPARTEMENTS.	Superficie en kil. carrés.	POPULATION en 1841.	PRÉFECTURES et SOUS-PRÉFECTURES.	POPULATION en 1841.
Seine-et-Marne...	5,887	333,260	Melun.	6,720
			Fontainebleau.	7,477
			Meaux. †	7,972
			Coulommiers.	3,462
			Provins.	5,804
Seine-et-Oise...	5,603	470,948	Versailles. †	29,641
			Mantes.	4,218
			Rambouillet.	3,049
			Corbeil.	4,419
			Pontoise.	5,258
			Étampes.	7,906
Seine......	475	1,194,603	Paris. ‡ A.-C. R.-D.M.	935,261
			Saint-Denis.	12,000
			Sceaux.	1,831
Eure......	5,913	425,780	Évreux. †	10,263
			Louviers.	6,823
			Les Andelys.	5,172
			Bernay.	6,782
			Pont-Audemer.	5,268
Seine-Inférieure..	6,035	737,501	Rouen. ‡ A.-C.R.-D.M.	90,580
			Dieppe.	15,890
			Le Havre.	26,463
			Yvetot.	8,784
			Neufchâtel.	3,426

2° Le Bassin secondaire de la *Marne*, renfermant 2 départements, savoir :

Haute-Marne....	6,254	257,569	Chaumont.	6,037
			Langres. †	7,454
			Vassy.	2,481
Marne......	8,204	356,632	Chalons-sur-Marne. † D. M.	13,163
			Épernay.	5,876
			Reims. ‡	39,185
			Ste-Menehould.	3,984
			Vitry-le-Français.	6,887

3° Le Bassin secondaire de l'*Oise*, renfermant 2 départements, savoir :

Aisne.......	7,354	542,213	Laon.	7,700
			Soissons.	7,659
			Saint-Quentin.	21,079
			Vervins.	2,292
			Château-Thierry.	4,721

DÉPARTEMENTS.	Superficie en kil. carrés.	POPULATION en 1841.	PRÉFECTURES et SOUS-PRÉFECTURES.	POPULATION en 1841.
Oise..	5,814	398,868	Beauvais. † Clermont. Compiègne. Senlis.	12,221 2,395 8,201 5,143

4° Le Bassin secondaire de l'*Yonne*, renfermant 1 département, savoir :

Yonne..	7,389	362,961	Auxerre. Avallon. Joigny. Sens. ‡ Tonnerre.	11,168 5,442 5.800 9,653 4,091

5° Le Bassin secondaire de l'*Eure*, renfermant 1 département, savoir :

Eure-et-Loir. . . .	5,875	286,368	Chartres. † Châteaudun. Dreux. Nogent-le-Rotrou.	14,753 6,153 6,274 6,852

IV. Bassin côtier de l'Orne, renfermant 2 départements, savoir :

Orne.	6,892	442,702	Alençon. Argentan. Domfront. Mortagne. Sées. †	13,104 5,350 1,693 4,805 4,567
Calvados.	5,561	496,198	Caen. A.-C.R. Falaise. Bayeux † Vire. Lisieux. Pont-l'Évêque.	37,836 7,853 9,026 7,082 10,547 1,900

V. Bassin côtier de la Vire, renfermant 1 département, savoir :

Manche.	5,772	597,334	Saint-Lo. Coutances. † Valognes. Cherbourg. Avranches. Mortain.	8,312 7,114 6,165 20,627 7,795 2,521

10.

DÉPARTEMENTS.	Superficie en kil. carrés.	POPULATION en 1841.	PRÉFECTURES et SOUS-PRÉFECTURES.	POPULATION en 1841.

VI. Bassin côtier de la VILAINE, renfermant 1 département, savoir:

Ille-et-Vilaine....	6,724	549,417	RENNES. † A.-C. R.-D.M.	32,407
			Fougères.	8,889
			Montfort.	1,772
			Saint-Malo.	9,524
			Vitré.	8,242
			Redon.	4,241

VII. Bassins côtiers de la PÉNINSULE DE BRETAGNE, renfermant 3 départements, savoir :

Côtes-du-Nord...	7,441	607,572	SAINT-BRIEUC. †	11,266
			Dinan.	7,081
			Loudéac.	6,419
			Lannion.	5,404
			Guingamp.	6,434
Finistère......	6,934	576,572	QUIMPER. †	9,058
			Brest.	32,682
			Châteaulin.	2,968
			Morlaix.	9,759
			Quimperlé.	5,004
Morbihan.....	6,817	445,331	VANNES. †	10,732
			Pontivy.	6,288
			Lorient.	18,179
			Ploërmel.	4,592

III. BASSIN DE LA LOIRE, comprenant :

1° Le Bassin de la *Loire proprement dit*, renfermant 8 départements, savoir :

Haute-Loire.....	4,948	298,137	LE PUY. †	13,594
			Yssengeaux.	7,188
			Brioude.	4,781
Loire.......	4,640	434,085	MONTBRISON.	5,762
			Roanne.	11,138
			Saint-Etienne.	46,025
Nièvre.......	6,866	305,346	NEVERS. †	13,995
			Château-Chinon.	2,885
			Clamecy.	5,623
			Cosne.	6,245

DIVISÉE PAR BASSINS.

DÉPARTEMENTS.	Superficie en kil. carrés.	POPULATION en 1841.	PRÉFECTURES et SOUS-PRÉFECTURES.	POPULATION en 1841.
Loiret.	6,752	318,452	Orléans. †A.-C.R.	39,623
			Pithiviers.	3,736
			Gien.	5,253
			Montargis.	7,170
Loir-et-Cher. . . .	6,031	249,462	Blois. †	14,573
			Romorantin.	7,181
			Vendôme.	8,662
Indre-et-Loire.. . .	6,107	306,366	Tours. ‡ D.M.	24,722
			Chinon.	6,569
			Loches.	4,437
Maine-et-Loire. . .	7,221	488,472	Angers. † A.-C.R.	36,531
			Beaugé.	3,176
			Segré.	1,547
			Beaupreau.	3,216
			Saumur.	11,134
Loire-Inférieure.. .	7,063	486,806	Nantes. † D.M.	76,870
			Ancenis.	3,741
			Châteaubriand.	3,676
			Paimbœuf.	3,775
			Savenay.	2,079

2° Le bassin secondaire de la *Maine*, renfermant 2 départements, savoir :

Mayenne.	5,149	361,392	Laval.	16,028
			Mayenne.	8,922
			Chât.-Gonthier.	6,279
Sarthe..	6,206	470,535	Le Mans. †	22,393
			Mamers.	5,679
			Saint-Calais.	3,709
			La Flèche.	6,207

3° Le Bassin secondaire de l'*Allier*, renfermant 2 départements, savoir :

Puy-de-Dôme. . . .	8,007	587,566	Clermont. † A.-D.M.	27,148
			Ambert.	7,789
			Issoire.	5,663
			Riom. C.R.	10,137
			Thiers.	9,773
Allier.	7,423	311,361	Moulins. †	13,854
			Gannat.	5,244
			La Palisse.	2,286
			Montluçon.	5,681

DÉPARTEMENTS.	Superficie en kil. carrés.	POPULATION en 1841.	PRÉFECTURES et SOUS-PRÉFECTURES.	POPULATION en 1841.
\multicolumn{5}{l}{4° Le Bassin secondaire du *Cher*, renfermant 1 départ., savoir:}
Cher.	7,401	278,645	BOURGES. ‡ A.-C. R.-D.M.	20,447
			Sancerre	3,456
			Saint-Amand.	6,992
\multicolumn{5}{l}{5° Le Bassin secondaire de l'*Indre*, renfermant 1 départ., savoir:}
Indre.	7,017	253,076	CHATEAUROUX.	13,019
			Le Blanc.	5,224
			Issoudun.	11,893
			La Châtre.	4,588
\multicolumn{5}{l}{6° Le Bassin secondaire de la *Vienne*, renfermant 3 départ., savoir:}
Haute-Vienne.	5,616	292,848	LIMOGES. †A.C.R.	26,526
			Saint-Yrieix.	7,050
			Bellac.	3,566
			Rochechouart.	4,173
Vienne.	6,891	294,250	POITIERS. †A.-C.R.	22,376
			Chatellerault.	9,636
			Civray.	2,043
			Loudun.	4,980
			Montmorillon.	4,672
Creuse.	5,795	278,029	GUÉRET.	4,332
			Aubusson.	4,988
			Bourganeuf.	3,065
			Boussac.	912
\multicolumn{5}{l}{VIII. Bassin côtier de la SÈVRE-NIORTAISE, comprenant 2 départ., savoir :}
Deux-Sèvres.	6,073	310,230	NIORT.	17,035
			Bressuire.	2,084
			Melle.	2,687
			Parthenay.	4,171
Vendée.	6,808	356,453	BOURBON-VENDÉE.	5,164
			Fontenay.	7,175
			Les Sables-d'O- lonne.	5,076
			Luçon. †	3,761
\multicolumn{5}{l}{IX. Bassin côtier de la CHARENTE, comprenant 2 départ., savoir :}
Charente.	5,888	367,893	ANGOULÊME. †	16,533
			Cognac.	4,008
			Ruffec.	2,655
			Barbezieux.	3,303
			Confolens.	2,442

DIVISÉE PAR BASSINS.   229

DÉPARTEMENTS.	Superficie en kil. carrés.	POPULATION en 1841.	PRÉFECTURES et SOUS-PRÉFECTURES.	POPULATION en 1841.
Charente-Inférieure	7,168	460,245	La Rochelle.	13,852
			Rochefort.	11,911
			Marennes.	4,410
			Saintes.	9,519
			Jonzac.	1,887
			St.-Jean-d'Angely	5,855

IV. Bassin de la Gironde, comprenant :

1° Le Bassin de la Dordogne, renfermant 3 départements, savoir :

Cantal..	5,741	257,423	Aurillac.	9,981
			Mauriac.	3,265
			Murat.	2,423
			Saint-Flour.	5,484
Corrèze.	5,945	306,480	Tulle. †	9,969
			Brives.	8,350
			Ussel.	4,168
Dordogne.	9,150	490,263	Périgueux. †	10,596
			Bergerac.	9,728
			Nontron.	3,481
			Ribérac.	3,559
			Sarlat.	5,653

2° Le Bassin de la Garonne, comprenant 4 départements, savoir :

Haute-Garonne...	6,185	468,071	Toulouse ‡ A.-C. R.-D.M.	76,965
			Villefranche.	2,384
			Muret.	3,971
			Saint-Gaudens.	4,965
Tarn-et-Garonne..	3,718	239,297	Montauban. †	21,752
			Moissac.	10,522
			Castel-Sarrazin.	7,008
Lot-et-Garonne...	5,346	347,073	Agen. † C.R.	14,161
			Marmande.	7,603
			Villeneuve-d'Agen	10,788
			Nérac.	7,062
Gironde.	10,826	568,034	Bordeaux. ‡ A.-C. R.-D.M.	99,512
			Blaye.	3,598
			Lesparre.	1,404
			Libourne.	8,828
			Bazas.	4,340
			La Réole.	3,752

DÉPARTEMENTS.	Superficie en kil. carrés.	POPULATION en 1841.	PRÉFECTURES et SOUS-PRÉFECTURES.	POPULATION en 1841.
\multicolumn{5}{l}{3° Le Bassin secondaire de l'*Ariége*, renfermant 1 départ., savoir:}
Ariége..	4,784	265,607	Foix.	4,714
			Pamiers. †	6,480
			Saint-Girons.	3,901
\multicolumn{5}{l}{4° Le Bassin secondaire du *Tarn*, renfermant 3 départ., savoir:}
Lozère	5,148	140,788	Mende †	5,426
			Florac.	1,792
			Marvejols.	4,142
Aveyron	8,822	375,083	Rodez. †	8,156
			Espalion.	4,222
			Milhau.	8,885
			Saint-Affrique.	6,086
			Villefranche.	8,733
Tarn..	5,768	351,656	Alby.	11,643
			Castres.	17,372
			Gaillac.	8,018
			Lavaur.	6,906
\multicolumn{5}{l}{5° Le Bassin secondaire du *Lot*, renfermant 1 départ., savoir :}
Lot.	3,984	287,739	Cahors. † A.	11,432
			Figeac.	6,017
			Gourdon.	5,280
\multicolumn{5}{l}{6° Le Bassin secondaire du *Gers*, renfermant 1 départ., savoir :}
Gers..	6,279	311,147	Auch. ‡	9,099
			Lectoure.	6,187
			Mirande.	2,506
			Condom.	6,700
			Lombez.	1,622
\multicolumn{5}{l}{X. Bassin côtier de l'Adour, comprenant 3 départements, savoir:}
Hautes-Pyrénées..	4,646	244,196	Tarbes. †	11,065
			Argelès.	1,579
			Bagnères.	8,322
Basses-Pyrénées..	7,526	451,683	Pau. A.-C.R.	12,434
			Oléron.	6,566
			Orthès.	6,924
			Bayonne. † D.M.	15,533
			Mauléon.	1,239

DÉPARTEMENTS.	Superficie en kil. carrés.	POPULATION en 1841.	PRÉFECTURES et SOUS-PRÉFECTURES.	POPULATION en 1841.
Landes.	9,051	288,277	Mont-de-Marsan. Saint-Sever. Dax. *Aire.* †	4,169 5,070 5,181 3,937

XI. Bassin côtier de la TET, comprenant 1 département, savoir :

Pyrénées-Orientales	4,114	173,592	Perpignan.† D.M. Ceret. Prades.	18,193 3,313 3,145

XII. Bassin côtier de l'AUDE, comprenant 1 département, savoir :

Aude.	6,316	284,285	Carcassonne. † Limoux. Narbonne. Castelnaudary.	17,779 6,676 10,741 9,748

XIII. Bassin côtier de l'HÉRAULT, comprenant 1 départ., savoir :

Hérault.	6,306	367,343	Montpellier.† A.- C R.-D.M. Béziers. Lodève. Saint-Pons.	35,628 17,216 10,332 6,943

V. BASSIN DU RHÔNE, comprenant :

1° Le Bassin du *Rhône proprement dit*, renfermant 8 dép., savoir:

4 sur la *rive droite*, qui sont :

Ain.	5,848	355,694	Bourg. Belley. † Nantua. Trévoux. Gex.	9,039 3,606 3,793 1,885 2,894
Rhône.	2,704	500,831	Lyon. ‡ A.-C.R.- D M. Villefranche.	143,977 6,848
Ardèche.	5,500	364,416	Privas. † Largentière. Tournon.	4,072 3,025 4,444
Gard.. . . . :. . .	5,997	376,062	Nimes. † A.-C.R. Alais. Uzès. Le Vigan.	41,180 15,251 6,699 4,924

DÉPARTEMENTS.	Superficie en kil. carrés.	POPULATION en 1841.	PRÉFECTURES et SOUS-PRÉFECTURES.	POPULATION en 1841.

Et 4 sur la *rive gauche*, qui sont :

DÉPARTEMENTS.	Superficie	Population 1841	Préfectures / Sous-préfectures	Population 1841
Isère	8,412	588,660	Grenoble. † A.-C.R.	25,526
			La Tour-du-Pin.	2,050
			Saint-Marcellin.	2,885
			Vienne.	16,477
Drôme	6,536	311,551	Valence. †	3,088
			Montélimar.	7,820
			Die.	3,826
			Nyons.	3,219
Vaucluse	3,554	251,080	Avignon. ‡	32,109
			Carpentras.	9,332
			Apt.	5,874
			Orange.	8,515
Bouches-du-Rhône	6,020	375,003	Marseille † D.M.	147,191
			Aix. ‡ A.-C.R.	23,082
			Arles.	19,406

2° Le Bassin secondaire de la *Saône*, renfermant 5 départements, savoir :

DÉPARTEMENTS.	Superficie	Population 1841	Préfectures / Sous-préfectures	Population 1841
Haute-Saône	5,150	347,627	Vesoul.	5,930
			Gray.	6,686
			Lure.	3,014
Côte-d'Or	8,770	393,316	Dijon. † A.C.R.-D.M.	26,184
			Beaune.	10,585
			Châtillon-sur-Seine.	4,614
			Sémur.	4,227
Saône-et-Loire	8,577	551,316	Macon.	11,293
			Autun. †	10,350
			Charolles.	3,271
			Châlon-sur-Saône	13,465
			Louhans.	3,593
Doubs	5,184	286,236	Besançon. ‡ A.-C.R.D.-M.	30,713
			Pontarlier.	4,467
			Baume.	2,519
			Montbéliard.	4,948
Jura	5,030	316,734	Lons-le-Saulnier.	7,923
			Poligny.	5,817
			Saint-Claude. †	5,244

DIVISÉE PAR BASSINS.

DÉPARTEMENTS.	Superficie en kil. carrés.	POPULATION en 1841.	PRÉFECTURES et SOUS-PRÉFECTURES.	POPULATION en 1841.
3° Le Bassin secondaire de la *Durance*, renfermant 2 départements, savoir :				
Hautes-Alpes....	5,536	132,584	Gap. †	7,764
			Briançon.	3,205
			Embrun.	3,005
Basses-Alpes....	6,909	156,055	Digne. †	3,992
			Barcelonnette.	1,923
			Castellanne.	2,069
			Forcalquier.	1,972
			Sisteron.	3,708
XIV. Bassin côtier du Var, comprenant 1 département, savoir :				
Var........	729	328,010	Draguignan.	7,943
			Brignolles.	5,340
			Grasse.	10,916
			Toulon.	34,663
			Fréjus .†	.
XV. Bassins côtiers de l'île de Corse, comprenant 1 département, savoir :				
Corse. ;......	8,747	221,463	Ajaccio. † A.	9,834
			Sartène.	3,091
			Bastia. C.R.-D.M.	13,018
			Calvi.	1,457
			Corté.	3,503
86 départements.	522,909	34,194,875	363 chefs-lieux de départements et d'arrond[is].	

CONFÉDÉRATION SUISSE.

CANTONS suivant le rang qu'ils occupent dans la Confédération.	CAPITALES.	SUPERFICIE en kilomètres carrés.	POPULATION en 1833.	CONTINGENT militaire.
Zurich.	Zurich.	1,773	231,576	4,632
Berne.	Berne.	6,629	407,913	8,158
Lucerne.	Lucerne.	1,519	124,531	2,490
Uri.	Altorf.	1,090	13,519	270
Schwiz*.	Schwiz.	878	40,650	813
Unterwalden.	Stanz.	679	22,571	451
Glaris.	Glaris.	723	29,348	587
Zug.	Zug.	219	15,322	306
Fribourg.	Fribourg. †	1,282	91,145	1,823
Soleure.	Soleure. †	658	63,196	1,264
Bâle*.	Bâle.	477	65,424	1,328
Schaffhouse.	Schaffhouse.	295	32,582	652
Appenzell.	Appenzell.	394	50,876	1,018
Saint-Gall.	Saint-Gall.	1,937	158,853	3,177
Grisons.	Coire. †	6,646	84,506	1,690
Argovie.	Aarau.	1,300	182,755	3,655
Thurgovie.	Frauenfeld.	696	84,126	1,682
Tésin.	Locarno.	2,678	113,923	2,278
Vaud.	Lausanne.	3,062	183,582	3,672
Valais.	Sion. †	4,300	76,590	1,532
Neuchâtel.	Neuchâtel.	723	58,616	1,172
Genève.	Genève.	237	58,666	1,173
		38,195	2,190,258	43,803

Les quatre cantons de SCHWIZ, UNTERWALDEN, BALE et APPENZELL sont subdivisés chacun en deux républiques, savoir : — SCHWIZ INTÉRIEUR, capitale *Schwiz*, et SCHWIZ EXTÉRIEUR, capitale *Küssnacht*. — HAUT UNTERWALDEN, au S., capitale *Sarnen*, et BAS-UNTERWALDEN, au N., capitale *Stanz*. — BALE-VILLE, capitale *Bâle*, et BALE-CAMPAGNE, capitale *Liestall*. — APPENZELL RHODES INTÉRIEURES, capitale *Appenzell*, et RHODES EXTÉRIEURES, capitales *Trogen* et *Hérisau*. — Le canton des GRISONS est subdivisé en trois *ligues* ou républiques fédératives indépendantes, savoir : la LIGUE GRISE ou *Supérieure*, à l'O., capitale *Ilanz*; la LIGUE DE LA MAISON DE DIEU ou *Caddée*, au N., capitale *Coire*; et la LIGUE DES DIX-DROITURES ou juridictions, à l'E., capitale *Davos*.

CONFÉDÉRATION GERMANIQUE.

	NOMS DES ÉTATS d'après leur rang à la Diète.	Votes à la Diète.	SUPERFICIE en kilomètres carrés.	POPULATION en 1838.
I	1 Empire d'Autriche.	4	196,735	11,713,950
II	2 Royaume de Prusse.	4	184,965	10,908,010
III	3 R^e de Bavière.	4	76,890	4,338,370
IV	4 R^e de Saxe.	4	14,960	1,665,590
V	5 R^e de Hanovre.	4	38,335	1,737,500
VI	6 R^e de Wurtemberg.	4	19,910	1,646,780
VII	7 G^r D^é de Bade.	3	15,180	1,227,260
VIII	8 G^r D^é de Hesse-Cassel.	3	10,010	721,550
IX	9 G^r D^é de Hesse-Darmstadt.	3	8,415	793,130
	10 Landgr. de Hesse-Hombourg.	1	275	23,400
X	11 D^{és} de Holstein et Lauenbourg.	3	9,625	476,950
XI	12 G^r D^{és} de Luxembourg et Limbourg	3	4,895	332,290
XII	13 G^r D^é de Saxe-Weimar.	1	3,685	245,820
	14 D^é de Saxe-Cobourg-Gotha.	1	2,090	140,050
	15 D^é de Saxe-Meiningen et Hildburg.	1	2,420	148,590
	16 D^é de Saxe-Altenbourg.	1	1,320	121,590
XIII	17 D^é de Brunswick.	2	3,960	269,000
	18 D^é de Nassau.	2	4,675	387,570
XIV	19 G^r D^é de Mecklenbourg-Schwérin	2	12,540	478,800
	20 G^r D^é de Mecklenbourg-Strélitz.	1	2,585	87,820
XV	21 G^r D^é d'Oldenbourg. et Seigneurie de Kniphausen.	1	6,270	267,660
	22 D^é d'Anhalt-Dessau.	1	825	61,480
	23 D^é d'Anhalt-Bernbourg.	1	770	46,920
	24 D^é d'Anhalt-Kœthen	1	660	40,200
	25 P^{té} de Schwarzbourg-Sondershausen.	1	825	55,810
	26 P^{té} de Schwarzbourg-Rudolstadt.	1	880	66,130
XVI	27 P^{té} de Hohenzollern-Hechingen.	1	330	20,200
	28 P^{té} de Hohenzollern-Sigmaringen.	1	715	42,990
	29 P^{té} de Lichtenstein.	1	165	6,520
	30 P^{té} de Waldeck.	1	1,210	56,480
	31 P^{té} de Reuss-Greiz.	1	385	31,500
	32 P^{tés} de Reuss-Schleiz. et de Reuss-Lobeinsten-Ebersdorf.	1	770	72,050
	33 P^{té} de Schauenbourg-Lippe.	1	550	27,600
	34 P^{té} de Lippe-Detmold.	1	1,155	82,970
XVII	35 Ville libre de Lubeck.	1	330	47,200
	36 — de Frankfort sur le Main	1	110	64,570
	37 — de Brême.	1	275	57,800
	38 — de Hambourg.	1	385	153,500
	En tout 40 États.	69	630,050	38,665,600

ÉTATS-UNIS

DE L'AMÉRIQUE DU NORD.

ÉTATS.	CAPITALES.	POPULATION en 1820.	en 1840.
Maine.	Augusta.	298,335	501,793
New-Hampshire.	Concord.	244,161	284,574
Vermont.	Montpellier.	235,764	291,948
Massachusets.	Boston.	523,287	737,699
Rhode-Island.	Providence.	83,059	108,830
Connecticut.	Hartford.	275,248	309,978
New-York.	Albany.	1,372,812	2,428,921
New-Jersey.	Trenton.	277,575	373,306
Pensylvanie.	Harrisburg.	1,049,458	1,724,033
Delaware.	Dower.	72,749	78,085
Maryland.	Annapolis.	407,350	469,232
Virginie.	Richmond.	1,065,366	1,239,797
Caroline-du-Nord.	Raleigh.	638,829	753,419
Caroline-du-Sud.	Columbia.	502,741	594,398
Géorgie.	Milledgeville.	340,989	691,392
Ohio.	Columbus.	581,434	1,519,467
Indiana.	Indianapolis.	147,178	685,866
Illinois.	Vandalia.	55,211	476,183
Kentucky.	Frankfort.	564,317	779,820
Tennessée.	Nashville.	422,813	829,216
Alabama.	Tuscaloosa.	127,901	590,751
Mississipi.	Jackson.	75,448	375,658
Missouri.	Jefferson.	66,586	383,702
Louisiane.	La Nouv.-Orl.	53,407	352,411
Arkansas.	Little-Rock.	28,980	97,574
Michigan.	Détroit.	17,967	212,267
TERRITOIRES NON ENCORE RECONNUS COMME ÉTATS.			
District de Columbia.	Washington.	33,039	43,712
Florides.	Tallahassée.	20,000	54,477
Wisconsin.			30,915
Jowa.			43,112
Total général.		9,682,014	17,062,566
Marins.			6,100
			17,068,666

La domination des États-Unis s'étend en outre sur de vastes territoires, compris sous les noms de districts des *Hurons*, des *Sioux*, des *Osages*, des *Ozarks*, des *Mandans* et de l'*Orégon*, dont on estime la population à 400,000 âmes.

TABLE ALPHABÉTIQUE

DES NOMS

CONTENUS DANS LE PETIT ABRÉGÉ DE GÉOGRAPHIE.

A

	Pages		Pages		Pages
Aalborg.	24	Ahmed-Abad.	124	ALLEMAGNE.	62
Abaco, île.	180	Aigues-Mortes.	53	Allier, r.	33
Abbeville.	36	Aiguilles (cap		ALLIER, dép.	45
Abdiotes, p.	95	des).	143	Alpes, mts.	16
Abo.	29	Ain, r.	33	ALPES (BASSES-),	
ABOMEY.	155	AIN, dép.	46	dép.	55
Aboukir.	145	Aisne, r.	33	ALPES (HAUTES-),	
ABRUZZES.	90	AISNE, dép.	38	dép.	54
ABYSSINIE.	147	Aix.	55	Alpes Scandinaves,	
Abyssins, p.	141	Aix-la-Chapelle.	70	mts.	16
ACADIE.	156	Ajaccio.	55	ALSACE.	40
Acapulco.	177	AJAN.	162	Altaï, mts.	102
ACHANTI.	165	Akhaltsikhé.	105	Altenbourg.	68
Achem.	191	Aland, îs.	31	Altona.	24
Açores, îs.	162	ALASKA.	167	Altorf.	61
Acre (St-Jean-d').	112	ALBANIE.	93	Amazone, fl.	185
Ac'-Sou.	137	Albe-Royale.	76	Amboine, île et	
Adana.	111	Albours.	102	ville.	200
ADEL.	162	Albréda.	154	AMÉRIQUE.	165
ADÈLIE (terre).	208	Albi.	52	AMÉRIQUE DU NORD.	166
Aden, golfe.	101	AL-DJÉZYRÉH.	110	— DU SUD.	184
ADERBAÏDJAN.	118	Alençon.	37	— RUSSE.	173
Adige, fl.	18	ALENTEJO.	82	AMHARA.	147
ADJMIR.	126	Aléoutiennes,		Amherst-Town.	129
Adoueb.	147	îles.	173	Amid.	110
Adour, fl.	33	Alep.	112	Amiens.	36
AFGHANISTAN.	119	Alexandre Ier (î. d')	208	Amirantes, îs.	164
AFRIQUE.	141	Alexandrette.	112	Amirauté (î. de l').	203
Agably.	133	Alexandria-St-		Amis (Arch. des).	206
Agen.	50	Paul.	173	Amorgo, î.	98
AGÉNOIS.	50	Alexandrie (Italie).	84	Amou-Déria, fl.	107
AGGERSHUUS.	26	— (Egypte).	145	Amour, fl.	103
Aghadès.	153	ALGARVE.	82	Amretsir.	122
Agnana.	205	ALGER.	150	Amsterdam.	56
Agout, r.	52	Alger.	151	— î.	208
Agrah.	123	Alicante.	79	Anadir (golfe d').	101
— (présid. d').	123	Al-Kumr, mts.	143	ANADOLI OU ANA-	
Agram.	75	Allah-Abad.	124	TOLIE.	102, 109
Aguja, cap.	185	Alléghany, mts.	167	Ancône.	89

TABLE ALPHABÉTIQUE.

	Pages		Pages		Pages
ANDALOUSIE.	78	ARABIE.	115	Assomption (l').	192
Andaman, îs.	132	ARAGON.	78	Assomption (l').	183
Andes (Cordillère des), mts.	185	Araguay, fl.	185	Assyout.	145
		ARAKAN.	129	Astrakhan.	29
ANDORRE (rép. d').	79	Aral (lac).	102	ASTURIES.	78
Andrinople.	94	Araliens, p.	107	Atacama, désert.	189
Andro, î.	98	Ararat, mt.	102	Athènes.	96
Angers.	42	ARAUCANIE.	190	Atlas, mts.	143
Anglesey, î.	22	Araucanos, p.	188	Atollons.	127
ANGLETERRE.	19	*Archipel.*	4	Aube, r.	33
ANGOLA.	156	Archipel (mer).	11	AUBE, dép.	39
Angora.	111	ARCTIQUES (TERRES).	169	Aubusson.	48
Angoulême.	48			Auch.	51
ANGOUMOIS.	48	Ardèche, r.	33	Auckland, îs.	206
Angra.	163	ARDÈCHE, dép.	53	Aude, r.	33
ANJOU.	42	Ardennes (for. des).	39	AUDE, dép.	52
Ankober.	148	ARDENNES, dép.	39	Audjélah, oasis.	150
ANNAM.	132	Aréquipa.	188	Augsbourg.	68
Annapolis.	171	Arguin (golfe d').	153	AUNIS.	47
Annobon, î.	164	Ariége, r.	33	Aurigny, î.	21
Anse.	5	ARIÉGE, dép.	51	Aurillac.	49
Anslo, baie.	26	Arkansas, fl.	168	Austerlitz.	74
Antakiéh.	112	Arkhangelsk.	29	AUSTRALIE.	202
Antalo.	147	Arkhangelsk (Nouv.).	173	AUTRICHE.	72
ANTARCTIE.	209			Autun.	45
Anticosti, î.	171	Arles.	55	AUVERGNE.	48
Antigua, î.	181	Arlon.	59	— (monts d').	33
Anti-Liban, mts.	102	Armagh.	21	Auxerre.	45
Antilles, îs.	180	ARMAGNAC.	51	Ava.	130
Antioche (Pertuis d').	46	ARMÉNIE TURQUE.	109	Avallon.	45
		— PERSANE.	115	Aveyron, r.	33
Antipode, î.	206	Arno, fl.	18	AVEYRON, dép.	51
Antisana, mts.	185	Arras.	36	Avignon.	54
Anvers.	58	ARTOIS.	36	Awa.	137
Aoude.	124	Ascension, î.	164	*Axe de la terre.*	1
Apalaches, mts.	167	ASIE.	100	Axum.	147
Apennins, mts.	16	Asphaltite (lac).	102	Azincourt.	36
Aquila.	90	ASSAM.	129	Aztèques, p.	173

B

	Pages		Pages		Pages
Bab-el-Mandeb (détroit de).	101	Bahama (nouveau canal de).	166	Baie (Grande).	184
Bac-Kinh.	132	Bahama (vieux canal de).	166	Baïkal, lac.	102
Badajoz.	79			Bakou.	105
BADE.	63	BAHAR.	123	Balaton, lac.	15
Baden.	63	Baharein, îs.	117	Bâle.	60
Bagdad.	110	BAHARY.	145	Baléares, îs.	78
Bagnères.	51	Bahia.	194	Balfrouch.	118
Bahama, îs.	180	*Baie.*	5	Balise.	178
				Balkans, mts.	16

TABLE ALPHABÉTIQUE. 239

	Pages		Pages		Pages
Balkh.	108	Bédouins, p.	115	Birmingham.	20
Balleny, îs.	208	Béfort.	40	Birnie (Nouveau).	157
Bailly, î.	198	Behring (détr. de).	102	— (Vieux).	157
Baltimore.	176	Beira.	82	Bissagos, îs.	154
Bambara.	157	Beled-el-Djérid.	152	Blanc, cap (Afrique).	143
Banca, î. et v.	198	Beled-el-Harem.	115		
Bancs de sable.	4	Bélem.	82	Blanc, mt.	84
Banda, î.	200	Belgique.	58	Blavet, r.	41
Banda orientale.	192	Belgrade.	94	Blaye.	50
Bangkok.	131	Belle-Ile, î.	41	Bleues, mts.	167
Banier-Massin.	199	— (détr. de).	166	Blois.	44
Bantam.	198	Belley.	44	Bogota (Santa-Fé de).	187
Bantam.	198	Béloutchistan.	120		
Barbade, î.	181	Béloutchys, p.	120	Bohême.	73
Barbarie.	149	Belt (Grand).	11, 14	Bois (lac des).	167
Barcah.	149	— (Petit).	11, 14	Bojador, cap.	143
Barcelone.	79	Bénarès.	124	Bolivia.	189
Barèges.	51	Bencoulen.	197	Bologne.	89
Bari.	91	Bender-Abassy.	118	Bolour, mts.	102
Bar-le-Duc.	40	Bender-Bouchir.	118	Bolsena (lac de).	15
Baroda.	125	Bénévent (Dé de).	89	Bombay, î. et v.	124
Bas d'une rivière.	6	Bengale.	123	— (Présid. de).	123
Bas-fonds.	4	Bengale (golfe du).	101	Bon, cap.	143
Basques (pays des).	51	Ben-Ghazi.	150	Bondelon.	132
Basques (provinces)	78	Benguela.	156	Bone.	151
Bass (détr. de).	200	Bénin.	155	Bonifacio (détroit de).	14
Basse-Terre.	182	— (golfe de).	142		
Basses (arch. des îles).	206	Berbéra.	162	Bonin-Sima, archipel.	205
		Berbérie.	152		
Bassora ou Bazrah.	111	Berbers, p.	143	Bonne-Espérance, cap.	143
		Berbice, r.	193		
Bastia.	55	Bérésina, r.	31	Bonthain.	192
Batavia.	198	Bergen (Norvége).	26	Borckholm.	26
Batchian, î.	199	— (Prusse).	71	Bordeaux.	50
Bath.	20	Bergerac.	50	Bornéo, î. et v.	198
Bathurst (Sénég.).	154	Berlin.	69	Bornholm, î.	23
— Australie.	203	Bermudes, îs.	172	Bornou.	157
Bavière.	68	Berne.	60	Bosnie.	93
— Rhénane.	68	Berri.	44	*Bosphore.*	6
Bayeux.	37	Besançon.	46	Boston.	175
Bayonne.	51	Betjouanas, p.	158	Botala.	137
Bazas.	50	Betlis.	111	Botany-Bay.	203
Béarn.	51	Béziers.	53	Botnie.	25
Beaucaire.	53	Biafra (golfe de).	142	— (golfe de).	14
Beauce.	43	Bidlis.	111	Bouches-du-Rhône, dép.	55
Beaumaris.	22	Bigorre.	51		
Beaune.	45	Bilbao.	78	*Bouddhisme.*	13
Beauvais.	38	Bima, î.	200	Bourg, r.	17
Bedjapour.	124	Birman (empire).	131	Boukhara.	107

TABLE ALPHABÉTIQUE.

	Pages		Pages		Pages
Boukharest.	94	Brahouis, p.	120	Bridgetown.	181
BOUKHARIE		BRANDEBOURG.	69	Brioude.	55
— (Grande).	107	Brava.	161	— la Vieille.	53
— (Petite).	137	Brazza, î.	77	*Brisants.*	4
Boulogne.	36	Brède (La).	50	Bristol.	20
Bounty, îs.	206	Brême.	65	— (baie de).	166
Bourbon, î.	164	BRÉSIL.	194	— (golfe de).	14
Bourbon-Vendée.	46	Breslau.	70	BRITANNIQUES	
BOURBONNAIS.	45	BRESSE.	46	(ÎLES).	19
Bourg.	46	Bressuire.	47	Brives-la-Gaillar-	
Bourges.	44	Brest.	41	de.	48
BOURGOGNE.	45	BRETAGNE.	41	Brousse.	109
Bourgogne (canal de).	34	— (GRANDE).	19	Bruges.	58
		— (Nouvelle).		Brunn.	74
Boussole (canal de la).	140	— (arch. de la Nouv.).	170	BRUNSWICK.	65
BOUTAN.	187		203	— (Nouveau).	170
Bouvet, î.	209	Bretagne (nouvelle), î.		Bruxelles.	58
Bouvines.	35		204	BUKHOVINE.	74
Braga.	82	Breton, cap.	16	Bude.	75
Bragance.	82	Briançon.	54	Buénos-Ayres.	191
Brahmapouter, fl.	103	Briare.	44	BUGEY.	46
Brahmisme.	5	— (canal de).	34	BULGARIE.	93
				Burgos.	79

C

	Pages		Pages		Pages
Caaba (la).	116	Calle (La).	151	*Cap.*	5
Cabès (golfe de).	142	Calmar.	26	CAP (colonie du).	159
CABOUL.	119	CALVADOS, dép.	37	Cap (Le) (Haïti).	181
Cachéo.	154	Cambaye.	124	Cap-Breton, î.	172
Cadix.	80	CAMBODJE.	132	Cap-Corse.	155
Caen.	37	Cambodje, fl.	103	Capo-d'Istria.	76
CAFRERIE.	158	Cambrai.	35	Capri.	91
Cafres, p.	141	Cambridge.	20	Cap-Vert.	163
Cagliari.	84	Campbell, îs.	206	— (îles du).	163
Cahors.	50	Campêche.	178	CARACAS.	186
Caire (Le).	145	CANADA.	171	Caracas.	186
CALABRE.	90	*Canal* (détroit).	6	Caraïbes, p.	181
Calais.	36	*Canal.*	6	Carcassonne.	52
Calcutta.	123	Canal du Nord.	14	CARINTHIE.	73
CALCUTTA (présidence de).	123	Canaries, îs.	163	Carisbrook.	22
		Cancale.	42	Carlsbad.	73
Calédonie (Nouv.), î.	204	Candie, î. et v.	95	Carlscrona.	26
		Canée (La).	95	Carlsruhe.	63
Calicut.	125	Cantal, mt.	33	Carlstadt.	75
CALIFORNIE (Nouvelle).	177	CANTIL, dép.	49	CARNIOLE.	73
		Cantin, cap.	143	Carolines (arch. des îles).	50
— (VIEILLE).	167	Canton.	135		
Callao.	188	Cantorbéry.	20	Carpentras.	55

TABLE ALPHABÉTIQUE.   241

	Pages		Pages		Pages
Carrara.	87	Rieure, dép.	47	Clèves.	—
Cartago.	179	Charlotte (île de		Clèves-Berg.	69
Carthagène (Espa-		la Reine).	172	Clyde, r.	21
gne).	80	Charlotte-Town.	172	— (golfe de la).	14
— (Colombie).	186	Chartres.	43	Cobbéh.	157
Casal.	84	Châteauroux.	44	Coblentz.	71
Cassel (France).	35	Château-Salins.	40	Cobourg.	67
— (Allem.).	62	Château-Thierri.	38	Cochin.	125
Cassiquiare.	185	Chat-el-Arab, fl.	103	Cochinchine.	132
Castelnaudari.	52	Châtellerault.	47	Cognac.	48
Castille.	78	Chatham, is.	206	Coïmbre.	82
Castletown.	22	Châtre (La).	44	*Col.*	5
Castres.	52	Chaumont-en-		Colmar.	40
Castro (Turquie).	113	Bassigni.	39	Cologne.	70
— (Chili).	190	Chéhrézour.	111	Colombie.	106
Catalogne.	78	Chélicout.	147	Colombo.	127
Cattégat.	14	Chéli-Dromia.	97	Colouri, i.	98
Cauca, dép.	187	Chendy.	146	Columbia, fl.	168
Caucase, mt.	102	Cher, r.	33	Comayagua.	179
Cayembé, mt.	185	Cher, dép.	44	Comino, i.	92
Cayenne, i. et v.	193	Cherbourg.	37	Côme (lac de).	55
Cazbin.	118	Chéribon.	198	Commerci.	40
Cazembes, p.	158	Cherso, i.	77	Comorin, cap.	102
Célèbes, i.	199	Chicova.	160	Compiègne.	38
Centre (canal du).	34	Chiéti.	90	Comtat-Venaissin.	54
Céphalonie, i.	99	Chili.	190	Concan.	126
Céram.	200	— propre.	190	Conception (La).	196
Cerdagne.	51	Chiloë, arch.	190	Condom.	51
Cérigo, i.	99	Chimboraço, mt.	185	Condor, is.	133
Ceuta.	152	Chinois (empire).	134	Cône.	44
Cévennes, mts.	33	Chinon.	45	Confédération	
Ceylan, i.	127	Chiraz.	118	Germanique.	62
Chaînes de mon-		Chirvan.	105	*Confluent.*	6
tagnes.	5	Choa et Éfat.	148	Congo.	156
Châlons-sur-		Choumla.	94	Congo, fl.	143
Marne.	39	Christiania.	26	Connacie.	21
— sur-Saône.	46	*Christianisme.*	8	Connaught.	21
Chamakie.	105	Christiansand.	26	Constance.	63
Chamanisme.	8	Christiansborg.	155	— (lac de).	15
Chambéry.	84	Chuquisaca.	189	Constantine.	151
Chambord.	44	Chypre, i.	113	Constantinople.	94
Chamo, désert.	100	Cimbébas, p.	158	— (détroit de).	14
Champagne.	39	Cimbébasie.	158	*Continent.*	4
Champlain (lac).	167	Citadella.	81	Cook (détroit de).	206
Chandernagor.	126	Cité-Lavalette.	92	— (arch. de).	207
Charcas.	189	Civita-Vecchia.	89	Copenhague.	23
Charente, r.	33	Clausthal.	65	Coptes, p.	144
Charente, dép.	48	Clear, cap.	16	Cordouan (tour de).	50
— -Infé-		Clermont.	49	Cordoue (roy. de).	78

11

	Pages		Pages		Pages
Cordoue.	80	Côtes-du-Nord,		Chienne.	75
Corée.	102	dép.	41	Croatie Turque.	93
Corfou, î. et v.	99	Couama, fl.	143	Cronenborg.	24
Corinthe.	91	Couango, fl.	143	Cronstadt (Russie).	
— (isthme de)	97	Couchant.	2		29
Cork.	21	Coumassie.	155	— (Autriche).	76
Corogne (La).	80	Coutances.	37		
Coromandel.	126	Coutras.	50	Cuba, î.	180
Corrèze, r.	33	Cracovie (républ.		Cumana.	187
Corrèze, dép.	48	de).	74	Cumberland.	203
Corrientes, cap.	167	Cracovie.	74	Cundinamarca,	
Corse.	55	Cratère.	35	dép.	187
Corzola.	77	Créci.	6	Curaçao.	182
Cosenza.	91	Crétins.	61	Custrin.	70
Costa-Rica.	179	Creuse, r.	33	Cuxhaven.	66
Côte-d'Or, dép.	45	Creuse, dép.	48	Cuzco.	188
Côte d'Or.	155	Crimée.	16	Cyclades, îs.	97
Côte Orientale.	198	Crique.	5	Cygnes (r. des).	203
Côtes.	5	Croatie Autri-			

D

Daghestan.	105	Débreczin.	75	Digne.	55
Dago, î.	31	Défilé.	5	Dijon.	45
Daghana.	154	Dekhan.	126	*Divisions du Globe* (Grandes).	7
Dahalac, î.	148	Del Choco, baie.	184		
Dahomey.	155	Delgado (cap.)	160	— *naturelles du Globe.*	7
Dakhel (oasis).	145	Delhy.	123		
Dakka.	123	Dembéa (lac).	143	— *des mers.*	9
Dalmatie.	76	Démérari.	193	Djaggernat.	123
Damas.	112	Denain.	36	Djedda.	116
Damiette.	145	Dents (côte des).	135	Djeypour.	125
Danemark.	23	Derbent.	105	Djezyréh (Al).	110
Dangereux (archipel).		Berne.	150	Djogo-Carta.	198
	207	Désert.	5	Djohore.	131
Danoises, î.	23	Désirade, î.	182	Djorhat.	120
Dantzig.	70	Détroit.	5	Djoudpour.	125
— (golfe de).	14	Deux-Ponts.	68	Dniepr, fl.	71-29
Danube, fl.	17	Deux-Siciles (roy. des).		Dniestr, fl.	17
Dardanelles (détroit des).			90	Doan.	116
	15	Deyr.	146	Dôle.	45
Darfour.	157	Dhawala-Giri, mt.		Dominique (la), île.	181
Darien, baie.	184		103		
Darmstadt.	63	Dialiba.	143	Domremi.	40
Dattes (pays des).		Diarbékir.	170	Don, fl.	17
	152	Diémen (terre de).		Dongolah.	148
Dauphiné.	53		203	Dophrines, mts.	16
Davis (détr. de).	166	Dieppe.	37	Dordogne, r.	33
Dax.	50	Dieu, î.	49	Dordogne, dép.	50

TABLE ALPHABÉTIQUE. 243

	Pages		Pages		Pages
Douai.	35	Dresde.	67	Duna, fl.	17
Doubs, r.	33	Dreux.	43	*Dunes.*	5
DOUBS, dép.	46	Drôme, r.	33	Dunkerque.	33
Douglas.	22	DRÔME, dép.	54	Durance, r.	33
Douro, fl.	18	Drontheim.	26	Dusseldorf.	70
Douvres.	20	Druzes, p.	113	Dvina, fl.	17-27
Draguignan.	55	Dublin.	21	DZOUNGARIE.	139

E

Eberfeld.	70	*Embouchure.*	6	Eskimaux, p.	169
Ebre, fl.	18	Embrun.	54	ESPAGNE.	78
ECOSSE.	20	ENDERBY (terre d').	208	Esséquibo, r.	193
— (Nouv.).	170	Enghia, î.	98	*Est.*	1
Écueils.	4	Épices (is. aux).	199	ESTRAMADURE.	78
Edinbourg.	21	Epinal.	40	— Portug.	82
— (golfe d').	14	*Équateur.*	2	*Étang.*	6
ÉGYPTE.	144	EQUATEUR, dép.	186	ETATS DE L'EGLISE.	88
El Bahariéh.	145	*Equinoxe.*	2	ETATS-UNIS.	175
Elbe, î.	88	Erebus, mt.	208	Etchmiadzin.	106
Elbe, fl.	17	Erfurth.	71	Etna, mt.	16
Elbeuf.	37	Erié (lac).	166	Euphrate, fl.	03
Elbing.	71	Erivan.	105	Eure, r.	33
El Derreyéh.	116	Erzeroum.	110	Eure, dép.	37
Eleuts, p.	137	Escaut.	33	EURE-ET-LOIR, dép.	43
EL-HAÇA.	115	Esclave (lac de l').	167	EUROPE.	13
El-Haça.	116	ESCLAVES (côte		Evora.	82
El-Katyf.	116	des).	155	Evreux.	37
Elseneur.	24	ESCLAVONIE.	76	Eylau.	70

F

Færoe, is.	23	FEU (TERRE DE).	194	Florez, î.	200
Falaise.	37	Fez.	151	FLORIDES.	167
Falaises.	5	Fez.	152	Floride (baie de	
Falkland, is.	194	FEZZAN.	150	la).	166
Falster, î.	23	Fidji, is.	204	Foix, cté.	51
Farewell, cap.	167	Finistère, cap.	16	Foix.	51
FARSISTAN.	118	FINISTÈRE, dép.	41	Fontainebleau.	39
Fartash, cap.	102	FINLANDE.	29	Fontenai.	45
Fellatahs, p.	157	— (golfe		Fontenoi.	58
Féloups, p.	154	de).	14-29	Forcalquier.	55
Fémeren, î.	23	Fionie, î.	23	Formentera, î.	81
Fer, î.	164	FLANDRE FRANÇAISE.	35	Formose, cap.	143
Fernambouc.	192	Flèche (La).	42	Forth (golfe de).	14
Fernando-Pô, î.	164	Flengsborg.	24	Fort-Royal.	182
Ferrare.	89	Flessingue.	57	Foulahs, p.	154
Ferrol (Le).	80	Fleurus.	59	Foung-Thian.	136
Ferté-Milon (La).	38	*Fleuve.*	6	Foutchouan.	132
Fétichisme.	8	Florence.	88	FRANCE.	33

TABLE ALPHABÉTIQUE.

	Pages		Pages		Pages
Franche-Comté.	46	Frédérickstown.	171	Fulde.	65
Frankfort-sur-le-Main.	63	Fribourg.	60	Funchal.	163
		Friedland.	71	Fundi (baie de).	166
— sur-l'Oder.	70	Frio, cap.	184	Furca, mts.	63
		Frontignan.	53	Furens, r.	49

G

Galibis, p.	193	Gers, r.	33	Grande (Rio-).	154
Galice.	73	Gers, dép.	51	Gratz.	73
Galicie.	74	Ghadamès.	150	Gray.	46
Gallas, p.	150	Ghates.	103	Grèce.	16, 96
Galles (Princip. de).	19	Ghilan.	121	Greenwich.	20
		Ghiolofs.	154	Grenade (la), î.	182
Galles du Sud (Nouv.).	170	Gibel, mt.	16	Grenade (Nouvelle).	186
		Gibraltar.	80		
Gallinas, cap.	184	— (détroit de).	14	— (roy. de).	78
Gallipoli (détroit de).	15	Gilbert (arch.).	205	Grenade.	80
		Girgéh.	154	Grenoble.	54
Galveston.	178	Gironde, fl.	50	Griqua.	56
Galway.	21	Gironde, dép.	50	Grodno.	130
Gambie, fl.	143	Glasgow.	21	Groenland.	169
Gand.	58	Glatz.	71	Groningue.	57
Gandava.	121	Glogau.	71	*Groupe.*	4
Gange, fl.	103	Gnesen.	71	Guadalaxara.	177
Gap.	54	Goa.	126	Guadalquivir, fl.	18
Gard, r.	33	Gobi (désert de).	100	Guadeloupe, î.	172
Gard, dép.	53	Gœteborg.	26	Guadiana, r.	18
Garda (lac de).	15	Gœttingue.	64	Guanahani, î.	180
Garonne, r.	17-33	Golconde.	126	Guanaxuato.	177
Garonne (Haute), dép.	52	*Golfe.*	5	Guanches, p.	163
		Gondar.	147	Guardafui, cap.	143
Gascogne.	49	Gondava.	120	Guastalla.	86
— (golfe de).	14	Gora.	115	Guatémala.	179
Gave de Pau, r.	52	Gorée, î.	154	Guayaquil.	187
Gênes (D de).	84	Gotha.	67	— (golfe de).	184
Gênes.	84	Gothaab.	169	Guayra (La).	186
— (golfe de).	14	Gothie.	26	Guèbres, p.	118
Genève.	61	Gottland, î.	26	Guéret.	48
— (lac de).	15	Gouaham, î.	205	Guernesey, î.	22
Géographie.	1	Goualior.	122	Guibray.	37
Georges (arch. du Roi).		Gouap, î.	205	Guilolo, î.	199
		Gouldja.	137	Guinée.	155
George-Town (Asie).	173	Gourland.	132	— (Nouv.).	202
	130	Gozzo, î.	92	— (golfe de).	142
— (Amériq.).	193	Graham (terre de).	209	Guyane.	193
Géorgie, î.	194	Graines (côte des).	128	Guyenne.	49
Géorgie Mérid.	208			Guzerate, presqu.	129

TABLE ALPHABÉTIQUE.

H

	Pages		Pages		Pages
Habsbourg.	61	Havre.	5	Hindou-Kho.	102
HADRAMAOUT.	115	Havre (Le).	37	H'Lassa.	137
Hague (la), cap.	16	Hawaii, arch. et i.	206	Hoang-ho, fl.	105
Haïder-Abad		Hébrides, îs.	22	Hobart-town.	203
(Sindhy).	122	—(arch. des N.).	204	Hogoleu, î.	205
— (Dekhan).	126	Hécla, mt.	16, 24	HOLLANDE.	57
Haï-nan, î.	136	HEDJAZ.	115	— (Nouv.).	202
HAÏTI.	181	Heidelberg.	63	HOLSTEIN.	24
HAJAR.	115	*Hémisphère Austr.*	2	Honduras (g. de)	179
Halifax.	171	— *Boréal.*	2	— (presq. de).	179
Halle.	71	— *Occidental.*	2	HONGRIE.	74
Hamadan.	118	— *Oriental.*	2	Horn, cap.	184
Hambourg.	65	HÉRAT.	119	Hottentots, p.	158
Hamoa, arch.	207	Hérault, r.	33	Hougly, fl.	123
HANOVRE.	64	HÉRAULT, dép.	52	Hudson, baie.	166
—(Nouv.)(Am.).	170	Hermanstadt.	75	— fl.	175
—(Nouv.)(Oc.).	204	HESSE-CASSEL.	62	— détr.	166
Hanyang-Tching.	136	—-DARMSTADT.	65	Hué.	134
HARLEM.	57	Hetera.	180	Humber, fl.	16
Hartz, mts.	57	Hexamili, isth.	16	Huron, lac.	166
Hasselt	59	Hildburghausen.	67	Hurrur.	162
Haut d'une rivière.	6	Himalaya, mts.	102	Hydra, î.	98
Havane (La).	280	HINDOUSTAN.	121	Hyères, îs.	55

I

	Pages		Pages		Pages
Iakoutsk.	103	ILLYRIE.	76	Irkoutsk.	105
Ianina.	95	Ilz, r.	68	IRLANDE.	21
Iarkiang.	139	Imbro, î.	98	— (Nouv.), î.	204
Iassy.	94	INDE AU DELA DU		Ischia, î.	91
Ibéit.	146	GANGE.	130	Iséo, lac.	15
Iéna.	67	INDE (presqu'île		Isère, r.	33
Iénikalé (détr.		orientale de l').	102	ISÈRE, dép.	54
d').	15	INDO-CHINE.	129	ISLANDE, î.	24
Iéniséi, fl.	103	Indre, r.	33	Islay, î.	22
— (golfe de).	103	INDRE, dép.	44	Isle, r.	50
IÉNISEISK.	105	INDRE-ET-LOIRE,		Ispahan.	118
If, î.	55	dép.	43	Issoudun.	44
Ika-na-mawi, î.	206	Indus, fl.	104	*Isthme.*	1
Ile.	4	INHAMBANE.	160	ISTHME, dép.	185
ILE-DE-FRANCE.	38	Inn, r.	68	ISTRIE AUTRICH.	73
Ile de France, î.	164	Inspruck.	73	— VÉNIT.	78
Iles aux Renards.	173	IONIENNES (îles).	99	ITALIE.	83
Ill, r.	40	IRAK-ADJÉMY.	119	Itz, r.	67
ILLE-ET-VILAINE,		IRAK-ARABI.	111	Iviça, î.	81
dép.	41	IRAN.	118	IVOIRE (Côte d').	155
Illinois, fl.	170	Iraouady, fl.	103	Ivri.	37

J

	Pages		Pages		Pages
JACATRA.	196	Jarnac.	48	Juan-Fernandez, il.	190
JAEN.	78	Java, î.	198		
Jaen.	80	Jemmapes.	59	Judaïsme.	8
Jaffa.	112	Jersey, î.	22	JULIERS.	69
Jamaïque, î.	180	Jérusalem.	112	Jumnah, r.	123
JAMBI.	197	Jikadzé.	137	Jura, mt.	33
James.	154	Jikarna-Goungar.		JURA, dép.	46
— baie.	166		137	JUTLAND.	15-23
Jamestown.	164	Joal.	154	— (canal de).	14
JAPON.	139	Joigny.	45		

K

Kachgar.	137	Kazan.	29	KIRGHIZ (pays des).	137
Kachmir.	122	Kécho.	132		
Kadiac, î.	173	Kédah.	130	Kirkwall.	22
Kaffa.	29	Kéhoa.	132	Kismish, î.	117
— (détroit de).	15	Kélat.	120	Kiu-Siu.	139
Kaïsariéh.	111	Kenn, î.	118	Klagenfurth.	73
Kalang.	131	Kerguelen, î.	209	Klarrwater.	158
KALANTAN.	132	Késem ou Keschin.		Klausenbourg.	76
Kalgouev, î.	30		116	Kœnigsberg.	70
Kalisz.	31	KHARISM.	107	Kokura.	140
KALMOUKIE.	136	Khioung-Tchéou,	135	Kolong.	131
Kalpeny, î.	127	Khiva.	107	Kong, mt.	143
KAMTCHATKA.	102-105	Khokhand.	107	Koniéh.	110
Kandahar.	119	KHOUKHOU-NOOR.	136	KORDOFAN.	146
Kandy.	127	— (lac de).	102	KOUAREZMIE.	107
Kara, fl.	13	Khoulm.	108	Kouka.	157
— (golfe de).	101	KIANG-SOU.	135	Kouriles, îs.	140
Karakalpaks, p.	107	Kiel.	24	Kour, î.	104
Karakoroum.	136	Kiew.	29	KOURDISTAN TURC.	111
KARAMANIE.	110	King-Ki-Tao.	186	Kourritchané.	158
Karang-Assim.	198	Kingston.	171	Koutaïeh.	110
Kardjéh (El).	145	Kingstown (Jamaïq.).		Kraals.	159
Karikal.	126		181	Krapacks, mts.	16
Kars.	111	— (St-Vinc.).	181	Kremnitz.	76
Katmandou.	122	King-Tching.	138	Kronstadt.	175

L

Labdessébas.	153	Laguna.	163	Laknau.	125
LABRADOR.	167-170	La Haye (Holl.).	56	Laland, î.	23
Lac.	6	— (France).	43	Lancastre (détr. de).	166
Ladoga (lac).	13	Lahor.	22		
LAGÉNIE.	21	Lahsa.	116	Landau.	68
Lagoa (baie de).	142	Lakedives, îs.	127	LANDES, dép.	50

TABLE ALPHABÉTIQUE.

	Pages		Pages		Pages
Land's-end, cap.	16	Lewis, î.	22	Loire, fl.	17
Langeland, î.	23	Leyde.	56	LOIRE, dép.	49
Langres.	39	Liaïkof, îs.	106	— (HAUTE), dép.	53
LANGUEDOC.	32	Liban, mt.	102	— INFÉR., dép.	42
— (canal du).	34	LIBERIA.	155	Loiret, r.	33
		Lichtemberg (principauté de).	68	LOIRET, dép.	43
Lantchang.	132			LOMBARD - VÉNITIEN (ROY.).	85
Laon.	58	Liége.	59		
LAOS.	131	LIGOR.	132	Londres.	19
La Pérouse (arch. de).	211	Lilm, ou Liim-Fiord.	23	Longitude (degrés de).	3
— (canal de).	140	Lille.	35	Lons-le-Saunier.	46
LAPONIE.	15	Lima.	188	Lopez, cap.	143
Larache.	152	LIMAGNE.	49	Lorca.	80
Larantouka.	200	LIMBOURG.	57	Lorenzo-Marquez, baie.	160
Larisse.	95	Limerick.	21		
Larrons (arch. des).	205	LIMITES MILITAIRES.	75	Loreto.	177
				Lorient.	41
Latakiéh.	112	Limoges.	48	LORRAINE.	40
Latitude (degrés de).	2	LIMOSIN.	48	Los Chonos, golfe.	184
		Lindes, cap.	16	Los Patos, lac.	184
Lausanne.	61	Lintz.	72	Lot, r.	33
Laval.	42	Lion (golfe du).	14	LOT, dép.	50
Lavalette.	93	Liou-Tchou, îs.	138	LOT-ET-GARONNE, dép.	50
Lawembourg.	24	Lipari, îs.	91		
Luxembourg.	72	Lisbonne.	82	Loudéah (lac).	150
Laybach.	73	Lisieux.	37	Louisbourg (Allem.).	64
Leck, fl.	17	Litakou.	159		
Leeds.	20	LITHUANIE.	36	— (Amérique).	172
Leitmeritz.	76	Livadie.	96		
Leine, r.	67	LIVADIE GRECQUE.	96	Louisiade (arch. de la).	204
Leinster.	21				
Leipzig.	66	— TURQUE.	93	LOUISIANE.	174
Lemaire (détr. de).	184	Liverpool.	20	LOUIS-PHILIPPE (terre de).	209
		Livonie.	29		
Léman, lac.	15	— (golfe de).	14-29	Loukiang, fl.	103
Lemberg.	74			Louvain.	59
Léna, fl.	103	Livourne.	88	Louviers.	37
Lens.	36	Lizard, cap.	16	Loyalty, î.	204
Léon (Esp.).	79	Loanda.	157	Lozère, mt.	33
— î.	80	LOANGO.	155	LOZÈRE, dép.	53
— (Guatém.).	179	Loches.	43	Lubeck.	66
Lépante.	97	Lodève.	53	Lucayes, îs.	180
— (golfe de).	14	Lodi.	86	Lucerne.	61
Lérins, îs.	55	Loffoden, îs.	26	— (lac de).	15
Lerwick.	22	Loing, r.	43	Luçon î.	200
Lesina, î.	77	Loir, r.	33	Luçon.	47
Levant.	1	LOIR-ET-CHER, dép.	44	LUCQUES.	87
Lewis, r.	168			Ludwiglust.	66

TABLE ALPHABÉTIQUE.

	Pages		Pages		Pages
Luknow.	125	Lunéville.	40	Lyon.	49
Lune (mts. de la).	143	Lutzen.	71	— (golfe de).	14
Lunebourg.	65	LUXEMBOURG.	56	LYONNAIS.	49
Lunel.	53	Luxeuil.	46	Lys, r.	58

M

Macao.	138	Malé.	127	Marion, î.	209
Macassar.	199	Malines.	58	Maritza, fl.	18
MACÉDOINE.	93	Mallicolo, î.	204	Marmara, î.	113
Machâou.	158	Malouines, î.	195	Marne, r.	33
Mackenzie, fl.	168	Malplaquet.	33	MARNE, dép.	39
Mâcon.	45	Mal-Ström.	27	MARNE (Haute),	
Macquarie, îs.	204	Malte, î.	92	dép.	39
Madagascar, î.	164	Mameloucks, p.	145	MAROC (emp. de).	151
Madeira (Rio de la)	185	Man, î.	22	Maroni, fl.	193
Madère.	163	Manaar (golfe de).	144	Maronites, p.	112
Madjico-Simah.	138	Manama.	117	Marquises (arch.	
Madras.	125	Mançanarès, r.	79	des).	207
MADRAS (présid. de).	125	Manche, détr.	14	Marseille.	55
		MANCHE, dép.	37	Marshall, îs.	205
Madrid.	79	Manche de Tartarie.	138	MARTABAN.	129
Madura, î.	198			—(golfe de).	101
Mælar (lac).	15	Manchester.	20	Martinique.	182
Maestricht.	57	Mandchourie.	136	Maskate.	116
MAGADOXO.	161	Mandingues, p.	134	Massa.	87
MAGDALENA, dép.	186	Manfredonia.	91	MATARAM.	198
Magdebourg.	70	Mangia, arch.	207	Matsmaï.	140
Magellan (dét. de).	184	Manheim.	63	Maupertuis.	47
— arch.	205	Manille, î et v.	200	Maurice, î.	164
Magroë, î.	16	Mans (Le).	42	Mayence.	63
Mahé.	126	MANTOUE (D⁶ de).	85	Mayenne, r.	33
— î.	164	Mantoue.	86	MAYENNE, dép.	42
Mahométisme.	8	Maouna, î.	207	May-kang, fl.	103
Mahrattes, p.	124	Maracaïbo.	186	Mazandéram.	118
Maine, r.	33	— (lac de).	184	Mazulipatam.	125
MAINE.	42	Maracatos, pr.	161	Meaux.	39
MAINE-ET-LOIRE, dép.	42	Marach.	112	MECKLEMBOURG-	
		Maragnon, fl.	185	SCHWERIN.	66
Mainland.	22	Marais-Pontins.	92	— STRÉLITZ.	66
Makian.	199	Marakah.	146	Médine.	116
Majeur (lac).	15	Maravi, lac.	143	Méï-Nam, ou Mé-Nam.	103
Majorque, î.	81	Maravis, p.	156		
MALABAR.	124	Marbouri, mt.	137	Meinungen.	67
Malaga.	80	MARCHE.	48	Mekke (La).	116
MALAISIE.	197	Mariannes, arch.	205	MEKRAN.	120
Malakka.	102	Marienbourg.	71	MÉLANÉSIE.	202
— (détr. de).	129	Marie-Galande, î.	182	Méléda.	77
Maldives, îs.	127	Marignan.	86	Mélilla.	152

TABLE ALPHABÉTIQUE.   249

	Pages		Pages		Pages
Mélinde.	161	Mételin, î.	113	Montagnes.	1
Melun.	38	Metz.	40	Montagnes (lac des).	167
Menay, dét.	22	Meurthe, r.	33		
Mende.	53	MEURTHE, dép.	40	Montaigne (château de).	50
Mentone.	85	Meuse, fl.	33		
Méquinez.	151	MEUSE, dép.	40	Montargis.	43
Mer.	5	Mexico.	177	Montauban.	51
Mer Adriatique.	11	MEXIQUE.	177	Montbard.	45
— d'Allemagne.	9	— (golfe du).	166	Montbéliard.	46
— des Antilles.	9	— (NOUVEAU).	177	Montbrison.	49
— d'Azof.	11	Mézières.	39	Mont-de-Marsan.	50
— de Baffin.	9	Miaco.	139	Montereau-Faut-Yonne.	39
— Baltique.	10	Michigan (lac).	166		
— de Behring.	10	MICRONÉSIE.	205	Monte-Vidéo.	192
— Blanche.	10	Middelbourg.	37	MONTFERRAT.	84
— Bleue.	10	Midi.	1	Montlouis.	52
— de Candie.	11	Midi (canal du).	34	Montpellier.	52
— Caspienne.	11	Milan.	85	Montréal.	171
— de la Chine.	10	MILANAIS.	85	Morat.	60
— de Crète.	11	— SARDE.	84	MORAVIE.	73
— d'Écosse.	9	Milo, î.	98	Morbihan, golfe.	41
— des Eskimaux.	9	Mindanao, î. et v.	200	MORBIHAN, dép.	41
— des Indes.	9	Mine (la).	155	MORÉE.	16, 95
— Ionienne.	11	Minho, fl.	18	Morgarten.	61
— d'Irlande.	9	Minorque, î.	81	Moselle, r.	33
— du Japon.	10	Miquelon, î.	172	MOSELLE, dép.	40
— Jaune.	10	Mirzapour.	124	Moskou.	29
— de Marmara.	11	Misitra.	97	MOSKOVIE.	28
— Méditerranée.	10	Mississipi, fl.	168	Mosquitos, p.	178
— Morte.	11	Missolonghi.	97	Mossegueyos, p.	161
— Noire.	11	Missouri, fl.	168	Mossoul.	110
— du Nord.	9	Mocendon, cap.	102	Motir, î.	198
— d'Okhotsk.	10	MODÈNE.	87	Moukden.	136
— Polaire.	9	Mogador.	152	Moulins.	45
— Putride.	12	Mohilev.	31	Mourchidabad.	123
— Rouge.	10	Moka.	116	Mourzouk.	149
— de Scarpanto.	12	Moldau, r.	73	Mous-Tag, mts.	103
— de Sicile.	11	MOLDAVIE.	93	Mozambique.	160
— Vermeille.	10	Moluques, îs.	199	— (canal de).	142
Merghy.	130	MONBAZA.	161	Muhr, r.	73
Mérida.	178	MOMONIE.	21	Mulgraves, îs.	205
Méridien.	2	MONACO, Pté.	85	Mulhouse.	40
Mérim (lac).	184	Mongallos, p.	161	Mull, î.	22
Méroë.	146	MONGOLIE.	136	Munich.	68
Mers extérieures.	9	MONOMOTAPA.	158	Munster.	70
— intérieures.	10	Monrovia.	155	MUNSTER.	21
Messine.	91	Mons.	59	Murcie.	80
Messine (Phare de).	15	Monselmines, p.	153	Murray (golfe de).	14
Mesurado, fl.	155	Mont.	4	Myconi.	98

11.

250 TABLE ALPHABÉTIQUE.

N

	Pages		Pages		Pages
Nagpour.	125	Négrepont (canal		Niger, fl.	143
Namur.	59	de).	15	Nil, fl.	143
Nanci.	40	Négrepont.	97	Nimègue.	57
Nangasaki.	139	NÉPAL.	122	Nimes.	53
Nan-King.	135	Néris.	45	Niort.	47
Nantes.	42	Nertchinsk.	106	Niphon.	139
Napakiang.	138	Neuchâtel.	61	NIVERNAIS.	44
Naples.	90	—(lac de).	15	Noirmoutier, î.	47
Napoléonville.	47	Neu-Strélitz.	65	Nootka, î.	172
Narbonne.	52	Néva, fl.	17, 29	*Nord*.	1
NASSAU.	62	Nevers.	44	—(Canal du).	14
Nassau, cap.	184	Newcastle.	20	— *Est*.	2
NATAL (TERRE DE).		Newport.	22	— *Ouest*.	2
	158	New-York.	175	— Cap (Amér.).	183
Nauplie.	97	Niagara, fl.	167	— Cap (Europe).	16
Navarin.	97	NICARAGUA.	179	Nord, dép.	35
NAVARRE.	78	— (lac de).	167	NORMANDIE.	37
— (Basse).	51	Nicaria, î.	113	Norton (baie de).	166
Navigateurs (arch. des).	207	Nice.	84	NORVÉGE.	15, 26
		Nicobar, îs.	132	Noto.	91
Naxie, î.	98	Nicosie.	113	Nouka - Hiva (arch.).	207
Nazareth.	112	Niémen, fl.	17		
NEDJED.	115	Nièvre, r.	33	NUBIE.	146
Négrepont, î.	97	NIÈVRE, dép.	44	Nuremberg.	68

O

	Pages		Pages		Pages
Oasis.	142	Odessa.	30	Ontario, lac.	166
Oasis (Grande).	142	Odeypour.	125	Oporto.	83
Oasis (Petite).	142	OEland, î.	26	Oran.	151
Oaxaca.	178	OEsel, î.	31	Orange, cap.	184
Obéid.	146	Ofen.	75	Orange.	54
Ob *ou* Obi.	103	Ohio, r.	168	Orcades, îs.	22
Ob, golfe.	101	Oïolava.	207	— Méridionales.	209
Oby, î.	199	Oise, r.	33	Orénoque, fl.	185
Occident.	2	OISE, dép.	39	ORÉNOQUE, dép.	187
Océan.	5	OKHOTSK.	105	Orfano (golfe d').	14
Océan Atlantique.	9	OLDENBOURG.	65	*Orient*.	1
— Glacial Antarctique et Arct.	9	Oléron, î.	47	Oriental (cap).	102
		Olinda.	194	Orissa.	126
— (Grand).	9	Olmutz.	76	Orizaba, mt.	167
OCÉANIE.	196	OMAN.	115	Orkney, îs.	22
Océaniques, mts.	167	— (golfe d').	101	ORLÉANAIS.	43
Ocker, r.	64	Ombay, î.	200	Orléans.	43
Odensée.	23	OMSK.	105	— (La Nouvelle).	176
Oder, fl.	17	Onéga, lac.	15		

TABLE ALPHABÉTIQUE.

	Pages		Pages		Pages
Orléans (canal d').	34	Otrante (canal d').	15	Oural, fl.	103
Ormouz *ou* Or-		Ouadlims, p.	153	Ourals, mts.	14
mus, î.	117	Oualan, î.	203	Ourcq, r.	36
— (dét. de).	102	OUARY.	155	— (canal de l').	34
Ornain, r.	40	Ouary.	155	Ouro (Rio de).	153
Orne, r.	33	Ouby, î.	198	Ours Noir (lac	
ORNE, dép.	37	Oudjeïn.	122	de l').	167
Ortégal, cap.	16	Ouessant, îs.	41	Ouse, r.	20
Osaka.	139	*Ouest*.	2	Ouzbecks.	108
Osnabruck.	64	OUESTANIÉH.	145	Ovas, p.	165
Ostende.	58	Ouinipeg (grand		Oviédo.	78
Ostie.	89	lac).	167	Oxford.	20
Otrante.	91	— (petit lac).	167	Oyapok, fl.	193

P

Paderborn.	71	PARME.	86	Pélew, arch.	205
Padoue.	86	Paro, î.	98	Pemba, î.	117
Paganisme.	8	Paropamise, mt.	103	PENDJAB.	121
Pago, î.	77	Parramatha.	203	*Péninsule*.	4
PAHANG.	131	Parthenai.	47	Penjinskaia,	
Pahang.	131	*Pas*.	4	golfe.	101
Paimbœuf.	42	*Pas*.	5	Pentland, détr.	22
Palaos, arch.	205	Pas-de-Calais,		PÉRAK.	131
Palembang.	197	dét.	14, 36	Pérékop.	30
Palerme.	91	PAS-DE-CALAIS,		— (isthme de).	30
PALESTINE.	112	dép.	36	PÉRIGORD.	50
Palma (Baléares).	81	Passau.	68	Périgueux.	50
— (Canaries).	163	*Passe*.	6	Pernambouc.	194
Palmas (cap).	143	PATAGONIE.	195	Péronne.	36
PALMER (terre de).	208	Patagons, p.	195	PÉROU.	188
Pamiers.	51	PATANI.	132	— (HAUT).	189
Pampas.	192	Patna.	123	Pérouse (lac de).	85
Pampelune.	78	Patras (golfe de).	14	Perpignan.	12
Panama.	186	Pau.	51	PERSE.	158
— (baie de).	184	Pavie.	85	Persique (golfe).	111
— (isthme de).	184	Paxo, î.	99	*Pertuis*.	6
Panomping.	132	PAYS-BAS.	56	Pesth.	75
Pantelaria, î.	91	PAYS-RECONQUIS.	56	Pétervaradin.	75
Pâques, î.	207	Paz (La).	189	*Phare*.	6
Paracels, îs.	133	Pêcherie (côte de		Philadelphie.	175
Paraguay, r.	185	la).	127	Philippeville.	151
PARAGUAY.	191	Pegnon de Velez.	152	Philippines, î.	200
Paramaribo.	193	PÉGOU.	131	Philippopolis.	150
Parana, r.	185	Pégou.	132	*Pic*.	5
Parga.	94	PEICHAVER.	119	PICARDIE.	36
Parias.	128	Peïpous.	15	— (canal de).	33
Parina (cap.).	185	Pé-King.	135	Pic d'Adam.	127
Paris.	38	Pélagnisi, î.	97	Pichincha.	185

TABLE ALPHABÉTIQUE.

	Pages		Pages		Pages
PIÉMONT.	84	Pomotou, arch.	107	Poulo-Pinang, î.	130
PIERRE Ier (ter. de)	209	Pondichéry.	126	Pounah.	124
Pilnitz.	67	Pont-St-Esprit		Pounipet, î.	205
Pisania.	154	(Le).	54	Poyas, mts.	16
Pise.	88	Ponte-Corvo.	89	Praga.	31
Plage.	5	Pontins (Marais).	93	Prague.	73
PLAISANCE.	86	Popayan.	187	Prégel, r.	70
Plaisance (Amérique).	171	Popocatepetl, mont.	167	Presbourg. *Presqu'île.*	75 4
Plata (La); r.	185	*Port*.	5	Prince (île du).	164
Plata (La).	189	Port-au-Prince		Prince-de-Galles,	
PLATA (LA).	191	(Le).	181	arch.	175
Pleiss, r.	68	Portendick.	153	Prince-de-Galles, î.	129
Plessis-lès-Tours.	43	Portici. Port-Jackson.	90 201	Privas.	53
Plombières.	40	Port-Louis.	164	*Promontoire*.	4
Plymouth.	20	Port-Mahon.	81	Prouth, r.	74
Pô, fl.	18	Port-Natal.	158	PROVENCE.	54
Pointe à Pitre (La).	182	Port-Royal (Grenade).	182	Providence, î. Provinces franç.	180
Pointes (cap des Trois).	143	Porto. Porto-Ferrajo.	82 88	anciennes. PRUSSE.	34 69
Points Cardinaux.	1	Porto-Gaio. Porto-Rico.	100 181	Puébla (La). Pultava.	177 29
Poitiers.	47	Porto-Santo, îs.	163	Puy (Le).	53
POITOU.	46	Portsmouth.	20	Puy-de-Dôme,	
Pola.	76	PORTUGAL.	82	mt.	33
Pola, î.	207	POSEN.	69	PUY-DE-DOME,	
Polaires (cercles).	4	Posen. Poséga.	71 75	dép. Pyrénées, mts.	49 16
Pôles de la terre.	1	Potomac, fl.	176	PYRÉNÉES (BAS-	
POLOGNE.	31	Potosi.	189	SES-), dép.	51
POLYNÉSIE.	206	Potsdam.	70	— (HAUTES-), d.	51
POMÉRANIE.	69	POUILLE.	90	— (ORIENTALES),	
Pomona, î.	22	Poulo-Condor, î.	133	dép.	52

Q

Quadra et Vancouver, arch.	172	QUERCI. Quérimbes, î.	51 160	Quilimane. QUILOA.	160 161
Quaqué.	158	Quiberon, presqu'île.	41	Quimper. Quito.	41 187
Québec.	165				

R

Rabatt.	152	RADJPOUTANA.	126	Rangoun.	131
Races d'hommes.		Raguse.	76	Rangpour.	129
	7	Rakka.	111	Ras-al-Gate,	
Rade.	5	Rambouillet.	38	cap.	102

TABLE ALPHABÉTIQUE.

	Pages		Pages		Pages
Rastadt.	63	Rhodez.	51	Rodrigue, i.	164
Ratisbonne	68	Rhône fl.	17, 33	Rokasch.	75
Ravenne.	89	RHÔNE, dép.	49	Romanie.	97
Ravy, r.	122	Rhône au Rhin		Rome.	89
Ré, i.	47	(canal du).	34	ROMÉLIE.	93
Recht.	118	Riga.	29	Roncevaux.	79
Récife.	194	— (golfe de).	14	Rosback.	71
Récifs.	4	Rio-Bravo del		Roseaux (Les).	181
Reggio.	87	Norte, p.	168	Rosette.	145
Reichenberg.	73	Rio-Grande.	154	Rostack.	116
Reikiavig.	24	Rio-Janeiro.	194	Rota.	80
Reims.	39	Rio-Négro, r.	185	Rotterdam.	56
Reine-Charlotte, is.	171	Riom.	49	Rouen.	37
		Rive droite		ROUERGUE.	51
Religions.	8	d'une rivière.	6	Rouge, r.	168
Rennes.	41	*Rive gauche*		ROUM.	111
Rennes (lac des).	167	d'une rivière.	6	Roumbo.	131
Rétimo.	95	*Rivière*.	6	ROUSSILLON.	52
Rhin, fl.	17,33	RIVIÈRES DE SÉ-		Royale, i.	172
RHIN (BAS-), dép.	40	NA.	160	Rugen, i.	71
RHIN (BAS-), Gd.		Roanne.	49	*Ruisseau*.	6
Duché.	69	Rochefort.	47	RUSSIE ASIATIQ.	104
RHIN (HAUT-), dép.	40	Rochelle (La).	47	— DU CAUCASE.	104
		Rocheuses, mts.	167	— D'EUROPE.	28
Rhodes, i. et v.	113	Rucroy.	39		

S

Saalfeld.	67	my, i.	183	St.-Georges-de-	
Saardam.	57	St.-Brieuc.	41	la-Mine.	156
Saba, i.	182	St.-Bernard,		St.-Georges,	
SABIA.	160	(Grand).	84	golfe.	184
Sable, cap.	167	— (Petit).	84	St.-Germain.	38
Sables d'Olonne		St.-Cloud.	38	St.-Gobain.	38
(Les).	47	Saint-Christophe.	181	St.-Hélier.	22
SABRINA (terre).	209	St.-Cyprien.	153	St.-Jacques-de-	
SACKATOU.	156	St.-Denis (France).		Compostelle.	78
SAHARA.	152		38	St.-Jean, i.	
SAÏD.	152	— (Bourbon).	164	(Nouv.-Bretagne).	172
Saïgaïn.	131	St.-Domingue.	181		
Saigon ou Saïgong.		St.-Élie. mt.	167	— i. (Antilles).	181
	132	St.-Esprit (arch. du).		St.-Jean, r.	153
Sakhalian, fl.	105		204		
Sakbalian ou Seghalien, i.		St.-Étienne.	49	St.-Jean (Nouv.-Bretagne).	171
	138	St.-Eustache.	182		
Saint-Antoine, golfe.		St.-Flour.	49	— (Porto-Rico).	181
	184	St.-François, cap.	183		
St.-Augustin, cap.	187	St.-Georges, canal.	14	— (Antigua).	181
St.-Barthéle-					

TABLE ALPHABÉTIQUE.

	Pages		Pages		Pages
St.-Jean-Pied-de-Port.	51	Salangor.	131	Sardaigne.	83
St.-John.	171	Salé.	152	Sarreguemines.	40
St.-Joseph.	182	Salins.	46	Sarthe, r.	33
St.-Laurent, fl.	168	Salomon (arch. de).	204	Sarthe, dép.	42
— golfe.	166	Salonique.	95	Saumur.	42
St.-Lô.	37	— (golfe de).	74	Savanes.	5
St.-Louis.	164	Salzbourg.	73	Savoie.	84
St.-Louis, fort.	154	Samarang.	198	Saxe.	66
St.-Malo.	37	Samarkand.	108	— Alten-bourg.	67
St.-Marin.	89	Sambo-Anga.	199	— -Cobourg-Gotha.	67
St.-Martin, î.	182	Samo, î.	113	— Meiningen Hildburghau-sen et Saal-feld.	67
St.-Mathieu, î.	164	Samotraki, î.	95		
St.-Omer.	36	San-Antonio.	184		
Saint-Paul, î.	209	San-Carlos (Chili).	190		
St.-Paul-de-Loando.	156	— de Monte-rey.	177	— Prussienne. — Weimar.	69 67
St.-Pétersbourg.	29	San-Felipe de Austin.	178	Scarborough. Scarpe, r.	182 33
St.-Philippe de Benguéla.	156				
St.-Pierre.	212	San-Francisco.	185	Schaffhouse.	61
St.-Pierre, î.	172	San-Iago (Cuba).	180	Schary, fl.	143
St.-Pierre et St.-Paul.	105	— (Chili).	190	Schiites.	120
		San-Juan.	164	Schiraz.	118
St.-Quentin.	38	San-Lucas, cap.	181	Schœnbrunn.	72
— (canal de).	34	San-Lorenzo.	185	Schwerin.	66
St.-Roch, cap.	174	San-Roque, cap.	184	Schwiz.	61
St.-Sauveur, î.	180	San-Salvador (Congo).	156	Scilly, îs. Scio, î.	22 113
— de Nueva-Guiana.	186	— (Brésil).	194	Scio.	113
St.-Thomas, î. (Antilles).	181	San-Thomé. Sana.	184 116	Scopélo, î. Scutari (Europe).	37 94
St.-Thomas, î. (Afrique).	161	Sancerre. Sandwich, arch.	44 209	— (Asie). Sdili, î.	111 98
St.-Vincent, cap.	16	Sanga. Santa-Cruz.	139 164	Séchelles, îs. Sédan.	164 39
— î.	181	Santa-Fé.	187	Séeland, î.	23
St.-Vendel.	68	Santillane.	79	Séez.	37
Ste.-Hélène, î.	164	Santo-Domingo.	181	Ségo.	157
Ste.-Lucie, î.	181	Santorin, î.	98	Seiks (confédé-ration des).	12
Ste.-Marguerite, î.	183	San-Yago, î. Saône, r.	163 17, 33	Seine, fl. Seine, dép.	17, 33 38
Ste.-Marie, î.	164	Saône-et-Loire, dép.	45	Seine-et-Marne, dép.	38
Ste.-Maure, î.	98	Saône (Haute-), dép.	46	Seine-et-Oise, dép.	38
Saintes.	47	Saragosse.	79		
Saintes, îles.	182	Sarakino, î.	97	Seine-Inf., dép.	37
Saintonge.	47				
Sala y Gomez, î.	207				
Salamanque.	79	Sardaigne, î.	84	Sémendria.	94

TABLE ALPHABÉTIQUE.   235

	Pages		Pages		Pages
Sénégal, fl.	143	Sinaï, mt.	102	*Source.*	6
SÉNÉGAMBIE.	154	— (désert du).	115	Sou-Tchéou.	135
SENNAAR.	146	Sincapour *ou* Sin-		Spa.	59
Sennaar.	146	gapore, î. et v.	130	Spacchia *ou* Spha-	
Senne, r.	58	Sind, fl.	103	kie.	95
Sens.	45	SINDHIAH.	12	Spanishtown.	181
Septentrion.	1	SINDHY.	122	Spire.	68
Sérampour.	127	Sion.	61	SPITZBERG.	169
Séringapatam.	125	Sir-Déria, fl.	107	Sprée, r.	69
SERVIE.	93	Sisteron.	55	Stabroëk.	193
Severn, fl.	16	Sitka, arch.	174	Staffa, î.	22
Sévéro-Vostoch-		Sivas.	111	Stalimène, î.	95
noï, cap.	102	Skagen, cap.	16	Stan-Co, î. et v.	113
SÉVILLE (roy.		Skager-Rack.	11, 14	Stanovoï, mts.	102
de).	78	Skiato, î.	97	Staubbach (chute	
Séville.	80	Skiro, î.	97	du).	60
Sèvre-Nantaise,		Skye, î.	22	*Steppes.*	5
r.	33	Slaa.	152	Stettin.	70
— Niortaise, r.	33	Slavonie.	75	Stockholm.	25
SÈVRES (DEUX-),		SLESWIG.	23	Stralsund.	70
dép.	47	Sleswig.	23	Strasbourg.	40
Seyde.	112	Slie, golfe.	23	Strélitz.	66
Shannon, fl.	17	Smyrne.	110	Stuttgart.	64
Shetland, is.	22	Sobrina, î.	104	STIRIE.	73
—Méridionales, îs.	105	Société (îs. de la).	207	*Sud.*	1
SIAM.	133	Socotora, î.	117	—*Est.*	2
— (golfe de).	101	SOFALA.	160	—*Ouest.*	2
SIBÉRIE.	105	Soissons.	38	SUÈDE.	15, 25
— (NOUVELLE).	106	*Solano*, vent.	81	—propre.	25
Sicile, î.	91	Soleure.	60	Suez.	145
Sikokf, î.	139	Solingen.	71	— (isthme de).	145
SICILE (ROY. DES		Solor, î.	200	SUISSE.	60
DEUX).	90	*Solstice d'été.*	3	Sumatra, î.	197
Sidney.	200	— *d'hiver.*	4	Sumbawa, î.	200
Sidre (golfe de		Solway (golfe du).	14	Sund, détr.	11, 14
la).	143	Somaulis, p.	162	Supérieur (lac).	166
Sienne.	88	Somme, r.	33	Surate.	124
Sierra-Leone.	153	SOMME, dép.	36	Surinam.	193
Sierra-Madre.	167	Sonde (îs. de la).	197	Sus, prov.	153
Sigtuna.	26	Sophia.	94	Swan-river.	203
SILÉSIE.	70	Sorgue, r.	33	Sydney.	203
— Autrichien-		Sorlingues, î.	22	Syouah, oasis.	145
ne.	73	Sorrel, r.	167	Syout.	145
Silistrie.	94	Souakin.	146	Syra, î.	98
Simiona.	173	SOUDAN.	157	Syracuse.	91
Simplon, mt.	61	Soura-Carta.	198	SYRIE.	112

T

	Pages		Pages		Pages
Tabago, î.	182	Ténédos, î. et v.	113	Tongatabou, î.	207
Table (baie de la).	163	Ténériffe, î.	163	TONKIN.	132
		Terceire, î.	160	— (golfe de).	101
TAFILET.		Térek, mt.	152	Tonnerre.	102
Taganrog.		Ternate, î.	30	Topayos, r.	199
Tage, fl.		*Terre* (forme et mouv. de la).	18	TORGOT (pays. des).	185
Taillebourg.	47				1
Taïti, arch.	207	TERRE-DE-FEU.		Tornéa, r.	195
Talanta (détr. de).	15	TERRE-DE-LA-BOUR.	90	Tornéa.	17
Tamarida.	117	Terre-des-États.	195	Torrès, détr.	26
Tamise, fl.	16	TERRE DES PAPOUS.	202	TOSCANE.	99
Tanaro, r.	84			Touariks, p.	89
Tanger.	152	Terre (Grande), î.	182	Touats, p.	153
Tarbes.	51	Terre-Neuve, î.	171	Toul.	153
Tarente.	91	Terre (Petite), î.	182	Toulon.	40
— (golfe de).	14	Tet, r.	52	Toulouse.	55
Targovist.	95	Tévérone, r.	90	TOURAINE.	52
Tarn, r.	33	TEXAS,	178	Tournay.	42
TARN, dép.	52	Texel, î.	57	Tournon.	58
TARN-ET-GAR., dép.		Thaï-Ouan.	136	Tours.	53
	51	Thalouayn, fl.	102	Tous-les-Saints (baie de).	43
Tarodant.	152	Théaki, î.	99	TOUZER.	184
Tarragone.	80	Thionville.	40	Touzer.	150
Tarrakaï, î.	139	Thorn.	71	Trafalgar, cap.	150
TARTARIE-INDÉPENDANTE.	107	Tibbous, p.	153	Tranquebar.	16
		TIBET.	137	TRANSYLVANIE.	127
— (Manche de).	138	Tibre, fl.	18	TRAS-OS-MONTES.	75
TASMANIE.	203	Tidor, î.	98	Trave, r.	82
Tassisuden.	137	Tiflis.	105	Travemunde.	66
Tasso.	95	Tigre, fl.	103	Trébizonde.	66
Tatane-Arrivon.	165	TIGRÉ.	147	Trente.	110
TAURIDE.	29	Tilsit.	71	Trèves.	73
Tauris.	118	Timoriennes, îs.	200	Trévoux.	71
Taurus, mt.	102	Tino, î.	98	Trieste.	46
TAVAÏ.	129	TIROL.	73	— (golfe de).	73
Tavaï-Pounamou.	206	Titicaca, lac.	184	TRINGANOU.	14
		Tivoli.	89	Trinité, î.	132
Tavira.	82	TOBOLSK.	105	— (terre de).	182
Tchad, lac.	142	Tocantin, r.	185	Trinkemalé.	209
Tchouktchis.	105	Tœplitz.	73	TRIPOLI.	127
TCHY-LY.	135	Tokai.	75	Tripoli (Afrique).	149
Tedjend, fl.	118	Tokat.	110	— (Syrie).	149
Téhéran.	118	Tolède.	79	Tripolitza.	112
TÉNASSÉRIM.	129	TOMSK.	105	Tristan d'Acunha, îs.	97
Ten-Boktoue.	157	Tonga, arch.	206		164

TABLE ALPHABÉTIQUE.   257

	Pages		Pages		Pages
Tritchinapaly.	125	Trouille, r.	59	Turin.	84
Trois-Évêchés		Troyes.	39	Turkestan.	107
(les).	40	Truxillo.	179	Turkomanie.	107
Trois-Rivières.	171	Tschernowitz.	74	Turkomans, p.	168
Tromsen, is.	26	Tsiampa.	132	Turquie d'Asie.	109
Tropiques.		Tulle.	48	— d'Euro-	
— du Cancer.	3	Tunis.	150	pe.	93
—du Capricorne.	3	— (golfe de)	142	Tuticorin.	126
Troppau.	74	Turenne.	48	Tweed, r.	19

U

Ualan.	209	Umérapoura.	131	Uruguay.	192
Uitenhagen.	159	Upsal.	25	Utrecht.	56
Ulm.	64	Urbin.	89	Uzedom.	71
Ulster.	21	Uruguay, r.	185	Uzès.	53
Ultonie.	21				

V

Vaïgatch, l.	30	Vaucluse, dép.	54	Victoria (terre).	208
Valachie.	93	Véglia l.	77	Vienne (France).	47
Valais.	61	Vêle, r.	39	— (Autriche).	72
Val-Demona.	92	Vendée, r.	33	— r.	33
Val-di-Noto.	92	Vendée, dép.	46	Vienne, dép.	54
Valdivia.	190	Vendôme.	44	Vienne (Haute-),	
Valence.	78	Vénézuéla.	186	dép.	48
Vaelnce (France).	54	Venise.	86	Vierges, is.	181
— (Espagne).	79	— (golfe de).	11, 14	*Vigies.*	4
Valenciennes.	35	Venosa.	91	Vilaine, r.	33
Valparaiso.	190	Ventoux, mt.	55	Vilna.	30
Valteline.	85	Vera-Cruz (la).	178	Vire, r.	33
Van.	111	Vera-Paz.	179	Visiapour,	124
Vanikoro, is.	204	Verdun.	40	Vistule, fl.	17
Vannes.	41	Vérone.	86	Viti (arch.).	204
Var, r.	33	Versailles.	38	Vladimir.	29
Var, dép.	55	Vert (cap).	143	*Volcan.*	5
Vardari, fl.	18	Vesoul.	46	Volga, fl.	17
Varennes.	40	Vésuve, mt.	16	Voronov (lac de).	17
Varna.	94	Vézère, r.	33	Vosges, mts.	33
Varsovie.	31	Viborg.	23	Vosges, dép.	40
Vaucluse (font.).	33	Vichy.	45	Vouillé.	47

W

Wagram.	76	Walcheren.	57	Waterford.	21
Wahabites, p.	115	Warta, r.	70	Waterloo.	58
Wahal, r.	17	Wash, golfe.	14	Weimar.	67
Waïhou, l.	207	Washington.	175	Wéner, lac.	51

TABLE ALPHABÉTIQUE.

	Pages		Pages		Pages
Wert (lac de).	74	Wiesbaden.	62	Wollaston, lac.	167
Wéser, fl.	17	Wight, î.	22	Wollin.	71
WESTPHALIE.	69	Wisby.	26	Worms.	63
Wéter, lac.	15	Wolfenbuttel.	65	WURTEMBERG.	64
Wetzlar.	71				

X

XALISCO.	177	Xérès.	80	Xingu, fl.	185

Y

Yablonoï, mts.	102	Yédo.	139	York (Anglet.).	20
Yambo.	116	YÉMEN.	115	— (Canada).	171
Yanaon.	126	Yesso, î.	139	Yssel, fl.	17
Yang-Tseu-Kiang, fl.	103	Yeszd. Yolofs, p.	118 152	YUCATAN. — ANGLAIS.	167 178
Yaou, fl.	143	Yonne, r.	33		
Yapura.	185	YONNE, dép.	45	Yvetot.	37
YÉ.	129				

Z

Zaïre, fl.	153	Zeïlah.	162	Zikkaïn.	131
Zambèze, fl.	144	ZÉLANDE.	57	Zimbaoé.	158
ZANGUEBAR.	161	— (Nouvelle).		Zuider-zée, golfe.	14
Zante, î.	99		206	ZULIA, dép.	186
ZANZIBAR, î.	161	Zemble (Nouv.).	31	Zurich.	61
Zara.	76	Zerrah (lac de).	102	— (lac de).	15

FIN.

PARIS. — IMPRIMERIE DE FAIN ET THUNOT,
Rue Racine, 28, près de l'Odéon.

www.ingramcontent.com/pod-product-compliance
Lightning Source LLC
Chambersburg PA
CBHW062234180426
43200CB00035B/1738